N
0
10 km
RAVENSBURG
MECKENBEUREN
NEUKIRCH
DEUTSCHLAND
FEN
Argen
KRESSBRONN
LINDAU
BREGENZ
NESSELWANG
Iller
IMMENSTADT
SONTHOFEN
OBERSTDORF
Salmaser Höhe
1254 m
3
2
Grünten
1738 m
Pfänder
1062 m
32
12
Hochgrat
1834 m
7
Stuiben
1749 m
18
Hochhädrich
1565 m
Bregenzerwald
Allgäuer Alpen
110
chacherberg
999 m
111
Kaien
1120 m
115
Gäbris
1251 m
Rhein
ZELL
er Kasten
794 m
113
Hochälpelekopf
1464 m
56
Winterstaude
1877 m
35
Mörzelspitze
1830 m
67
78
Hohe Kugel
1645 m
Damülser Mittagspitze
2095 m
63
54
Kanisfluh
2044 m
77
Hoher Freschen
2004 m
Zitterklapfen
2403 m
59
Bregenzer Ach
33
Hoher Ifen
2229 m
41
Widderstein
2533 m
Hochvogel
2592 m
14
Großer Krottenkopf
2656 m
23
26
Mädelegabel
2645 m
Lech
FELDKIRCH
82
Hochgerach
1985 m
Lutz
Rote Wand
2704 m
66
LECH
50
Rüfispitze
2632 m
Lechtaler Alpen
LIECHTENSTEIN
Drei Schwestern
2123 m
108
Galinakopf
2198 m
103
VADUZ
BLUDENZ
ÖSTERREICH
ST. ANTON

Seeberge – Das Alpenpanorama am Bodensee

Gewidmet dem Andenken
Albert Steudels (1822–1890),
dem Urvater des Alpenpanoramas
am Bodensee, und allen, die
mich in vier Jahrzehnten zu den
Seebergen begleitet haben.

RAINER BARTH

Seeberge – Das Alpenpanorama am Bodensee

Inhaltsverzeichnis

Geleitwort des Vorsitzenden der Sektion Friedrichshafen des Deutschen Alpenvereins

Der Blick über den See

Wasser und Berge am Horizont ... 8

Der Meister der Seepanoramen ... 12

200 Berge und 200 Jahre Friedrichshafen ... 12

Der Blick vom Höchsten ... 12

Der schönste Aussichtspunkt? ... 13

Sammlerstücke ... 13

Friedrichshafen und sein Alpenpanorama

Privilegierte Lage am See ... 16

Schwabens schönste Meile ... 18

200 Berge im Panorama vom Moleturm in Friedrichshafen

Die Gebirgsgruppen im Bodensee-panorama ... 32

Hinweise zu den Gipfelbeschreibungen ... 33

Sechs Tage Panoramawandern am Bodensee

Der Jubiläumsweg Bodenseekreis ein 111 km langer »Umweg« ... 150

Die Wegführung ... 150

Die Aussichtsplätze am Weg ... 154

Albert Steudel – der Altmeister des Alpenpanoramas am Bodensee

Steudels Lebensweg ... 159

Kleine Geschichte der Alpenpanoramen ... 161

Von der »Wahrheit« der Panoramen ... 164

»Für diesen Blick: von Meersburg übern See ...«

Dächer, Reben, See, Berge ... 168

Mit Steudels Blick durch Meersburg ... 169

Der Höchste zwischen Bodensee und Donau – Das Alpenpanorama vom Höchsten

Aufgebaut aus dem Abfall der Alpen ... 175

Menschen auf dem Höchsten ... 176

Das große Alpenpanorama ... 176

Hohe Wege auf dem Höchsten ... 180

Seewinter – Panoramazeit

Der schlechte Ruf einer besonderen Jahreszeit ... 184

Schwebetage ... 184

Föhntage ... 185

Silbertage ... 186

Nebeltage ... 187

Literaturhinweise ... 188

Berge, Orte, Namen ... 190

Danksagung ... 192

Bildnachweise

Alle Bilder stammen von Rainer Barth bis auf: S. 161 picture alliance; S. 171 Kreisarchiv Meersburg (Panorama Meersburg); S. 178/79 Kühnle, Adalbert nach einer Vorlage von Helmut Lang; S. 180 Kühnle, Adalbert.

Geleitwort des Vorsitzenden der Sektion Friedrichshafen des Deutschen Alpenvereins

Friedrichshafen gehört zu den wenigen Städten mit einer Sektion des Deutschen Alpenvereins, die einen ganz direkten Bezug zum Gegenstand der Vereinsaktivitäten haben – den Blickkontakt mit den Alpen. Doch kaum eine dieser privilegierten Städte hat eine so vollendet schöne Kulisse. Die weite Seefläche und dahinter die lange Reihe der Berge am Horizont schaffen ein Bild, das einmalig ist in unserem Land. Man muss die Stadt nicht verlassen, um es sehen zu können, mit zehn Schritten ist man vom Zentrum an der Uferpromenade.

Für uns Bergfreunde ist dieser Blick ein alltäglicher Begleiter und dennoch ein immer wieder faszinierendes Erlebnis, für manche mag er sogar der Ausgangspunkt für ihr Verhältnis zu den Bergen sein. Es ist ein besonderes Vergnügen am Ufer zu stehen und die Berge nicht nur zu betrachten, sondern sie zu identifizieren und dabei Erinnerungen nachzuhängen oder Besteigungspläne zu schmieden. Häufig bleiben dabei jedoch Fragen und Zweifel, denn es ist nicht einfach, all die Zacken korrekt zu benennen oder sie gar einer Berggruppe zuzuordnen.

Es ist ein glücklicher Zufall, dass 2011 die Stadt Friedrichshafen das 200-jährige Jubiläum ihrer Gründung feiert und gleichzeitig die Sektion Friedrichshafen des Deutschen Alpenvereins, der mitgliederstärkste Verein der Stadt und des Bodenseekreises, ihren 100. Geburtstag hat. Es ist eine schöne Idee und eine reizvolle Zahlenspielerei, diese beiden Anlässe mit einem Buch zu verbinden, das 200 Berge beschreibt, die vom Friedrichshafener Bodenseeufer zu sehen sind.

Rainer Barth, der sich seit vielen Jahren mit dem Alpenpanorama am Bodensee beschäftigt, bringt mit diesem Buch eine Antwort auf alle diesbezüglichen Fragen. Friedrichshafen und seiner Alpenvereinssektion macht er darüber hinaus ein passendes Geschenk zum Doppeljubiläum. Ich wünsche dem schönen Werk den Weg zu vielen Freunden des Bodensees und der Alpen.

Gerald Kratzert
Erster Vorsitzender der Sektion Friedrichshafen des Deutschen Alpenvereins

Der Blick über den See

Blick von Friedrichshafen über den Höhenzug des Rorschacherbergs [101] auf den Rätikon. Links die Zimba [88], rechts das Schesaplanamassiv [94].

Wasser und Berge am Horizont

Den im Wortsinn schönsten Augenblick, den das schwäbische Land zu schenken vermag, ist die Schau über die weite Wasserfläche des Bodensees auf die Alpen, die in langer, bewegter Formation fremd und abweisend den südlichen Horizont begrenzen. Tritt man an einem Tag mit klarer Luft nach der Durchquerung der weitläufigen Landschaft Oberschwabens an das Ufer des Sees, steht man vor einer Szenerie, die sich elementar von allem unterscheidet, was es in den deutschen Landen von Flensburg bis nach Ravensburg herunter zu sehen gibt. Es ist vollendete landschaftliche Schönheit, eines der großen Landschaftsgemälde Europas.

Die Gestalt der unmittelbaren Umgebung hat sich zwischen Ulm und Friedrichshafen kaum verändert, immer ist es das weiche, sanft bewegte Hügelland, geprägt von menschlichem Einwirken im Guten wie im Schlechten. Doch mit einem Fanfarenstoß wird eine völlig neue Welt aufgetan mit neuen Hauptelementen: Wasser und Berge.

Föhn! Blick vom Gehrenbergturm auf die Friedrichshafener Bucht und die Bregenzerwaldberge. Links der Dornbirner First [67], darüber die Rote Wand [66], in der Mitte der Hohe Freschen [77], rechts der Walserkamm mit dem Hochgerach [82].

Am Friedrichshafener Gondelhafen. Über dem See die Bregenzerwaldberge mit dem Hohen Freschen [77].

Die Menschen werden davon magisch angezogen. In Heerscharen säumen sie an Tagen mit guter Sicht die Promenaden der Uferorte zwischen Lindau und Überlingen. Gemächlich schlendernd lassen sie sich verzaubern von dem Schauspiel, das ihnen die beiden Darsteller vorführen: Wasser und Berge, ein Gegensatzpaar, das zu einem großartigen Bild verschmilzt und eine perfekte Einheit inszeniert. Das fremdartige Wesen der Alpengipfel und ihre Existenz in einer anderen Wirklichkeit kommen an den berüchtigten Föhntagen ganz besonders zur Geltung. Während über dem See und dem Land dahinter eine dunkle Wolkendecke lastet, steht die Kette der hohen Berge am Horizont unter einem silbern oder golden glänzenden Lichtstreifen und rückt näher an den See heran, der seinerseits Farbenspiele in Tonlagen zwischen schwerem Bleigrau und leuchtendem Silber vollführt. Das gesamte Spektrum der Darstellungsarten, über die das Licht und die Wolken am Bodensee verfügen, lässt sich kaum in Worte fassen. Im Kapitel »Seewinter – Panoramazeit« wage ich den bescheidenen Versuch, wenigstens ein paar Varianten zu beschreiben.

Eine treffende Charakterisierung des Landschaftsbildes hat der Friedrichshafener Josef Mayer in der Einleitung zu seinem 1928 erschienenen Buch »Der Bodensee im Wechsel der Zeiten« formuliert: *»Die schönste Zierde des Alpengebiets bilden die großen Seen, die seinen nördlichen und südlichen Rand bekleiden. Durch die Vereinigung von Gebirge und Gewässer entstehen die wunderbarsten abwechslungsreichsten Landschaftsbilder. Während die erhabenen, machtvoll anstrebenden Linien der Berge die große Bewegung, den heroischen Zug in die Landschaft bringen, verleiht die Horizontale der Seen ihr eine tiefe Ruhe, ein freundlich ernstes Gepräge. Beim Bodensee aber vereinigt sich das Gewaltige der kühnen Gebirgsformen, die nicht drohend an das Ufer herantreten, sondern in mäßiger Ferne einen großartigen Hintergrund bilden, mit der Ruhe und Stille des Wassers, das sich in majestätischer Breite und Weite ausdehnt. Darin liegt der besondere Charakter, der eigenartige Zauber der Bodenseegegend.«*

Der Blick über die fast meerhafte Weite des Obersees auf die Alpen mit dem Säntis als Zentralpunkt ist mir zum schönsten Bild überhaupt geworden. Ein Kindheitserlebnis hat wohl entscheidend dazu beigetragen, so seltsam und in der Rückschau idealisierend sich das auch anhören mag. Es war das Auftauchen des Gebirges am fernen

Friedrichshafen mit Säntis [134] und Altmann [130] vom Ailinger Haldenberg, einem der schönsten Aussichtsplätze im Bodenseeraum.

Horizont, erlebt als knapp Fünfjähriger auf der ersten größeren Autofahrt im Frühsommer 1959 von der nordwürttembergischen Heimat ins Allgäu. In den Jugendjahren war bei den Wanderungen auf den Höhen der Ostalb an klaren Wintertagen die gezielt betriebene »Entdeckung« der Alpen am Südhorizont ein seltenes und herausragendes Ereignis. Ein folgerichtiger Schritt war schließlich die »Auswanderung« in jungen Jahren an den Bodensee, geprägt einzig von dem Wunsch, den Bergen näher zu sein. Ein wunderbares und unerwartetes Zusatzgeschenk waren der See und die Landschaft, die als Bodenseeraum bezeichnet wird und die man trotz der Staatsgrenzen ganz instinktiv als Einheit erfasst – mit der Alpenkette als markantem südlichen Abschluss.

Man kann die große Schau über den See zu den Bergen genießen ohne Fragen zu stellen, doch welcher Gipfel der berühmte Säntis ist, möchte der Großteil der Betrachter schon wissen. Wegen seiner Nähe zum See, seiner mächtigen Gestalt und seiner zentralen Position im Panorama gelingt die Identifizierung meist problemlos. Menschen ohne nähere Beziehung zu den Bergen geben sich damit in der Regel zufrieden. Über größeres Detailwissen verfügt, wer selbst in die Berge geht und mehrere der Gipfel am Horizont schon bestiegen hat. Doch auch in Bergsteigerkreisen sind fundierte Kenntnisse und eine fehlerfreie Zuordnung von Namen zu Bergen eher

Ausnahmen. Selbst Panoramatafeln, installiert an bedeutenden Aussichtspunkten, sind gelegentlich recht fantasievoll gestaltet, manche weisen haarsträubende Fehler auf.

Mit einer gewissen Besessenheit beschäftige ich mich seit über drei Jahrzehnten mit der Frage: Wie heißen all die Berge im Alpenpanorama vom Bodensee? Für diese habe ich schon vor 20 Jahren in einer Artikelreihe im Jahrbuch »Leben am See« die Bezeichnung Seeberge verwendet, die es als geografischen Begriff nicht gibt und die unter wissenschaftlichen Gesichtspunkten auch keinen Sinn macht. Bezeichnet ist damit lediglich der ganz subjektive Blickwinkel vom Bodensee. Ganz folgerichtig war meine erste eigenständige Publikation die Neuherausgabe eines Alpenpanoramas vom Schloss Heiligenberg aus dem Jahr 1881. Auch meinem Friedrichshafener Wanderbuch und dem Führer zum Jubiläumsweg Bodenseekreis waren Faltpanoramen beigelegt. Am 111 km langen Jubiläumsweg, den ich zum 25-jährigen Bestehen des Bodenseekreises 1998 einrichten durfte, sind – wie könnte es anders sein – Aussichtspunkte mit Blick auf See und Alpen wie an einer Perlenschnur aufgereiht. Sie sind im Kapitel »Sechs Tage Panoramawandern am Bodensee« beschrieben.

Vor Sonnenaufgang. Herbstlicher Föhnmorgen auf der Fähre Friedrichshafen – Romanshorn. Im Osten die Allgäuer Alpen und die Bregenzerwaldberge. Der Widderstein [41] in der Bildmitte, links der Hohe Ifen [33] über der Landspitze von Langenargen.

Der Meister der Seepanoramen

Bei der näheren Beschäftigung mit dem Thema Alpenpanorama am Bodensee stößt man mit einer gewissen Regelmäßigkeit auf einen Namen: Albert Steudel (1822–1890). Dieser gebildete und vielseitig agierende Mann ist heute nahezu vergessen. Er zeichnete und publizierte 25 Panoramen, alle von Standorten im Bodenseeraum. Sein Buch »Alpenschau«, dessen erste Auflage 1864 erschien, ist mein direkter Bezugspunkt, ohne den dieser Band nicht entstanden wäre. Steudel beschrieb darin in alphabetischer Folge »150 Berge, welche vom nördlichen Bodensee-Ufer gesehen werden«. Dem Buch war ein gezeichnetes Faltpanorama beigelegt, auf dem sämtliche 150 Gipfel dargestellt und benannt sind. 147 Jahre nach dem Werk meines »Seeberge-Urvaters« folgt dieses Buch als Ergebnis meiner Beschäftigung mit dem Thema, das Muster Steudels weiterführend.

Ein glücklicher Umstand brachte mich mit Marianne Steudel, der in Stuttgart lebenden Witwe des Urenkels von Albert Steudel in Verbindung. Ihr verdanke ich biografische Informationen und Dokumente, die es möglich gemacht haben, Steudels Spuren zu verfolgen. Am Bodensee erinnert an ihn einzig sein Grabstein auf dem Alten Friedhof in Friedrichshafen. Sein vielleicht schönstes zeichnerisches Werk ist das »Alpenpanorama vom Edenstein b. Meersburg«, das 1878 vom Verschönerungsverein herausgegeben wurde.

Friedrichshafen auf einer Ansichtskarte, abgestempelt am 1. Juni 1914. Im Mittelgrund die neu gebaute Uferstraße mit dem Herrenbad und dem Frauenbad im See. Die Berge am Horizont sind reine Fantasiegebilde.

200 Berge und 200 Jahre Friedrichshafen

Letztlich nicht zu beantworten ist die Frage nach der exakten Anzahl der Alpengipfel, die vom Bodenseeraum aus zu sehen sind. Die Antwort hängt ganz wesentlich vom Standort und von dessen Höhenlage ab. Die Festlegung auf 200 im Panorama vom Friedrichshafener Moleturm bezeichneten und beschriebenen Gipfel lag für mich als Bürger dieser Stadt nahe, um eine Verbindung herzustellen zum großen Stadtjubiläum, das 2011 gefeiert wird. Ganz willkürlich ist die Zahl dennoch nicht, es fehlt kein wichtiger Berg in der Darstellung. Vor 200 Jahren unterzeichnete der württembergische König Friedrich I. das Dekret, mit dem er Buchhorn und Hofen zu einer neuen Stadt vereinigte, der er in aller Bescheidenheit seinen Namen gab.

Der Blick vom Höchsten

Das zweite abgedruckte Panorama ist eine einfache, doch exakte Darstellung des Alpenblicks vom höchsten Punkt im nördlichen Bodenseeraum. Erarbeitet und gezeichnet hat es der Friedrichshafener Bergsteiger Helmut Lang (1914–2009) zwischen 1985 und 1990. Wie mühsam diese Arbeit ist, lassen die Ausführungen des berühmten Schweizer Geologen und Panoramazeichners Albert Heim im Kapitel über Albert Steudel erahnen. Wegen des Standorts 400 Höhenmeter über der Seefläche werden viele weiter entfernte und höhere Gipfel sichtbar, die vom Ufer aus durch näher stehende Berge verdeckt bleiben. Renommierte Beispiele sind die Zugspitze, der Piz Buin und weit entfernt im Südwesten das weltberühmte Dreigestirn von Eiger, Mönch und Jungfrau.

Der schönste Aussichtspunkt?

Wegen der großen Zahl an Aussichtspunkten hinter dem Nordufer des Bodensees musste eine Beschränkung erfolgen, die viel Kopfzerbrechen bereitete. Sie alle mit ihren jeweiligen Vorzügen zu beschreiben, müsste der Gegenstand eines eigenen Buches sein. Für die Auswahl hier waren letztlich ganz egoistische Gesichtspunkte ausschlaggebend. Durch meine persönliche Verbindung zum Jubiläumsweg Bodenseekreis, der als 111 km langes Band durch das nördliche Seehinterland führt, erlaube ich mir, nur die Panoramaplätze zu beschreiben, die dieser Weg miteinander verbindet, darunter der berühmte Aussichtsturm auf dem Gehrenberg.

Wenigstens erwähnt seien hier ein paar berühmte Stätten: die Waldburg, der Lindauer Hoyerberg, die Antoniuskapelle bei Selmnau, der Berger Kirchenhügel bei Friedrichshafen, der Hochberg bei Immenstaad, die Wilhelmshöhe über Hagnau, der Konstanzer Münsterturm, die Bodanrückhöhen, der Schienerberg. Der Pfänder, der Rorschacherberg und die anderen Höhen südlich des Sees sind im Kapitel »200 Berge im Panorama vom Moleturm in Friedrichshafen« beschrieben.

Sammlerstücke

Seeberge kann man sammeln. Vor vielen Jahren begann ich, die von mir bestiegenen Berge im Seepanorama in eine Liste einzutragen. Meinen persönlichen »heiligen« Hügel, den Ailinger Haldenberg, wählte ich zum Basispunkt für die Bergzählung. Gipfel, die von diesem sanft gewölbten, von einer Kapelle gekrönten Aussichtsplatz zu sehen sind, kommen seither in das Privatverzeichnis. Es ist ein Treiben ganz ohne System, es gibt ja noch so viele andere Berge. Doch die Sammlung wächst und ich bin zuversichtlich, dass ich noch im Jubiläumsjahr meinen 200. Seeberg auf die Liste setzen kann.

Auf den letzten Metern zum Schäfler [128], einem der bedeutendsten Aussichtsgipfel in der ersten Gebirgsreihe. Im Mittelgrund der Fänerenspitz [114], dahinter die Bregenzerwaldberge und die Allgäuer Alpen.

Friedrichshafen und sein Alpenpanorama

Am frühen Morgen eines winterlichen Föhntages geht der Blick über die Türme der Friedrichshafener Schlosskirche zu den Bergen des Bregenzerwaldes.

Privilegierte Lage am See

Das Fährschiff Friedrichshafen auf dem Weg nach Romanshorn. Am Horizont die Bregenzer Bucht und die Bregenzerwaldberge.

An der Uferpromenade von Friedrichshafen steht seit 1895 ein Gedenkstein für den schwäbischen Dichter Gustav Schwab (1792–1850). Sein 1827 erschienenes »Handbuch für Reisende und Freunde der Natur, Geschichte und Poesie« war der erste Bodensee-Reiseführer und der erste Meilenstein bei der touristischen Erschließung der Bodenseelandschaft. Schwab beschrieb darin »entferntere Überblicke über den See und das Gebirge am schwäbischen Ufer« sowie »Uebersichten und Landschaften unmittelbar am See«. Seine Beschreibung des Ausblicks von Friedrichshafen in diesem Kapitel war den Häflern (so nennen sich die Einwohner der Stadt) ein Denkmal wert:

»Wenn der Anblick von Mörsburgs alten Stein- und Felsenmassen die Seele des Wanderers zum Ernst und Nachdenken stimmt, so erheitert dagegen die freundliche Gestalt des jungen Friedrichshafens sein Gemüth, führt ihn zur willkommenen Gegenwart zurück, und heißt ihn von einem der glücklichsten Standpuncte des schwäbischen Ufers mit offenem, hellem Auge in die klare Flut sich tauchen, die hier, beinahe im Mittelpuncte der ganzen See-Länge, nach allen Richtungen hin in blaue Ferne ausstrahlt, und auf der einen Seite bis an die Mauern von Constanz sich wölbt, dessen Münsterspitze allein noch über den Wellen sichtbar bleibt, auf der andern Seite den Blick an dem alten Buchhorn und der Erdspitze Langenargens vorbei, hinüberlenkt bis zu dem breiten Horne, das den Strom des Rheins in das ruhige Becken des Sees ausgießt. Und zwischen diesen beiden äußersten Puncten welch ungehinderter Überblick der weiten Spiegelfläche und welche Beruhigung, wenn der Blick jenseits bei den Obsthainen Arbons und Rorschachs angekommen, die grünen weichen Hügel des Schweizerufers hinansteigt, um sich endlich über die schroffen Felsenwände des hohen Säntis, der gerade diesem Gestade Antlitz und Stirne entgegenhält, emporzuschwingen, bis er sich gesättigt in den blauen Himmel verliert.

Dies ist die herrliche Aussicht, die man von dem Balkon des reizenden Lustschlosses genießt, in welches König Wilhelm von Württemberg das Hauptgebäude des vormaligen Klosters Hofen seit wenigen Jahren umgeschaffen hat.«

Diesem ersten Loblied auf die besondere Lage Friedrichshafens und die Schau auf See und Berge folgten weitere.

Ein zweiter Gewährsmann ist Felix Dahn (1834–1912), der Verfasser des einst populären historischen Romans »Ein Kampf um Rom«, der regelmäßig seine Ferien in Friedrichshafen verbrachte. Hier entstand sein Roman »Bissula«, dessen Handlung im Jahr 378 n. Chr. ansetzt und die alemannische Besiedlung der Gegend als Rahmen hat. Die ersten Zeilen lauten: *»Wer einmal zu Friedrichshafen am schönen Bodensee an klarem Augustabend die Sonne prachtvoll versinken sah hinter den Buchenwipfeln von Marzell, – wer die Fluten des Sees und die schneeigen Häupter der Alpen vom Säntis bis zu den Allgäuer Bergen erglühen sah in purpurnem Licht, während die Glockentöne des Ave Maria leise hinzittern über Wald, Wiesgrund und Wasser, – der wird seiner Lebtage das friedliche Bild dankbar tragen in seinen Gedanken.«*

In seinen 1891 in vier Bänden erschienenen »Erinnerungen« erklärt er seine Vorliebe für Friedrichshafen: *»Der waagrechte Blick in die Ferne beschwichtigt die Sehnsucht, die*

Die Fähre hat den Moleturm passiert. Friedrichshafen im Glanz der ersten Sonnenstrahlen.

er zugleich immer wieder weckt. Deshalb schlug ich später auch am Bodensee mein Lager nie auf der südlichen, schweizer, sondern auf der nördlichen Seite zu Friedrichshafen auf, den See als Vorder- und Mittelgrund, die Alpenkette als Hintergrund zu gewinnen. Ebendeshalb ist auch der Blick von Friedrichshafen aus viel schöner als der von Lindau, wo man in schiefer Verschiebung des Bildes die Berge nur auf der linken Seite, nicht im Hintergrund, und auf der rechten Seite die nichtssagenden Flachufer hat.«

In dem kurz vor 1900 erschienenen Führer »Der Kurort Friedrichshafen am Bodensee« von Hofrat Dr. Faber heißt es: *»Friedrichshafen ist nicht nur unter allen Uferpunkten des Bodensees derjenige, von welchem aus der Blick in die Alpenwelt der umfassendste ist, sondern auch der See selbst macht in Friedrichshafen den großartigsten Eindruck, weil er in seiner größten Breite sich präsentiert und zugleich in seiner ganzen Länge von Bregenz bis Konstanz übersehen werden kann.«* In der Tat zeigt der See von keiner anderen Uferstelle so eindeutig die meerartigen Anklänge seines Wesens, nirgends steht die Alpenkette ähnlich eindrucksvoll und instruktiv gestaffelt dahinter.

Dass Friedrichshafen um 1900 als Kurort bezeichnet wird, mag angesichts des heutigen Stadtbildes etwas irritieren, auch wenn der Tourismus einen wichtigen Faktor in der dynamischen Stadt darstellt. Sie ist vorrangig ein bedeutender Wirtschaftsstandort, als dessen schon fast mythischer Ursprung der Start des ersten Zeppelins am 2. Juli 1900 in der Friedrichshafener Bucht gilt.

Vorher war die Stadt ein idyllischer Ort, der seine Existenz als »Friedrichshafen« letztlich Napoleon verdankt. Durch dessen Länderzuteilungen kam Württemberg 1810 an den Bodensee und damit auch in den Besitz der kleinen ehemaligen Freien Reichsstadt Buchhorn und des benachbarten Klosterdorfes Hofen mit dem gleichnamigen Kloster, dessen barocke Zwiebeltürme das Wahrzeichen von Friedrichshafen sind. Per Dekret vereinigte König Friedrich I. von Württemberg die beiden Orte zu »Schloss und Stadt Friedrichshafen«. Sein Nachfolger Wilhelm I. ließ das 1803 aufgelöste Kloster von 1823 bis 1830 zu einem Schloss umbauen, das in der Folge als Sommerresidenz des Königshauses genutzt wurde. Durch die verkehrs- und handelspolitische Förderung der jungen Stadt nahm hier 1824 die Dampfschifffahrt auf dem Bodensee ihren Anfang und bereits 1850, auch weil der König mit der Eisenbahn anreisen wollte, war die durchgehende Bahnverbindung zwischen Friedrichshafen und Stuttgart fertiggestellt. Durch den Bahnanschluss erfuhr der Fremdenverkehr einen rasanten Aufschwung. Reisen war fortan nicht mehr ein Privileg der Reichen, auch das Bürgertum konnte sich nun Fahrten an das Schwäbische Meer leisten. Friedrichshafen als Endpunkt der Bahn (die Seelinie nach Überlingen wurde erst 1901 eröffnet) hatte schnell den Ruf einer Kurstadt mit Badeanstalten, in denen auch medizinische Angebote gemacht wurden.

Der Friedrichshafener Gondelhafen mit dem Turm der Nikolauskirche.

Schwabens schönste Meile

In den Jahren 1911 und 1912 wurden der Uferpark und die Uferstraße angelegt, die noch heute von den Gästen der Stadt als zweieinhalb Kilometer lange Flaniermeile genutzt werden. Doch auch die Bewohner der Stadt drängt es ans Wasser, weshalb es an schönen Tagen hier zu einem reizvollen Durcheinander von Urlaubern und Einheimischen kommt, mit saisonaler Verdichtung und entsprechend unterschiedlichem Durchmischungsgrad. Das planlose Dahinschlendern ist die klassische Freizeitunternehmung in der Stadt, kaum jemand ist hier zielgerichtet unterwegs, nirgends begegnet man mehr zufriedenen, oft sogar glücklichen Menschen. Nicht allein der See macht den Reiz der Promenade aus, wie der Uferbereich vor der Stadt kurz und eindeutig genannt wird, es sind auch die Dinge, die der Mensch hier gestaltet hat: Der Park, die Häuserreihe mit den zum See hin offenen Arkaden, die Angebote der Freiluftgastronomie, der Ausblick vom Moleturm, der Hafenbahnhof, heute als Zeppelin Museum die vielbesuchte Hauptattraktion der Stadt, erbaut 1931–1933 im Bauhausstil, der mit ihm korrespondierende moderne Glasbau K 42 des städtischen Medienhauses direkt am Hafen und schließlich die ein- und ausfahrenden Schiffe, die einen Hauch von Ferne in die bunte Szenerie bringen.

Wer den großartigen Blick über den See ungestört genießen möchte, findet auf der Östlichen Uferstraße, direkt im Anschluss an den Hafen, ein ruhiges Spaziergangterrain und beschattete Ruhebänke. Wer die schönste Stelle am Häfler Seeufer sucht, muss sich ans westliche Ende der Promenade begeben. Hinter dem Graf-Zeppelin-Haus geht man 100 Meter die Olgastraße hinunter und kommt so zum ehemaligen Schlosshafen. Hafenbetrieb gibt es hier schon lange nicht mehr, geblieben ist eine zauberhafte Örtlichkeit, an der die Entwicklung der Stadt in den letzten 150 Jahren nahezu spurlos vorbei gegangen ist. Der Zauber beginnt schon auf den letzten Metern der Olgastraße, wenn man auf die Schlossparkmauer zugeht und der monumentale königliche Promenadesteg ins Bild kommt, der aus dem Park heraus über die Mauer in den See hineinragt. Der weitere Gang vollzieht sich zwischen der Schlossparkmauer und dem kunstvollen gusseisernen Steg, der die Begrenzung zum See hin bildet. Ganz unmittelbar ist man in eine mittelmeerische Atmosphäre eingetaucht, die sich an der weiten Platzöffnung am Ende des Wegs noch verstärkt, wenn man durch das prächtige Gitter in den Schlosspark hineinschaut, der verschwiegen und geheimnisvoll wie ein Zaubergarten aus einer Eichendorffschen Erzählung vor sich hinträumt (aber leider nicht zugänglich ist). Wegen der Entfernung zum Stadtzentrum und weil der Weg nicht weiterführt, ist es hier meist ruhig und man kann ungestört die besondere Ausstrahlung dieses Platzes, den schönen Blick auf die Altstadt und die Aussicht über die weite Seefläche auf die Alpenkette in sich aufnehmen.

In Friedrichshafen startet auch das Verkehrsmittel, das die Bergfreunde aus den Landstrichen nördlich des Sees am stilvollsten den Schweizer Bergen näherbringt: die Fähre nach Romanshorn. Am gegenüberliegenden Ufer hat man direkten Anschluss an das dichte Schweizer Bahnnetz, wo die Züge wundersamerweise keine Verspätungen haben und mit den Postbuslinien und den Bergbahnen optimal vernetzt sind. Dies ist eine ungemein genussreiche und erholsame Reisemöglichkeit und es ist verwunderlich, dass nicht viel mehr Menschen von dieser Reiseart Gebrauch machen. Glorreicher Abschluss der Bergfahrt ist dann die Passage über den See, wenn man Glück hat mit dem Blick zurück zum bestiegenen Berg und mit einem dem Ereignis angemessenen Getränk vor sich auf dem Tisch.

Bauhaus in Friedrichshafen. Der denkmalgeschützte ehemalige Hafenbahnhof, heute das Zeppelin Museum.

200 Berge im Panorama vom Moleturm Friedrichshafen

Der Aussichtsturm auf der Hafenmole von Friedrichshafen mit Säntis [134] und Altmann [130, links].

OSTEN

ALLGÄUER ALPEN

OCHGRAT 1834 M [12]
SEELEKOPF 1663 M [13]
HOCHVOGEL 2592 M [14]
HOHENFLUHALPKOPF 1636 M [15]
EINEGUNTKOPF 1639 M [16]
FALKEN 1561 M [17]
HOCHHÄDRICH 1565 M [18]
HOCHBERG / PFÄNDER 1069 M [19]
RAUHECK 2384 M [20]
MARCHSPITZE 2609 M [21]
ÖFNERSPITZE 2576 M [22]
GROSSER KROTTENKOPF 2656 M [23]
KRATZER 2428 M [24]
TRETTACHSPITZE 2595 M [25]
MÄDELEGABEL 2645 M [26]
OBERE GOTTESACKERWÄNDE 2033 M [27]
HOCHFROTTSPITZE 2649 M [28]
BOCKKARKOPF 2609 M [29]
WILDER MANN 2577 M [30]
HOHES LICHT 2651 M [31]
MÖGGERS 948 M
ERISKIRCHER RIED
EICHENBERG 793 M
ERISKIRCH

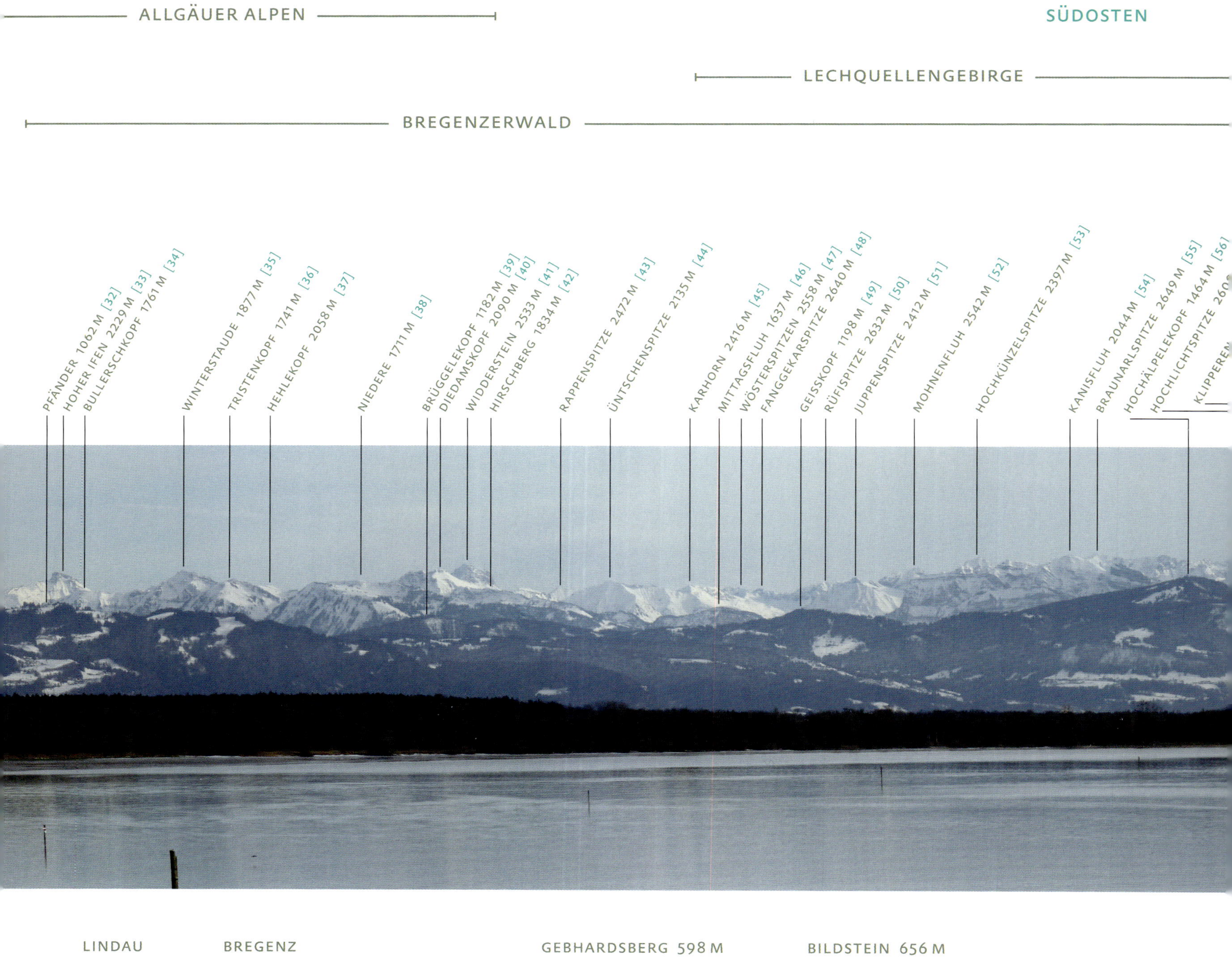
ALLGÄUER ALPEN
SÜDOSTEN
LECHQUELLENGEBIRGE
BREGENZERWALD
PFÄNDER 1062 M [32]
HOHER IFEN 2229 M [33]
BULLERSCHKOPF 1761 M [34]
WINTERSTAUDE 1877 M [35]
TRISTENKOPF 1741 M [36]
HEHLEKOPF 2058 M [37]
NIEDERE 1711 M [38]
BRÜGGELEKOPF 1182 M [39]
DIEDAMSKOPF 2090 M [40]
WIDDERSTEIN 2533 M [41]
HIRSCHBERG 1834 M [42]
RAPPENSPITZE 2472 M [43]
ÜNTSCHENSPITZE 2135 M [44]
KARHORN 2416 M [45]
MITTAGSFLUH 1637 M [46]
WÖSTERSPITZEN 2558 M [47]
FANGGEKARSPITZE 2640 M [48]
GEISSKOPF 1198 M [49]
RÜFISPITZE 2632 M [50]
JUPPENSPITZE 2412 M [51]
MOHNENFLUH 2542 M [52]
HOCHKÜNZELSPITZE 2397 M [53]
KANISFLUH 2044 M [54]
BRAUNARLSPITZE 2649 M [55]
HOCHÄLPELEKOPF 1464 M [56]
HOCHLICHTSPITZE
LINDAU
BREGENZ
GEBHARDSBERG 598 M
BILDSTEIN 656 M

LECHQUELLENGEBIRGE

BREGENZERWALD

2403 M [59]
ITZE 1746 M [60]
WESTLICHER JOHANNESKOPF 2573 M [61]
GUNTENKOPF 1811 M [62]
DAMÜLSER MITTAGSSPITZE 2095 M [63]
HOCHBLANKEN 2068 M [64]
LEUENKOPF 1830 M [65]
ROTE WAND 2704 M [66]
MÖRZELSPITZE 1830 M [67]
RAGAZER BLANKEN 2051 M [68]
SÜNSER BLANKEN 2061 M [69]
STAUFEN 1465 M [70]
SALZBÖDENKOPF 1765 M [71]
BOCKSBERG 1461 M [72]
HOCHROHKOPF 1975 M [73]
ALPKOPF 1788 M [74]
SCHWARZENBERG 1475 M [75]
SCHÖNER MANN 1532 M [76]
HOHER FRESCHEN 2004 M [77]

LANGENARGEN

ST. MARGRETHEN

RÄTIKON
BREGENZERWALD
HOHE KUGEL 1645 M [78]
TÄLISPITZ 2000 M [79]
KUHSPITZ 1964 M [80]
HÜTTENKOPF 1976 M [81]
HOCHGERACH 1985 M [82]
ALPWEGKOPF 1437 M [83]
KOPES 1735 M [84]
GROSSER VALKASTIEL 2449 M [85]
ZWÖLFERKOPF 2297 M [86]
SULZFLUH 2818 M [87]
ZIMBA 2643 M [88]
DREI TÜRME / DRUSENFLUH 2830 M [89]
BRANDNER MITTAGSPITZE 2557 M [90]
KIRCHLISPITZEN 2552 M [91]
SEEKOPF 2698 M [92]
ZIRMENKOPF 2805 M [93]
SCHESAPLANA 2965 M [94]
WILDBERG 2788 M [95]
FUNDELKOPF
WALZENHAUSEN 673 M
ALTENRHEIN
WOLFHALDEN

SÜDEN
ALPSTEIN
APPENZELLER BERGE
2841 M [99]
SPITZE 1778 M [100]
CHAFBERG 2727 M [101]
HOHE KÖPFE 2066 M [102]
GALINAKOPF 2198 M [103]
HORNSPITZ 2537 M [104]
TSCHINGEL 2541 M [105]
AUGSTENBERG 2359 M [106]
NAAFKOPF 2570 M [107]
DREI SCHWESTERN 2123 M [108]
FALKNIS 2562 M [109]
RORSCHACHERBERG 999 M [110]
KAIEN 1120 M [111]
KAMOR 1751 M [112]
HOHER KASTEN 1794 M [113]
FÄNERENSPITZ 1506 M [114]
GÄBRIS 1251 M [115]
HEIDEN 807 M
RORSCHACH

ALPSTEIN

APPENZELLER BERGE

STAUBERENCHANZLEN 1860 M [116]
HÜSER 1951 M [117]
KIRCHLI 1914 M [118]
HOCHHUS 1926 M [119]
ALP SIGEL 1769 M [120]
BOGARTENFIRST 1811 M [121]
KREUZBERGE 2065 M [122]
MARWEES 2055 M [123]
HUNDSTEIN 2156 M [124]
FREIHEIT 2140 M [125]
FREIHEITTÜRM 2110 M [126]
FÄLENSCHAFBERG 2103 M [127]
SCHÄFLER 1924 M [128]
FÄLENTÜRM 2224 M [129]
ALTMANN 2436 M [130]
ALTENALPTÜRM 2032 M [131]
HÄNGETEN 2211 M [132]
ÖHRLI 2193 M [133]
SÄNTIS 2503 M [134]
GIRENSPITZ 2448 M [135]
GRAUCHOPF 2218 M [136]
GRENZCHOPF 2193 M [137]
GRÜNHORN 2140 M [138]
SILBERPLATTEN 2158 M [139]
BRISI 2279 M [140]
GAMSCHOPF 1959 M [141]
KRONBERG 1663 M [142]
SCHAFWISSPITZ 1987 M [143]
LÜTISPITZ 1987 M [144]
HUNDWILER HÖ
HOCH

HORN VÖGELINSEGG 956 M ARBON ST. GALLEN 668 M

GLARNER ALPEN

URNER ALPEN

ZENTRALSCHWEIZERISCHE VORALPEN

BERNHARDZELL 605 M

ROMANSHORN

URNER ALPEN

SÜDWESTEN

ZENTRALSCHWEIZERISCHE VORALPEN

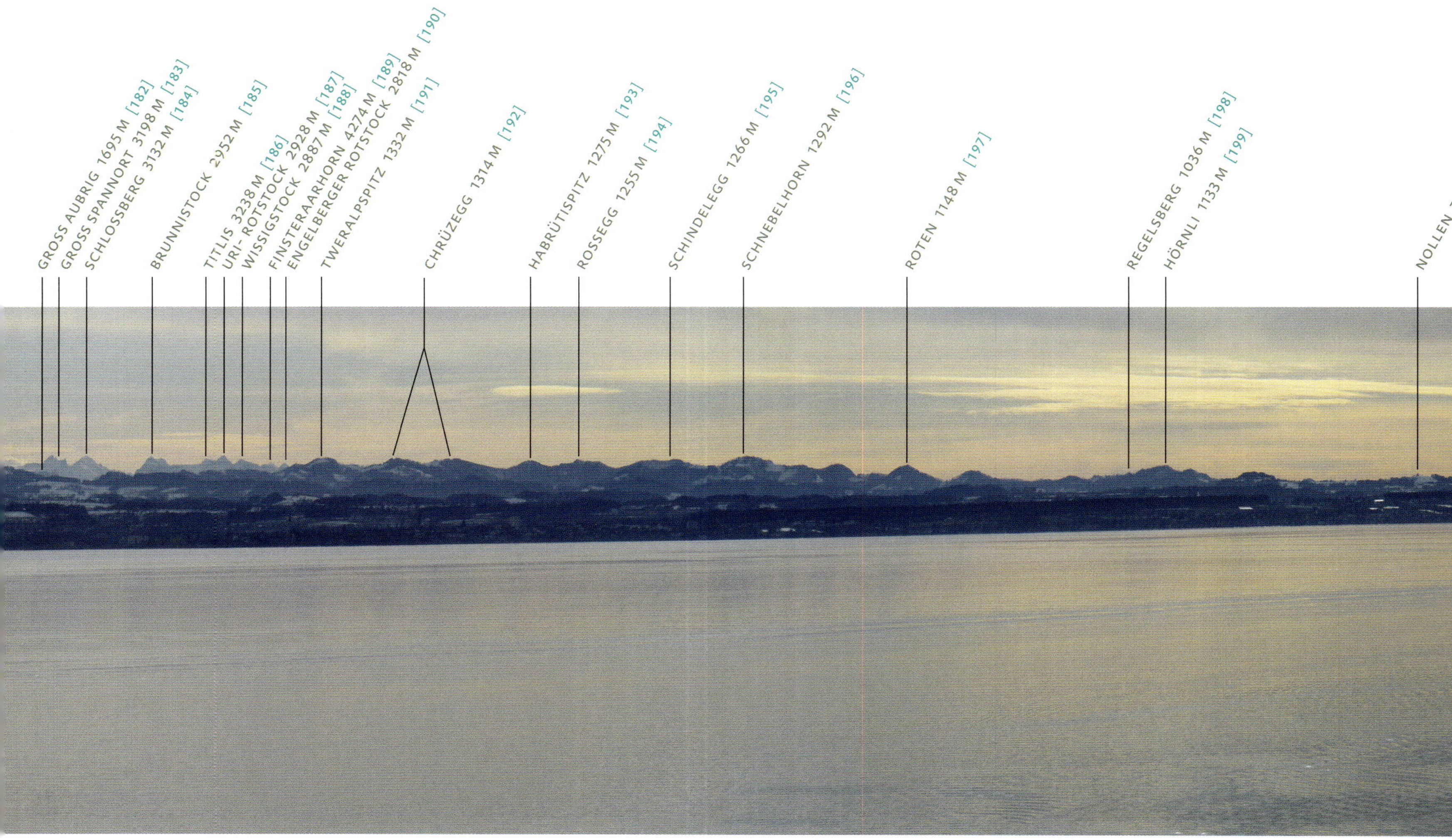

ROMANSHORN

UTTWIL

Friedrichshafen hat im Jahr 2000 eine Attraktion bekommen, die rund um den Bodensee einmalig ist: einen Aussichtsturm im See. Errichtet wurde der Turm bei der Erneuerung des Hafens an der Hafeneinfahrt auf der westlichen Mole. Die Metallkonstruktion des Friedrichshafener Architekten Thomas Hirthe ist 22,5 m hoch und gründet 55 m (!) tief im See. Die Besteigung des Turms gehört zum Pflichtprogramm der Stadtbesucher, an klaren Tagen wird er regelrecht belagert. Der Blick von der oberen Plattform ist fantastisch, denn die Qualitäten der Lage von Friedrichshafen kommen auf dem Moleturm besonders zur Geltung. Hinzu kommt, dass von der in den See hinein geschobenen hohen Warte die Wasserfläche eine ungeheure Dominanz gewinnt. Schaut man nach Süden, ist die Welt auf den See und das Gebirge reduziert, kein anderer Panoramastandort am Bodensee zeigt das in so radikaler Ausschließlichkeit.

Wendet man sich um, überblickt man die Stadt und das Hafenbecken, die Uferlinie mit dem Eriskircher Ried im Osten, das den Eindruck einer Urlandschaft erweckt und bis an die Stadtgrenze heranreicht sowie die Promeniermeile im Westen mit dem doppelten Ausrufezeichen der Schlosskirchentürme als Abschluss.

Die Alpen überschaut man vom Aggenstein [1] im Ostallgäu bis zum Finsteraarhorn [189] in den Berner Alpen, das mit 4274 m der höchste aus dem Bodenseeraum zu sehende Berg ist. Zwischen diesen beiden Eckpunkten des Panoramas begrenzt die Alpenkette den Horizont auf einer Länge von 215 km! Vom Moleturm beträgt die Entfernung zum Aggenstein 82 km im Osten, zum Finsteraarhorn im Südwesten 160 km. Der Blickausschnitt auf dem Panorama beträgt 150 Grad. Weitere Entfernungsbeispiele: Hochgrat [12] 48 km, Großer Krottenkopf [23] 76 km, Hoher Ifen [33] 57 km, Kanisfluh [54] 48 km, Hoher Freschen [77] 44 km, Schesaplana [94] 68 km, Hoher Kasten [113] 41 km, Säntis [134] 45 km, Tödi [158] 102 km, Dammastock [179] 135 km, Groß Spannort [183] 120 km und Hörnli [199] 51 km.

Die überwiegende Zahl der Gäste erlebt den Bodensee ausschließlich in seiner sommerlichen Erscheinung. Auch die Tourismusbranche ist auf die Sommerbilder fixiert, denn zwischen Juni und September kommen die meisten Besucher an den See. Allenfalls ein paar Motive mit blühenden Obstbäumen durchbrechen das Prinzip. Das Fotopanorama in diesem Buch mag deshalb für Betrachter, die nicht am See leben und den Winter hier nicht kennen, etwas irritierend sein. Die Aufnahme entstand am späten Nachmittag des 21. Februar 2010. Im Winterhalbjahr sind die Tage mit klarer Atmosphäre und guter Sicht zu den Alpen häufiger und die tief stehende Sonne schafft eine Plastizität, die im Sommer allenfalls früh morgens oder kurz vor Sonnenuntergang gegeben ist. Im Kapitel »Seewinter – Panoramazeit« sind die besonderen Reize dieser Jahreszeit beschrieben.

Der Friedrichshafener Moleturm.

Blick vom Gehrenbergturm auf das Schesaplanamassiv [94]. Im Nebel der See.

Die Gebirgsgruppen im Bodenseepanorama

Seit über 150 Jahren beschäftigen sich die Geografen mit der Frage, wie man die Alpen sinnvoll in einzelne Gebirgsgruppen einteilt. Die Diskussion ist noch längst nicht abgeschlossen, zumal es keine allgemein anerkannten Kriterien für die Einteilung gibt (Täler, geologische Beschaffenheit, historische Siedlungseinheiten, politische Grenzen …). Allerdings hat die alpine Literatur aus der Notwendigkeit heraus, einem beschriebenen Gebiet einen Namen zu geben und es klar abzugrenzen, viel zu den heute üblichen Bezeichnungen und Grenzziehungen beigetragen.

Eine bedeutende übergeordnete Trennlinie, über die Einvernehmen besteht, bildet der Alpenrhein mit seinem Seitenarm vom Splügenpass herunter bis zur Vereinigung von Hinter- und Vorderrhein und weiter bis zur Mündung in den Bodensee. Es ist die geografische Grenze zwischen Ost- und Westalpen. Die Berge im Seepanorama gehören beiden Alpenteilen an. Die Zuordnung einzelner Gipfel zu bestimmten Gebirgsgruppen allerdings ist wegen der von außen nicht einsehbaren Grenzverläufe, meist entlang von Tälern, wegen der großen Entfernungsunterschiede einzelner Berge vom See und der komplizierten Staffelung mehrerer Bergreihen hintereinander eine eher knifflige Aufgabe, die nur mit der Karte in der Hand gelöst werden kann. Im abgebildeten Moleturmpanorama ist die Ausdehnung der einzelnen Gebirgsgruppen, die sich im Seeblick mehrfach überschneiden, oberhalb der Bergnamen dargestellt. Eine gute Hilfe bieten die Übersichtskarten in den Umschlagklappen. Auf ihnen findet man die Gebirgsgruppen und die Hauptgipfel. Bei der Beschreibung der 200 Berge wird nach der Höhenangabe die Gruppe, in der sie stehen, stets aufgeführt.

Zu den Ostalpen gehören die Allgäuer Alpen, das Lechquellengebirge, der Bregenzerwald (richtig: das Bregenzerwaldgebirge), ein paar wenige Gipfel der Lechtaler Alpen und der (nicht das!) Rätikon. Nur von höheren Standorten wie dem Höchsten sichtbar sind einzelne Gipfel des Wettersteins (Zugspitze), der Silvretta (Piz Buin) und des Verwalls. Westlich des Rheins und damit in den Westalpen befinden sich der Alpstein mit dem Säntis, die Churfirstenkette (beide miteinander auch häufig als Appenzeller Alpen bezeichnet), die Glarner Alpen, die Zentralschweizerischen Voralpen und die weit entfernten Urner Alpen. Die Viertausender der Berner Alpen zeigen sich nur von erhöhten Panoramaplätzen. Der höchste aus dem Bodenseeraum zu sehende Berg ist das Finsteraarhorn [189] in den Berner Alpen, 4274 m hoch, und nicht, wie gelegentlich behauptet wird, der Mont Blanc.

Hinweise zu den Gipfelbeschreibungen

Die Ziffern der beschriebenen Gipfel entsprechen der von Osten nach Westen durchlaufenden Nummerierung auf dem Panorama, was ein leichtes Auffinden ermöglicht. Nach der Höhenangabe ist die Gebirgsgruppe genannt, in der sich der Berg befindet, danach in Klammer das Land, bei Standorten auf der Grenze beide Staaten und ein oder zwei Orte, die als Ausgangspunkte für Besteigungen dienen.

Die Beschreibungen enthalten Charakterisierungen in unterschiedlicher Ausführlichkeit, abhängig von der Bedeutung des jeweiligen Berges im Panorama vom See, seiner Stellung innerhalb seiner näheren Umgebung, seiner Gestalt oder seiner Beliebtheit bei den Bergsteigern. Meist werden kurze Hinweise zu den gebräuchlichen Anstiegen und den zu erwartenden Schwierigkeiten gemacht. Dabei handelt es sich jedoch nicht um Anstiegsbeschreibungen, die finden sich in der reichhaltigen Führerliteratur (siehe Literaturhinweise).

Verwendete Abkürzungen

A = Österreich
CH = Schweiz
D = Deutschland
DAV = Deutscher Alpenverein
FL = Fürstentum Liechtenstein
ÖAV = Österreichischer Alpenverein
SAC = Schweizer Alpenclub

Gipfelschau vom Rangiswanger Horn zum Grünten und auf Sonthofen.

AGGENSTEIN 1

1985 m, Allgäuer Alpen, Tannheimer Berge
(D/A, Pfronten, Grän)

Links hinter dem östlichen Außenposten des Panoramas, dem Grünten [2], ist von etwas erhöhten Aussichtsplätzen an besonders klaren Tagen noch eine Erhebung zu erkennen. Es ist der Aggenstein im Ostallgäu, scheinbar verschmolzen mit dem Breitenberg. Aus dem sanft gewellten Ostallgäuer Vorland gesehen, bilden die beiden Berge ein unverwechselbares Gipfelpaar, bestehend aus höchst ungleichen Partnern: Der Breitenberg zeichnet einen weit gespannten hohen Bogen, ganz ebenmäßig in der Form und südseits zeigt sich, wie aufgesetzt, das aus Hauptdolomit gebildete schroffe Felsmassiv des Aggenstein mit seinen beiden Felsspitzen, einem riesigen, ruinösen Stockzahn vergleichbar. Die Besteigung auf ausgesetzten Felssteigen erfordert Trittsicherheit und Schwindelfreiheit. Den Gipfel erreicht man mit einer leichten Kletterei entlang einer Metallkette. Ein traumhaft gelegener Stützpunkt in südoffener Panoramalage ist die Bad Kissinger (früher Pfrontner) Hütte des DAV.

Beim Aggenstein kündigt sich der wilde Charakter der Tannheimer Felsberge mit Berühmtheiten wie Gimpel und Rote Flüh an. Es sind legendäre Klettergipfel, im Aussehen durchaus einer Dolomitengruppe vergleichbar. Zu sehen sind sie erst von hohen Panoramastandorten, sehr instruktiv etwa vom Höchsten, wenn auch in großer Ferne.

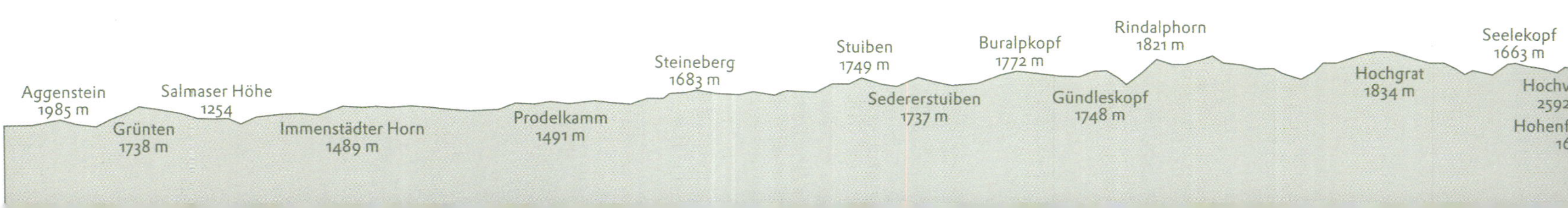

GRÜNTEN 2

1738 m, Allgäuer Alpen (D, Sonthofen, Burgberg, Rettenberg)

Aus dem Bodenseeraum gesehen erscheint der Grünten als östlicher Wächter der Alpenkette. Diese Funktion übernimmt er in ungleich beeindruckender Art auch für das innere Illertal. Allein stehend und deutlich abgesetzt von anderen Bergen steht er über dessen Eingang. Dank seiner markanten Form ist er trotz seiner eher geringen Höhe einer der bekanntesten und auffälligsten Berge des Allgäus. Bei Sonthofen schießen seine 1000 Meter hohen Steilflanken ohne jede Abstufung in den ebenen Talboden hinein. Von hier gesehen ist er ein gigantischer Klotz, nach Norden und Osten dagegen ist alle Wildheit gebändigt. Weithin sichtbares Erkennungszeichen ist der 92 m hohe Sendemast unterhalb des Gipfels. Eine recht eigenwillige frühe »Besteigung« ist für das Jahr 1773 dokumentiert. Damals ließ sich der Augsburger Fürstbischof und Landesherr in einer Sänfte hinauf tragen und verewigte sich mit dieser alpinistischen Glanztat in der Geschichte des Bergsteigens.

Dank seiner isolierten Lage ist der Grünten ein idealer Aussichtsberg, für viele die schönste Aussichtskanzel im Allgäu. Er liefert den Beweis, dass nicht die absolute Höhe eines Berges die wichtigste Voraussetzung für ein großes Gipfelpanorama ist, sondern eher Merkmale wie Isoliertheit der Position, tatsächliche Höhe über den umgebenden Tälern, Entfernung zu den großen Gipfeln und Vielfalt der Landschaften im näheren Umkreis. Gerade bei eher bescheidenen Vorbergen summieren sich häufig diese Vorzüge, beim Grünten in geradezu idealer Weise.

Glanzpunkt der Rundschau ist die Zackenreihe der Alpen, aus der sich bei näherem Studium höchst komplizierte Zergliederungen und vielfache Staffelungen herauslesen lassen. Im Westen schimmert der Bodensee. Wenn es besonders klar ist, zeichnet dahinter der Schwarzwald eine dunkle Linie an den Horizont. Nordseits schweift der Blick über das Allgäuer Hochland und verliert sich in den unabsehbaren Weiten Oberschwabens. Wenn man sich anstrengt, dann gelingt es, das monströse Denkmal für die deutschen Gebirgsjäger mit seiner vorbehaltlosen Lobpreisung zweifelhafter Heldentaten zu ignorieren.

Schöne Wege, die sich zu Rundwanderungen kombinieren lassen, führen aus allen Richtungen auf den Berg. Ein bedeutender Vorzug des Anstiegs von Süden ist der Umstand, dass das steile Gelände schon sehr früh schneefrei ist. Uns war es sogar einmal an einem 4. Januar vergönnt, den Gipfel fast ohne Schneeberührung zu erreichen und hemdsärmlig auf den steilen Alpwiesen in der Sonne zu liegen.

SALMASER HÖHE 3

1254 m, Allgäuer Berge (D, Oberstaufen, Salmas, Wiedemannsdorf)

Der 11 km lange zahme Bergrücken mit seiner Mischung aus offenen Wiesenflächen und Wäldern begleitet das Konstanzertal nordseitig von Oberstaufen bis zum Großen Alpsee. Er ist eine der grünen Wogen, die das Allgäuer Gebirgsvorland kennzeichnen. Die Salmaser Höhe ist der höchste Punkt des gänzlich unspektakulären Höhenzugs, der zu unbeschwerten Panoramaspaziergängen im Frühjahr oder im Herbst einlädt.

IMMENSTÄDTER HORN 4

1489 m, Allgäuer Alpen (D, Immenstadt, Bühl am Alpsee)

Der Hausberg der Immenstädter steht steil und dunkel bewaldet unmittelbar über dem Ort und dem Großen Alpsee. Einer der drei Wege führt direkt und kompromisslos vom Bahnhof auf den Gipfel. Großartige Tiefblicke in Serie auf den See bietet der Nordanstieg von Bühl. Die dritte Möglichkeit durch das Steigbachtal auf breiten Forst- und Alpwegen ist weniger abwechslungsreich

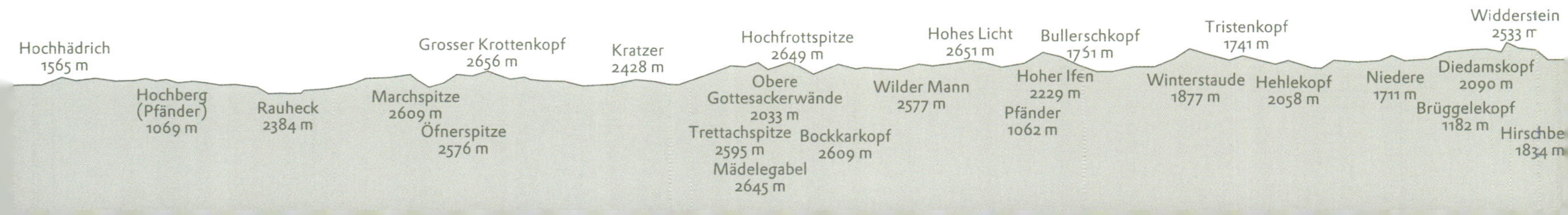

Der Große Alpsee und die Salmaser Höhe [3] vom Immenstädter Horn [4].

und empfiehlt sich für den Abstieg. Auf allen Wanderungen lässt sich auf ideale Weise eine Einkehr im ganzjährig geöffneten Kemptener Naturfreundehaus (1415 m) integrieren. Eine perfekte Bergfahrt im Wortsinn (ein leider nicht mehr benutzter alter Begriff für eine Bergtour), wird die Unternehmung für Wanderer aus dem Bodenseeraum, wenn die Anreise mit der Bahn durch das Allgäuer Alpenland erfolgt.

PRODELKAMM 5

1491 m, Allgäuer Alpen (D, Bühl am Alpsee, Oberstaufen/Steibis)

Wer von den vielen Freunden der Allgäuer Alpen ist schon einmal über den 7 km langen Rücken des Prodelkamms gewandert? Ohne besonders in Erscheinung zu treten, begleitet er mit seinen einförmigen Steilflanken das Konstanzertal von Oberstaufen bis zum Westufer des Großen Alpsees. Die benachbarte Nagelfluhkette mit ihren etwas höheren und auffälligeren Gipfeln zieht die ganze Aufmerksamkeit auf sich. Zu allen Jahreszeiten ist die Längsüberschreitung des Kamms vom Eckhaldekopf im Osten (1491 m) über das Himmeleck (1487 m) zum Denneberg (1427 m) ein herrlicher Hochspaziergang in unerwarteter Stille und Einsamkeit.

STEINEBERG 6

1683 m, Allgäuer Alpen, Nagelfluhkette (D, Immenstadt, Gunzesried)

Der östlichste markante Gipfel der Nagelfluhkette hat seinen Namen von den steilen nordseitigen Felsabbrüchen. Ein schöner Gratsteig führt vom Mittag (1451 m) herüber (Bergbahn von Immenstadt). Auf romantischen

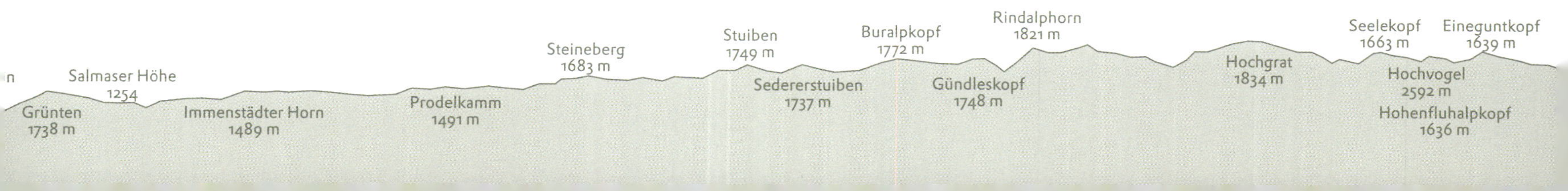

Im Spätherbst unter der Gipfelwand des Steinebergs. Am Horizont der Pfänderrücken [32].

Alpwegen gelangt man von Gunzesried auf den aussichtsreichen Gipfel. Er bildet je nach Gehrichtung den End- oder Ausgangspunkt der unvergleichlichen Überschreitung der Nagelfluhkette vom beziehungsweise zum Hochhädrich [18] über alle 13 Erhebungen des 20 km langen Kammes (näheres dazu siehe Hochgrat [12]).

STUIBEN 7

1749 m, Allgäuer Alpen, Nagelfluhkette
(D, Immenstadt, Gunzesried)

Der Stuiben ist ein bekannter und häufig besuchter Berg in der 20 km langen Nagelfluhkette, die als sperriger Querriegel zwischen Alpenvorland und Hochgebirge hingestellt ist. Im Gegensatz zu einigen seiner Nachbargipfel wird er nicht nur im Rahmen einer Überschreitung des gesamten Bergkamms (näheres dazu siehe Hochgrat [12]), sondern – auch im Winter mit Ski – als selbständiges Ziel besucht. Wie von allen Erhebungen der Nagelfluhkette zeigt sich von seinem Gipfel ein unermesslich weites und vielfältiges Panorama, das seinen Reiz aus der Position zwischen flachem Land und hohem Gebirge bezieht. Der Name ist seit über 250 Jahren nachgewiesen. Er bezieht sich auf den bei Sturm über die Grate stiebenden Schnee.

SEDERERSTUIBEN 8

1737 m, Allgäuer Alpen, Nagelfluhkette
(D, Immenstadt, Gunzesried)

Der westliche Nachbargipfel des Stuiben [7] in der Nagelfluhkette wird meist zusammen mit diesem oder bei der großen Überschreitung (näheres unter Hochgrat [12]) besucht.

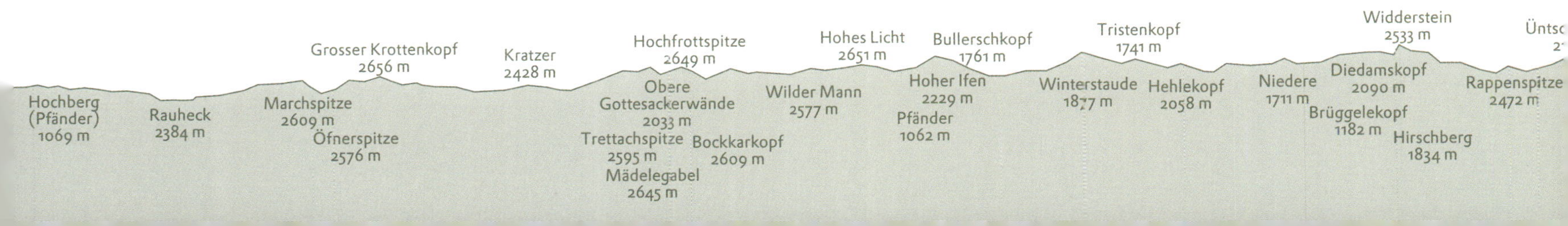

Die Nagelfluhkette vom Stuiben [7], links, bis zum Hochhädrich [18]. In der Mitte Rindalphorn [11] und Hochgrat [12], gesehen von Friedrichshafen-Ailingen.

BURALPKOPF 9

1772 m, Allgäuer Alpen, Nagelfluhkette
(D, Oberstaufen-Steibis, Gunzesried)

Der dritthöchste Berg der Nagelfluhkette zwischen Rindalphorn [11] und Stuiben [7] ist im Aussehen seinen Nachbarn ähnlich. Als eigenständiges Ziel wird er eher selten besucht, häufig jedoch bestiegen im Rahmen einer Überschreitung mehrerer Gipfel oder der gesamten Kette.

GÜNDLESKOPF 10

1748 m, Allgäuer Alpen, Nagelfluhkette
(D, Oberstaufen-Steibis, Gunzesried)

Die eher unscheinbare Erhebung in der 20 km langen Nagelfluhkette östlich des deutlich höheren Rindalphorns [11] wird bei der langen Kammwanderung über sämtliche Gipfel der Kette überschritten. Auffällig ist wie beim Buralpkopf die schöne, wie mit einem Lineal gezogene Felsschichtung.

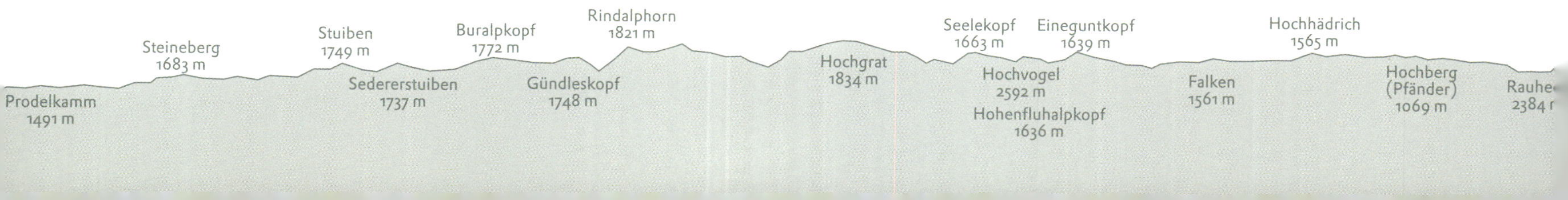

RINDALPHORN 11

1821 m, Allgäuer Alpen, Nagelfluhkette
(D, Oberstaufen-Steibis, Gunzesried)

Der breit gelagerte Doppelgipfel ist der ebenbürtige östliche Nachbarberg des Hochgrat [12] in der Nagelfluhkette und deren zweithöchste Erhebung. Der Name stammt von der Rindalpe in der Nordflanke des Berges. Vom Hochgrat ist er getrennt durch die Brunnenauscharte (1626 m), die man von Norden und Süden auf steilen Wegen erreicht. Der Höhengang entlang des von Westen nach Osten verlaufenden Gipfelgrats ist ein herausragend schönes Teilstück der Überschreitung der Nagelfluhkette.

HOCHGRAT 12

1834 m, Allgäuer Alpen, Nagelfluhkette
(D, Oberstaufen-Steibis)

Der hohe Bekanntheitsgrad dieses Berges mit seinem passenden und selbsterklärenden Namen hat mehrere Gründe: Seine Rolle als Höchst- und Mittelpunkt der weit ins Alpenvorland hinaus zu sehenden Nagelfluhkette, seine leichte Erreichbarkeit mit der Gondelbahn und die umfassende Aussicht von seinem Gipfel. Insgesamt 20 km lang ist die Nagelfluhkette, die zwischen Hochhädrich [18] im Westen und Mittag im Osten insgesamt 13 Erhebungen aufweist. Vom Gestein, aus dem die Bergreihe aufgebaut ist, einer zusammengebackenen Masse von Flusskieseln in unterschiedlicher Größe, bezieht der voralpine Gebirgskamm seinen Namen. Das seltsame Konglomerat, das man als Nagelfluh bezeichnet (die Einheimischen nennen es »Herrgottsbeton«), ist das Produkt langwieriger Ablagerungsprozesse alpiner Gerölle im Alpenvorland, die mit dem Schub aus Süden »eingewanderter« Alpen zusammengestaucht und zu ganzen Bergketten aufgefaltet wurden. Sie bilden eine Art voralpinen Riegel, der bis ins Schweizer Mittelland hinüber reicht (siehe Pfänder [32] und Speer [160]).

Der Anblick des langen Bergwalls mit den charakteristisch gebänderten steilen Flanken ist ein Glanzstück des Bergpanoramas aus dem Oberschwäbischen und vom Bodensee. Ganz besonders gilt das für das Frühjahr, wenn die Parade im winterlichen Weiß über dem aufreizend grünen Gelände steht und einen fast schmerzhaften Kontrast zum lachenden Frühlingsland bildet. Der Hochgrat und all seine Nebengipfel sind einmalige Schaukanzeln, denn der Blick von ihren Höhen, die eine markante Trennlinie zwischen flachem Land und Hochgebirge darstellen, zeigt wilde, urwelthafte Hochgebirgsbilder und milde, weitläufige Grünlandszenerien. Im Süden bildet die Zackenreihe der Alpengipfel eine eindeutige Horizontbegrenzung, im Norden dagegen verlieren sich die sanften Wogen des Alpenvorlandes in unbestimmten Fernen.

Die zweitägige Gesamtüberschreitung der Nagelfluhkette mit Übernachtung auf dem Staufner Haus (1614 m) des DAV zwischen Hochgrat und Seelekopf [13] ist eine der schönsten Gratwanderungen im Seepanorama und darüber hinaus ein einmaliger Gang auf der Scheidelinie zwischen dem offenen flachen Land und dem Hochgebirge. Man ist unterwegs auf einem langen Flug über der Welt.

SEELEKOPF 13

1663 m, Allgäuer Alpen, Nagelfluhkette
(D, Oberstaufen-Steibis, Hittisau)

Der westliche Nachbargipfel des berühmten Hochgrat [12] in der Nagelfluhkette wird bei der einmalig schönen Überschreitung vom oder zum Hochhädrich [18] bestiegen. Zwischen Hochgrat und Seelekopf steht das Staufner Haus, das sich zum Übernachten anbietet, wenn man in einer zweitägigen Wanderung die gesamte Nagelfluhkette überschreitet

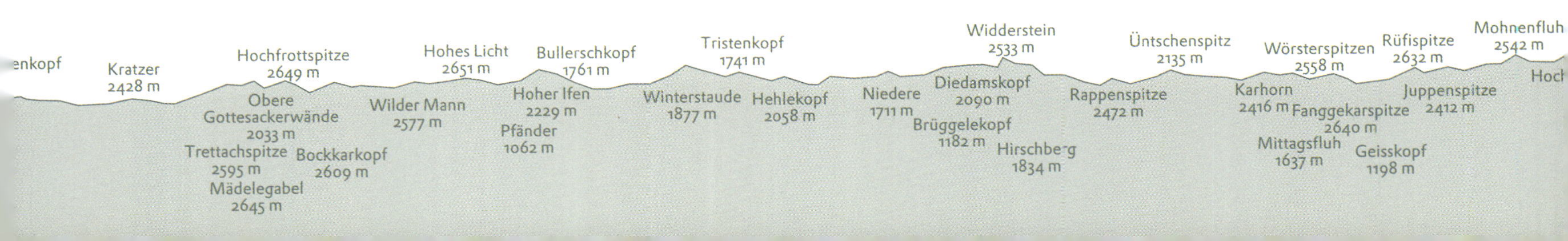

Der Hochvogel von Nordwesten, gesehen vom Karstplateau Koblat.

HOCHVOGEL 14

2592 m, Allgäuer Alpen (D/A, Hindelang, Hinterhornbach)

Die hochstrebende, elegante Felspyramide ist zwar nicht der höchste, doch gewiss der schönste Berg der Allgäuer Alpen, ein stolzer Solitär, der sich eine außergewöhnliche aristokratische Zurückhaltung erlaubt: Er lässt sich von keinem der bewohnten Täler zu seinen Füßen sehen, obwohl er mit seiner unverwechselbaren Gestalt seine Umgebung deutlich überragt und im östlichen Teil der Allgäuer Alpen als hoher Wächter die Rolle eines Eck- und Gelenkpunktes übernimmt. Drei schwungvoll emporstrebende Grate und drei mächtige Wände formen den solide erscheinenden, aber aus brüchigem Hauptdolomit aufgebauten Berg. Die großen Schuttkare unter den Flanken unterstreichen seine abweisende Größe und der hochfliegende Name bringt seine abgehobene Existenz klangvoll zum Ausdruck.

Die beiden Normalanstiege vom Prinz-Luitpold-Haus (1846 m, DAV-Sektion Allgäu-Immenstadt) im Norden und von Hinterhornbach im Süden (1500 Höhenmeter, keine Einkehrmöglichkeit unterwegs) eignen sich nur für erfahrene Hochgebirgswanderer. Der lange Südanstieg auf dem teilweise gesicherten Bäumenheimer Weg bietet während des gesamten Aufstiegs immer weiter werdende Fernsichten und großartige Felsbilder. Überschreitet man den Berg nach Norden und kehrt über den Fuchsensattel zurück, verschafft man sich einen Begriff von seiner Größe und seiner Schönheit. Die Schau von der Spitze dieser bedeutenden Landmarke ist natürlich grenzenlos.

HOHENFLUHALPKOPF 15

1636 m, Allgäuer Alpen, Nagelfluhkette (D, Oberstaufen-Steibis, Hittisau)

Dieser Gipfelkopf im Gratverlauf der Nagelfluhkette westlich des Hochgrat [12] wird in der Regel nur bei der Überschreitung der Kette bestiegen.

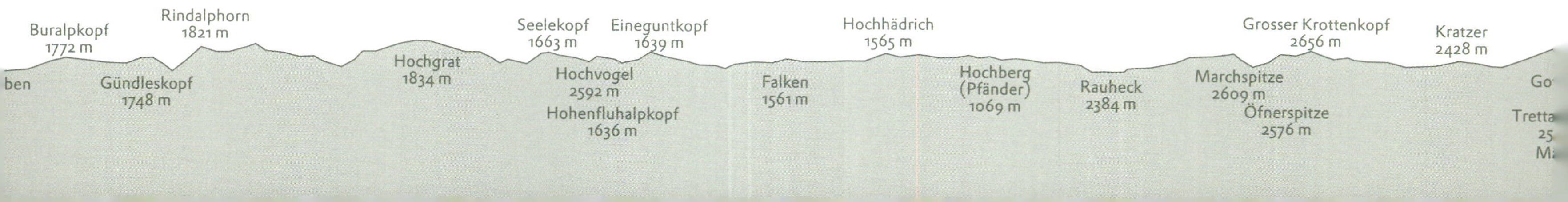

EINEGUNTKOPF 16

1639 m, Allgäuer Alpen, Nagelfluhkette
(D/A, Oberstaufen-Steibis, Hittisau)

Die auch Rohnehöhe genannte Erhebung in der Nagelfluhkette, wird meist im Rahmen der langen Gratwanderung vom Hochhädrich [18] und Hochgrat [12] überschritten. Besuch um seiner selbst willen erhält der Berg am ehesten im Winter von Skitourengehern. Ausgangspunkt ist dabei die Talstation der Hochgratbahn.

FALKEN 17

1561 m, Allgäuer Alpen, Nagelfluhkette
(D/A, Oberstaufen-Steibis, Hittisau)

Nach dem Hochhädrich [18] ist der Falken, auch »Auf dem Falken« genannt, die zweite Erhebung der Nagelfluhkette, die im Rahmen des großartigen Höhengangs zum Hochgrat [12] überschritten wird. Nördlich unter dem Gipfel steht die bewirtschaftete Falkenhütte.

HOCHHÄDRICH 18

1565 m, Allgäuer Alpen, Nagelfluhkette
(D/A, Oberstaufen-Steibis, Hittisau)

Er ist der westliche Eckpfeiler und erste Gipfel bei der großartigen Überschreitung der Nagelfluhkette. Eine Übernachtung im knapp unter der höchsten Erhebung stehenden Berggasthaus bietet die Möglichkeit, die umfassende Gipfelschau auch zum Sonnenuntergang und zum Sonnenaufgang zu genießen. Im kleinen Skigebiet nördlich darunter haben viele kleine Seeanwohner ihre ersten Lektionen auf den langen Brettern absolviert.

HOCHBERG / PFÄNDER 19

1069 m, Bregenzerwald, Pfänder
(A, Lochau, Eichenberg, Möggers)

Der höchste Punkt im Höhenzug des Pfänder [32] ist eine weite Wiesenkuppe mit einem schlichten Kruzifix und freier Schau auf die Allgäuer Alpen und den Bregen-

Auf dem Grat vom Hochhädrich zum Falken

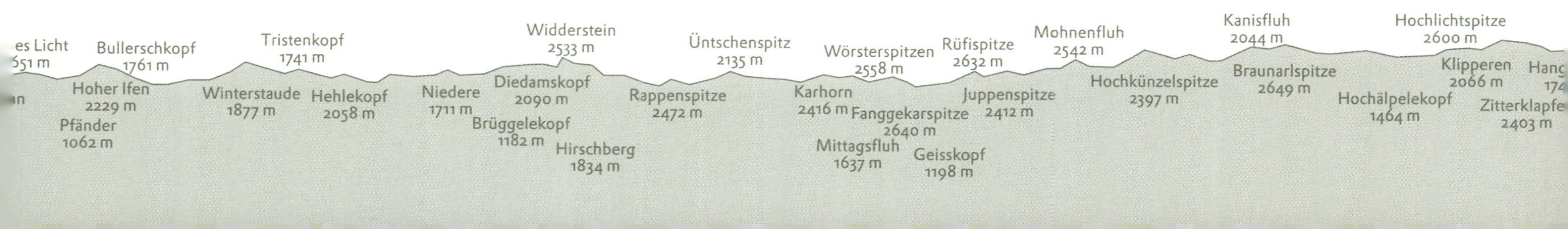

Aufstieg zum Hochberg [19] (Pfänder). Blick auf Lindau.

zerwald, etwa vier km nördlich der Seilbahn-Bergstation und von dort sowie von Möggers bequem auf dem Pfänder-Höhenweg zu erreichen. Ab Eichenberg, dem Höhenort in Terrassenlage auf halber Berghöhe mit Blick über den Bodensee, lässt sich der Hochberg in eine prächtige Panoramarunde einbeziehen.

RAUHECK 20

2384 m, Allgäuer Alpen (D/A, Oberstdorf)

Der Hauptkamm der Allgäuer Alpen ist eine lange Kette formenreicher Felsberge, die sämtlich aus Hauptdolomit aufgebaut sind. Eine auffällige Ausnahme bilden das Rauheck und das Kreuzeck mit ihren glatten grünen Steilhängen und scharf geschnittenen Graten, die ohne Probleme begehbar sind und wunderbar abgehobene Bergwanderfreuden schenken. Dafür muss man allerdings lange Zustiegswege mit großen Höhenunterschieden in Kauf nehmen.

MARCHSPITZE 21

2609 m, Allgäuer Alpen, Hornbachkette (A, Elbigenalp/Lechtal)

Nur selten stehen Menschen auf diesem Berg, der zu den höchsten und schönsten in den Allgäuer Alpen gehört. Die Schwierigkeiten auch auf dem einfachsten Anstieg, die miserable Felsbeschaffenheit und die Vielfalt der benachbarten Ziele in der wilden Hornbachkette rund um die Hermann-von-Barth-Hütte der DAV-Sektion Düsseldorf führen dazu, dass die meisten Bergsteiger es bei der bewundernden Betrachtung der edlen Felspyramide belassen. Am schönsten zeigt sie sich von Südwesten, etwa vom Normalanstieg auf den Großen Krottenkopf [23], dem höchsten Berg der Allgäuer Alpen.

ÖFNERSPITZE 22

2576 m, Allgäuer Alpen (D/A, Oberstdorf, Holzgau)

Eine struppige Gestalt ist diese zerborstene Felsenburg an einer wichtigen Gelenkstelle des Allgäuer Haupt- und Grenzkamms. Hier zweigt die Hornbachkette mit ihren wilden Bergen nach Osten ab. Wegen des brüchigen Gesteins wird die Öfnerspitze mehr angeschaut als bestiegen, sehr zur Freude alpiner Einsamkeitssucher, die auf dem nicht besonders schwierigen Normalanstieg kaum anderen Bergsteigern begegnen dürften.

GROSSER KROTTENKOPF 23

2656 m, Allgäuer Alpen, Hornbachkette, (A, Oberstdorf, Holzgau und Elbigenalp im Lechtal)

Weil er ein kleines Stück aus dem Hauptkamm herausgerückt ist und damit vollständig auf österreichischem Boden steht, findet der höchste Gipfel der Allgäuer Alpen weniger Beachtung als manch anderer Allgäuer Hochgipfel. Der mächtige Felskegel kann an Eleganz der Form zwar nicht mit dem Hochvogel [14], der Mädelegabelgruppe [26] oder dem Widderstein [41] konkurrieren, hat aber eine schöne, ebenmäßig aufgebaute Gestalt.

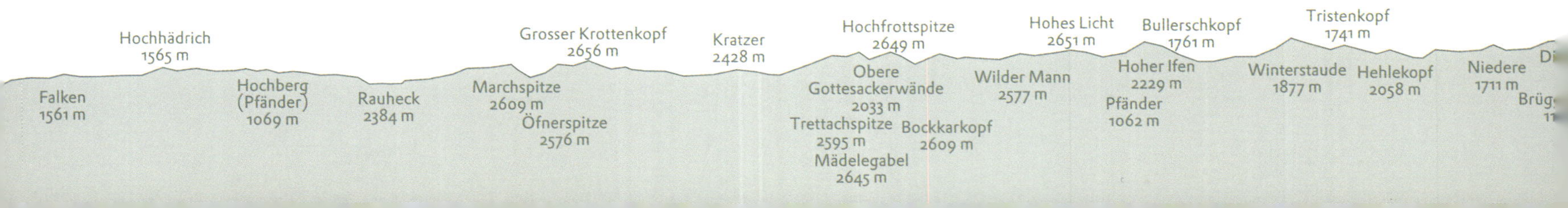

Die Felspyramide des Großen Krottenkopfs vom Oberen Mädelejoch. Über den Südgrat (rechts) verläuft der Normalanstieg.

Der Große Krottenkopf bildet den westlichen Endpunkt der wilden und ursprünglich gebliebenen Hornbachkette, deren zerklüftete Felsberge überwiegend nur auf anspruchsvollen und weglosen Anstiegen erreicht werden können. Gerade der höchste Berg der Kette macht eine Ausnahme. Sowohl von der Kemptner Hütte (Talort Oberstdorf) als auch von der Hermann-von-Barth-Hütte (Talort Elbigenalp) gelangt man in die Krottenkopfscharte, von der ein steiler Felssteig zum Gipfel führt.

Mir war es vergönnt, den Krottenkopf an einem Wochentag im Herbst bei schönstem Wetter und klarster Sicht zu besteigen und dabei nur einem Menschen zu begegnen, einem alpin völlig ahnungslosen Jüngling aus Magdeburg, der sich an meine Fersen heftete und so zu einem ganz unerwarteten Gipfelerfolg kam. Mit dem Fahrrad fuhr ich von Oberstdorf das Trettachtal hinein, um mir den langen Talhatscher zu ersparen, und stieg dann zu Fuß hinauf zur bereits verriegelten Kemptener Hütte und weiter zum Oberen Mädelejoch, wo der Berg schlagartig auftaucht. Er zeigt sich hier von seiner schönsten Seite und macht mit seiner 400 m hohen Westwand mächtig Eindruck und Lust auf den weiteren Anstieg. Fantastisch war der Gipfelblick auf die formenreiche Felsenwelt ringsum, auf die glänzenden Firne der Ötztaler Alpen und zum Ortler. Höhepunkt und ein Glanzlicht in meiner Seebergsteiger-Existenz aber war die völlig überraschende Komplettansicht des Bodensees, mitsamt Überlinger See und Insel Reichenau im Untersee.

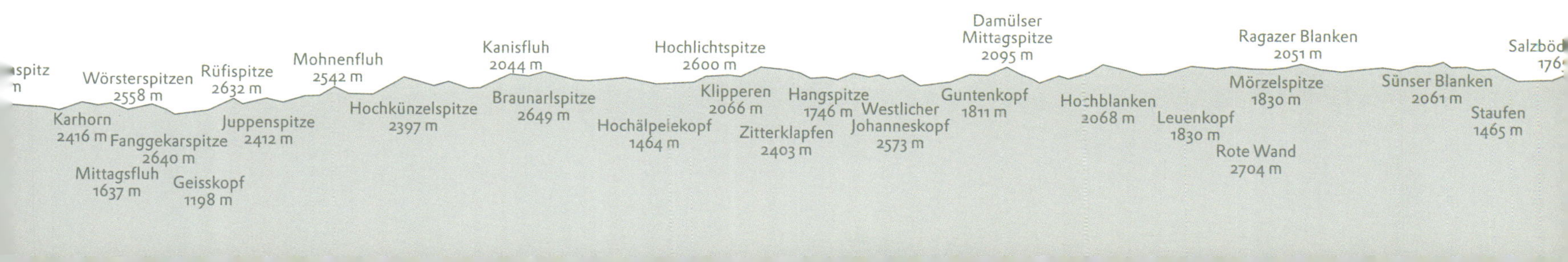

Das Allgäuer Dreigestirn von Osten, vom Großen Krottenkopf. Von rechts: Trettachspitze, Mädelegabel und Hochfrottspitze [28].

KRATZER 24

2428 m, Allgäuer Alpen (D/A, Oberstdorf)

Der ruinös wirkende, gezackte Felskamm steht frei und isoliert in der Allgäuer Hauptkette über der Kemptner Hütte. Der Umstand, dass er einem Instrument zum Kratzen ähnelt, brachte ihm schon vor Jahrhunderten diesen ehrenwerten Namen ein. Wegen der Brüchigkeit der Felsen wird er nur selten bestiegen. Unter seiner Südflanke verläuft der gemäßigte östliche Abschnitt des Heilbronner Wegs (siehe Bockkarkopf [29]).

TRETTACHSPITZE 25

2595 m, Allgäuer Alpen (D, Oberstdorf)

Mit seiner schlanken Form leistet dieses kühne Felshorn den maßgebenden Beitrag zur Einmaligkeit des Allgäuer Dreigestirns (siehe Mädelegabel [26]); ohne die Trettachspitze wären es lediglich drei nebeneinander stehende Berge. Besonders von Westen gesehen, also auch vom Bodensee, wirkt die steilkantige Pyramide ungemein schmal und elegant. Ausnahmslos schwierige Kletteranstiege in kompaktem Fels führen auf den Gipfel.

MÄDELEGABEL 26

2645 m, Allgäuer Alpen (D/A, Oberstdorf)

Der reizvolle, sehr schwäbisch klingende Name wird als Oberbegriff für das außergewöhnliche Dreigestirn bestehend aus Trettachspitze [25], Mädelegabel und Hochfrottspitze [28], aber auch speziell für den mittleren Gipfel verwendet. »Mädele« hat nichts mit dem schwäbischen Begriff für Mädchen zu tun, sondern ist von einer Mähwiese auf die Berge darüber übertragen worden. Weil die drei riesigen Felszacken an die Zinken ei-

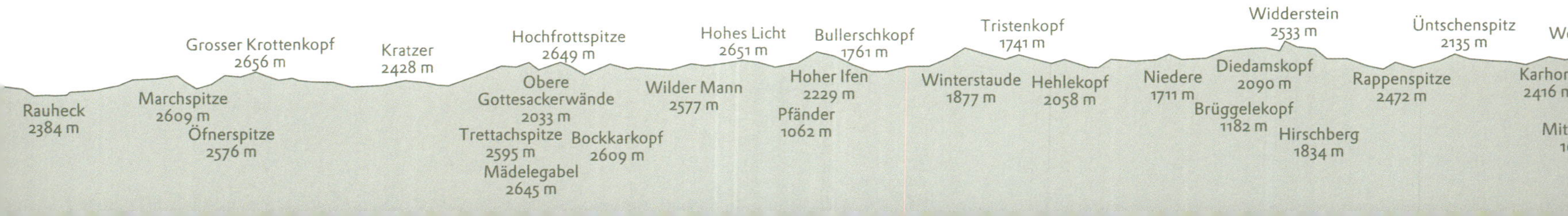

Skianstieg von Norden auf die Oberen Gottesackerwände.

ner Gabel erinnern, wurde dafür der Begriff Mädelegabel verwendet. Einen vergleichbaren Ursprung hat der Name Mischabel im Wallis (mit den berühmten Viertausendern Dom und Täschhorn), der sich aus einer vierzackigen Mistgabel ableitet.

Diese drei Felshörner im Zentrum des Allgäuer Hauptkamms formen eines der schönsten Bergbilder der Nordalpen, dessen markante, unverkennbare Silhouette sich auch dem Betrachter aus dem Bodenseeraum darbietet. Ins Auge sticht dabei besonders die kühne Felsnadel der Trettachspitze, die den nördlichen Eckposten der Dreierreihe bildet. Der berühmte Heilbronner Weg (siehe Bockkarkopf [29]) vermittelt den Zugang zum Gipfel der Mädelegabel, den man in einfacher Kletterei über den oberen Ostgrad erreicht.

OBERE GOTTESACKERWÄNDE 27

2033 m, Allgäuer Alpen (D, Riezlern, Rohrmoos)

Als langgezogenes, sanft gewölbtes Felsenband, dem eine lückenhafte Zahnreihe aufgesetzt ist, bilden die Oberen Gottesackerwände die nördliche Begrenzung der kargen Steinhochwüste um den Hohen Ifen [33]. Sie trägt den treffenden Namen Gottesacker. Nordseitig brechen die Felswände senkrecht ab, nach Süden gehen sie weniger markant in die Hochfläche über.

Die Unteren Gottesackerwände, ein Stockwerk tiefer und leicht nach Osten versetzt, zeichnen das Prinzip im kleineren Maßstab nach. Die reich gegliederte Landschaft zwischen dem Rohrmoostal und den beiden hohen Felsbögen ist von einem unvergleichlichen romantischen Zauber, ein ideales Terrain für alpine Träumer und Einsamkeitssucher.

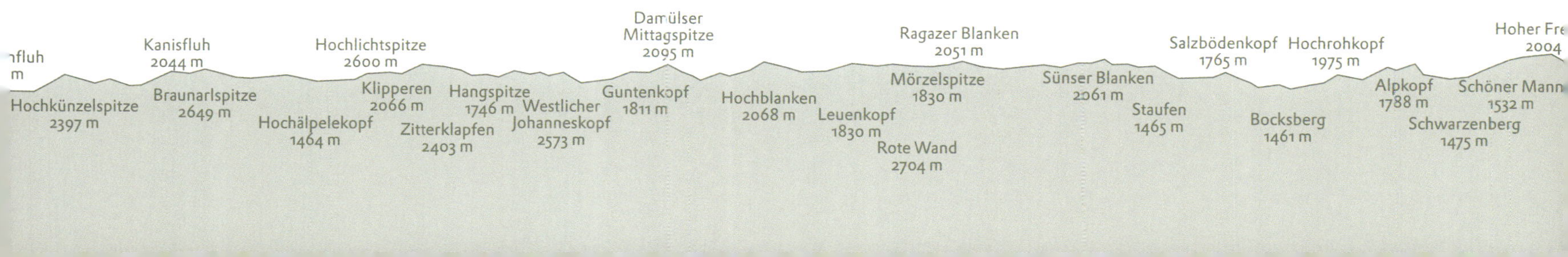

Gipfelschau vom Biberkopf auf den zentralen Teil der Allgäuer Alpen mit Mädelegabel [26] und Hohes Licht [31].

HOCHFROTTSPITZE 28

2649 m, Allgäuer Alpen (D/A, Oberstdorf)

Die südliche Spitze des viel bewunderten Dreigestirns ist der dritthöchste Berg der Allgäuer Alpen. Unter seiner Ostflanke führt der Heilbronner Weg entlang. Der nur über brüchigen Fels schwierig zu erreichende Gipfel bekommt selten Besuch.

BOCKKARKOPF 29

2609 m, Allgäuer Alpen, (D/A, Oberstdorf)

Die Überschreitung dieses eher unauffälligen Berges im Allgäuer Hauptkamm entlang der Gratschneide gehört zum Herzstück des legendären Heilbronner Wegs. Er ist wohl der berühmteste gesicherte Felsenweg in den Deutschen Alpen. Seine Errichtung durch die Sektion Heilbronn im Jahr 1889 fällt noch in die klassische Epoche des Alpinismus und war seinerzeit eine absolute Neuigkeit. Man suchte als Übergang von Hütte zu Hütte nicht den einfachsten und kürzesten Weg, sondern eine spektakuläre Wegführung über die Gipfel. Von der Rappenseehütte zur Kemptner Hütte (sie gehören beide der DAV-Sektion Kempten-Allgäu) ist man etwa sechs Stunden unterwegs. Verfügt man über ausreichend Kondition, kann man einen großen Allgäuer Gipfeltag feiern, wenn man zum Auftakt das Hohe Licht [31] und später noch die Mädelegabel besteigt. Aus der Tatsache, dass die beiden Hütten zu den größten im Alpenraum zählen, lässt sich leicht auf die Beliebtheit des Heilbronner Wegs schließen. An schönen Sommertagen kann es durchaus zu Stauungen an den Engstellen kommen, weshalb sich dringend eine antizyklische Terminplanung empfiehlt.

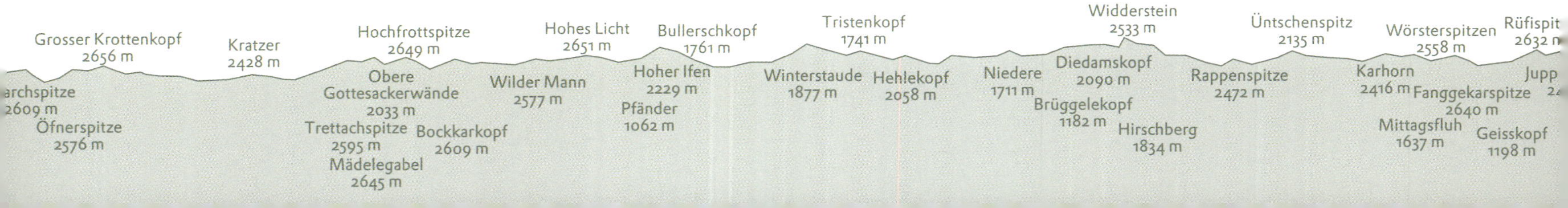

Herbstmorgen auf der Fähre Friedrichshafen – Romanshorn. Blick nach Osten zum Pfänder.

WILDER MANN 30

2577 m, Allgäuer Alpen, (D/A, Oberstdorf, oberes Lechtal)

Trotz seines vielversprechenden Namens ist der Wilde Mann ein eher unauffälliger Berg im Allgäuer Hauptkamm zwischen dem Hohen Licht [31] und dem Bockkarkopf [29]. Der Heilbronner Weg führt knapp unterhalb des Gipfels vorbei, den man mit einem kurzen Abstecher erreicht.

HOHES LICHT 31

2651 m, Allgäuer Alpen (A, Oberstdorf, oberes Lechtal)

Wie der Große Krottenkopf [23], der höchste Berg der Allgäuer Alpen, steht auch das Hohe Licht als zweithöchster Gipfel dieser Gebirgsgruppe in einem vom Hauptkamm nach Süden abzweigenden Seitenast und damit auf Tiroler Boden. Weil ein markierter Felssteig zum höchsten Punkt hinauf führt und die Besteigung mit der Begehung des Heilbronner Wegs verbunden werden kann, bekommt der große Berg mit dem poetischen Namen viel Besuch. Ein grenzenloses Panorama und der Blick zu den wilden Lechtaler Alpen sind der Lohn für die Mühen.

PFÄNDER 32

1062 m, Bregenzerwald (A, Bregenz, Lochau)

Der Hausberg der Bregenzer ist die weit über die Region hinaus berühmte Aussichtwarte und neben dem Säntis der Seeberg schlechthin. Er ist der einzige die Tausendmetermarke übersteigende Berg direkt am Seeufer. Als lang gezogener und überwiegend bewaldeter Rücken umrahmt er die halbkreisförmige Bregenzer Bucht. Mit seinem scheinbaren Ebenmaß ist er entscheidend an

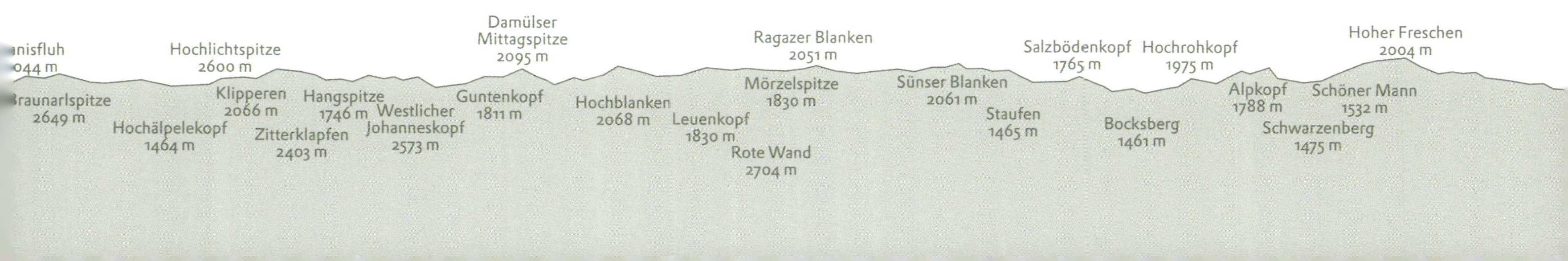

dem großen Bild eines natürlichen Amphitheaters beteiligt, das sich dem Betrachter von Westen, am großartigsten vielleicht, eingerahmt von Leuchtturm und bayerischem Löwen, vom Lindauer Hafen, darbietet. Der Pfänder und seine Bucht, das ist eines der Glanzstücke in der facettenreichen Bodenseelandschaft.

Der Pfänder ist ein Berg mit zwei Gesichtern, denn was aus der Ferne sanft und gleichförmig erscheint, entpuppt sich an Ort und Stelle als verwirrendes, von wilden, teilweise unzugänglichen Tobeln durchfurchtes und zersägtes Terrain. Schuld daran ist das vom Wasser leicht formbare, wie mit Beton verbackene Gesteinsgemisch, aus dem der Berg aufgebaut ist, die Nagelfluh (siehe dazu Hochgrat [12]).

Einen ausgeprägten Gipfel hat der Pfänder nicht, doch ist dem 12 km langen Höhenzug eine Reihe von sanften Kuppen aufgesetzt, alle über 1000 Meter hoch und alle mit Namen versehen. Von Süden nach Norden sind dies: Pfänder, 1062 m (namengebend für den ganzen Berg, doch nicht der höchste Punkt), Fürberg, 1044 m, Hochberg, 1069 m [19] und höchste Erhebung, Daxenberg, 1024 m. Vom See aus nicht zu sehen steht in zweiter Reihe, doch mit dem Pfänder zusammenhängend, der etwas höhere Hirschberg (1095 m). Eine weit gespannte Wiesenkuppel (mit Alpbetrieb, Wirtschaft und Kapelle) bildet das freie Dach des Berges.

Der Name Pfänder erscheint erstmals in einer Urkunde von 1422. Er wird ganz prosaisch auf eine Amtsperson zurückgeführt, deren Aufgabe es war, gerichtliche Pfändungen vorzunehmen.

Dank seiner Vermittlerposition zwischen See und Gebirge wurde er zum beliebtesten Aussichtsberg am Bodensee und schon seit 1927 führt eine Gondelbahn von Bregenz auf die Höhe, die man bedauerlicherweise sogar mit dem Auto erreichen kann. Der Bereich rund um den mit einem Sendemast geschmückten Gipfel ist deshalb an schönen Wochenenden, an denen auch noch klare Sichtverhältnisse herrschen, von Menschenmassen geradezu überflutet. Ungleich ruhiger ist es selbst an diesen Tagen dort, wo man nur zu Fuß hinkommt. Und herrlich allein mit den Wundern dieses Berges ist man, wenn man »antizyklisch« unterwegs ist.

Das Pfänderpanorama mit seinem Doppelcharakter ist in der Tat einmalig: im Westen der See in seiner ganzen Ausdehnung bis in den hintersten Winkel des Überlinger Fjords hinein, von Südwesten bis Osten die Alpen, zweigeteilt durch den breiten Rheintalgraben. Mächtig die Alpsteininsel mit dem Säntis [134] rechts davon, im Südosten weit geöffnet und in Stufen aufgebaut der zauberhafte Bregenzerwald.

Man mag sich nicht festlegen, zu welcher Jahreszeit es auf dem Pfänder am schönsten ist. Im Frühling explodiert das Seeland im saftigen Grün und im Blütenrausch, während auf der anderen Seite die Berge noch in weißer Winterstarre dastehen. Im Sommer sollte man abends hinaufwandern, um mitzuerleben, wie das Gebirge im letzten Licht aufleuchtet, während die Sonne hinter dem brennenden See hinabsinkt. Traumhaft schön sind die Herbsttage am Pfänder. Es ist die Zeit der großen Fernsichten mit einem Licht über der Welt, das mit seinen Farben und seiner Intensität ganz verrückt macht. Da kann es passieren, dass man unten im nasskalten, dumpfen Nebelgrau losgeht, auf halbem Weg die Decke durchstößt und sich in einem warmen Traumland wiederfindet, das von einem strahlend blauen Himmel überspannt wird. Die Menschenwelt ist vollständig versunken und nur die Berge entragen dem weißen Meer. Und schließlich ist es für Eingeweihte ein unbeschreiblicher Hochgenuss, an einem der nicht gerade häufigen Wintertage mit ausreichend Schnee bis zum See hinunter mit den Skiern von Bregenz hinaufzusteigen, oben kurz Umschau zu halten und im besonderen Glücksfall im unverspurten Pulverschnee, immer auf das große Wasser zu, hinabzuschwingen. Eine solche Abfahrts-

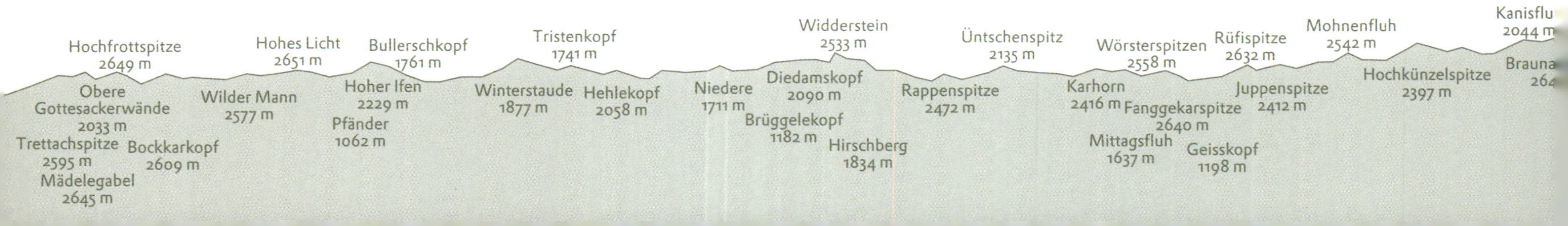

Bregenz, gesehen vom Haggen, von einem der schönsten Aussichtsplätze am Pfänder.

kulisse wie bei diesem Klassiker gibt es kein zweites Mal. Doch auch ohne Ski kommt man im Winter meist ohne Probleme hinauf und wer die Mühe auf sich nimmt einen Schlitten hinaufzuziehen, dem ist das Spektakel vergönnt, in wilder Fahrt hinabzurauschen. Das kann man auch haben, wenn man mit der Bahn hinauf fährt, doch das wahre Abfahrtsvergnügen ist ein Geschenk für die Aufstiegsmühen.

Aus der reichen Gliederung des Höhenzugs ergibt sich eine Vielzahl von Wandermöglichkeiten. Voller Abwechslung, aussichtsreich und oft wildromantisch sind die vielen Wege. Etwa die variantenreichen Aufstiege ab Bregenz und Lochau mit ihren großartigen Aussichtsplätzen, die kilometerlangen, nahezu eben verlaufenden Panoramawege auf dem langen Bergrücken, auf denen das Gehen zum unbeschwerten Lustwandeln wird, die stillen Wege hinüber zum wenig besuchten Hirschberg mit seiner freien Wiesenkuppe über den dunklen Wäldern und dem schönsten Blick in den Bregenzerwald hinein.

Ganz eigenständige Berühmtheit hat der Gebhardsberg (598 m) erlangt, eine markante Schulter des Pfänder, die wie ein Riegel ins Rheintal hineingeschoben ist und damit die südliche Begrenzung der beschützenden

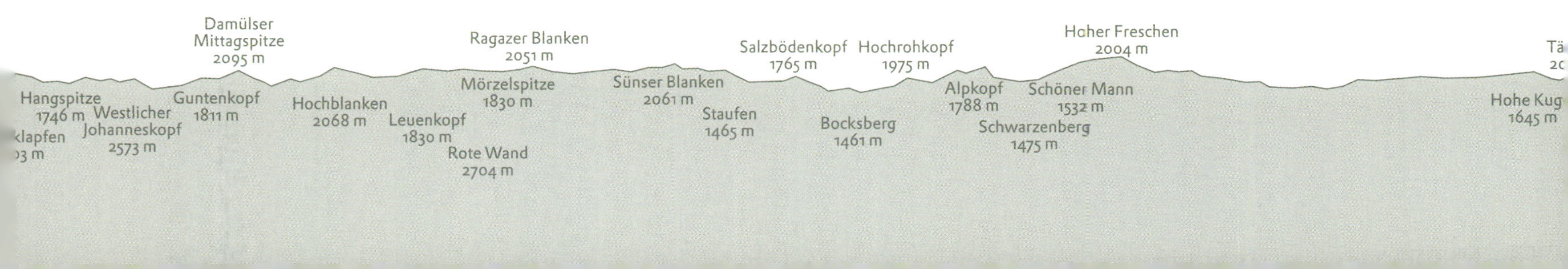

Der Hohe Ifen (Bildmitte), davor Obere [27] und Untere Gottesackerwände, vom Siplingerkopf über Balderschwang.

Bergumrahmung der Bregenzer Bucht bildet. Mit einem bequemen Spaziergang durch den Bregenzer Stadtwald vorbei an der Vorarlberger Landesbibliothek erreicht man die Höhe des Bergsporns mit der Ruine der Burg Hohenbregenz, einer Wallfahrtskapelle mit schönen Deckenfresken des 19. Jahrhunderts und dem bekannten Restaurant. Berühmt ist die Aussicht von der vorgelagerten Terrasse auf den See, über das weite oberschwäbische Land, das offene Rheintal hinein und auf die Alpengipfel links und rechts davon.

Groß war der Ruhm des Gebhardsbergs im 19. Jahrhundert. Er galt als »der schönste Standpunkt weit und breit« (Gustav Schwab im ersten Bodensee-Reiseführer 1827) und bester Panoramaplatz am Bodensee. Lang ist die Liste von Künstlern und Dichtern, die ihn besucht und den Sonnenuntergang bewundert haben, sie reicht von William Turner bis Franz Kafka. Der Wiener Schriftsteller Ignaz Franz Castelli, der als poetischer Entdecker des Gebhardsberges gilt, verstieg sich 1822 in einem Gedicht gar zu der Behauptung:

Wer dies geseh'n, kann unbekümmert sterben,
Für's Auge hat er nichts mehr zu erwerben.

Meiner Ansicht nach würde es sich schon lohnen, vorher noch ein paar andere Aussichtspunkte rund um den See aufzusuchen, die es mit dem Gebhardsberg durchaus aufnehmen können.

HOHER IFEN 33

2229 m, Allgäuer Alpen (D/A, Riezlern, Schönenbach)

Wie der Bug eines sinkenden Schiffes steht der Gipfelaufbau des Hohen Ifen über den felsigen und kahlen Hochflächen eines ausgedehnten Gebirgsstocks, der zu den eigenartigsten der gesamten Alpen gehört. Sein Kernstück ist der neun Quadratkilometer große Gottes-

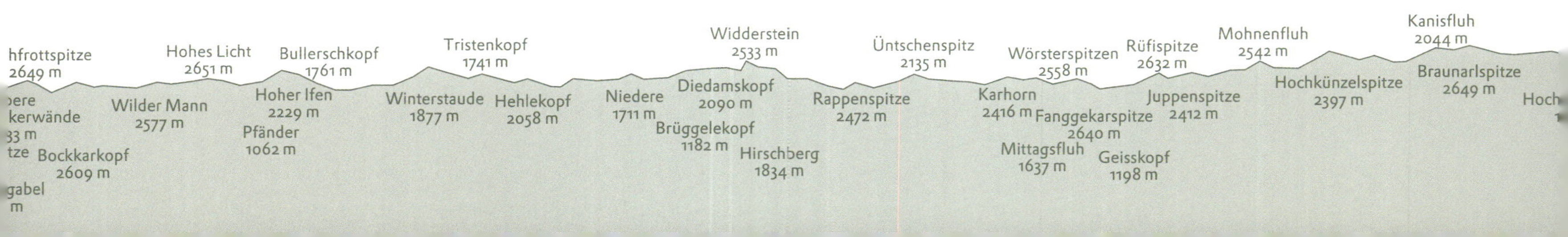

acker, eine gewellte felsige Hochwüste aus Schrattenkalk, durchsetzt von Trichtern und Spalten, als wäre ein Gletscher zu Stein erstarrt (siehe auch Sulzfluh [87] und Pfannenstock [164]). Der Name Gottesacker bezeichnet treffend die abweisende Fremdartigkeit des öden Plateaus, dessen Strenge bei einer Wanderung an die Seele greift. An ihrem südwestlichen Rand ist der Hochebene der schräg gelagerte Felsstock des Ifengipfels aufgesetzt. Nordseits ist sie von der langen Zahnreihe der Oberen Gottesackerwände [27] begrenzt.

Für die Besteigung sollte man nicht den kürzesten Weg, sondern einen der Anstiege wählen, die über die zernagten Karrenfelder des Gottesackerplateaus führen. Nur so erfasst man den besonderen Charakter dieser kargen Hochgebirgslandschaft. Lang, doch unvergleichlich schön ist der Weg von Schönenbach im Bregenzerwald über die Kälbelegüntlealpe herauf zum Gottesacker und zum Hochifen, wie er früher genannt wurde. Überschreitet man den Berg und macht absteigend den großen Bogen über den Gerachsattel, erlebt man eine Vielfalt landschaftlicher Eindrücke, eine ganze Welt auf engem Raum. Es ist gewiss eine der bedeutendsten Tagesunternehmungen im Bereich der Seeberge. Rechtschaffen müde ist man nach der zehnstündigen Wanderung, doch hoffentlich noch ausreichend intakt, um die legendären Kässpätzle und ein Weizen in Schönenbach, dem einmalig schönen, denkmalgeschützten Vorsässdorf, genießen zu können.

Auf dem Winterstaudenkamm. Am Horizont Hoher Ifen [33] (links) und Widderstein [41].

BULLERSCHKOPF 34

1761 m, Bregenzerwald (A, Egg/Schetteregg, Sibratsgfäll)

Der Bullersch (heute meist Bullerschkopf) ist die letzte ausgeprägte Erhebung des Kamms der Winterstaude [35] im Osten und damit Auftakt oder Ende der unvergleichlichen Überschreitung der Kette. Im Winter ist er ein beliebtes Ziel der Skibergsteiger.

WINTERSTAUDE 35

1877 m, Bregenzerwald (A, Bezau, Andelsbuch, Sibratsgfäll)

Vom Bodensee gesehen wirkt der 10 km lange Kamm der Winterstaude wie ein Verwandter der Nagelfluhkette (siehe Hochgrat [12]): eine grüne, felsdurchsetzte Gebirgswoge, mit Schwung aus dem Vorland herausgehoben und als Querriegel vor das Hochgebirge hingestellt.

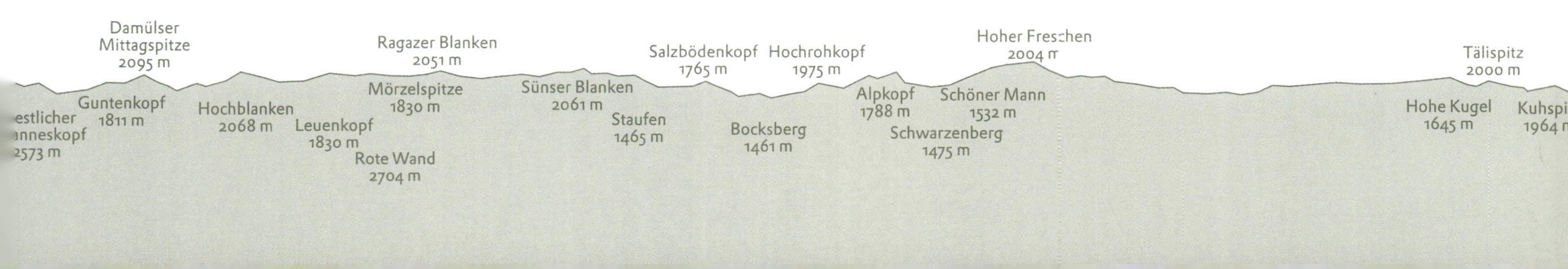

Doch der Winterstaudenkamm besteht nicht aus Nagelfluh, sondern aus Kreidegesteinen und ist damit ein Teil des aus Süden »eingewanderten« Gebirges.

Die Freuden, die eine Wanderung über die Grate des Winterstaudenkamms schenkt, sind jenen auf den Höhen der Nagelfluhkette vergleichbar. Man lustwandelt auf der Trennlinie zwischen dem offenen Land und dem Hochgebirge mit der Schau auf die so unterschiedlichen Welten. Auf der Winterstaude ist man schon nahe an den hohen Bergen, von denen sich die Riesenmauer der Kanisfluh [54] und das elegante Dreieck des Hohen Ifen [33] besonders in Szene setzen.

Viele Wege führen auf den namengebenden Hauptgipfel und die anderen Erhebungen des langen Kamms. Am schönsten ist der Gang über die gesamte Kette von der Niedere [38] über die Winterstaude bis zum Bullerschkopf [34]. Auf hohen Graten verbringt man abgehobene Stunden über der Welt.

TRISTENKOPF 36

1741 m, Bregenzerwald (A, Bezau, Egg)

Der nach Norden vorgeschobene Kopf zwischen Niedere [38] und Winterstaude [35] kann bei der wunderschönen Überschreitung der gesamten Kette leicht mit bestiegen werden. Über ihn führt auch der Nordaufstieg zur Winterstaude vom Schetteregg.

HEHLEKOPF 37

2058 m, Allgäuer Alpen (A, Bizau/Schönenbach, Riezlern/Schwarzwassertal)

Zwei Gesichter hat der gut versteckte und nur auf langen Wegen erreichbare Berg zwischen dem Diedamskopf [40]) und dem Hohen Ifen [33]. Während er westseitig mit wilden Wänden, der Fellefluh, abbricht, ist die Ost- und Südseite bis zum Gipfel begrünt. Ohne Probleme, doch auch ohne Weg kommt man dort hinauf, am besten vom Gerachsattel (1752 m) aus. Die wohl schönste Zeit für eine Besteigung des Hehlekopfes, mit Skiern versteht sich, ist der späte Winter, wenn der Schnee auf diesen Sonnenhängen verfirnt ist. Statt absteigen zu müssen, darf man sich auf den ideal geneigten Hängen in einen rauschhaften Zustand hineinfahren. Das rhythmische Zischen des butterweichen Firnschnees beim Hinabschwingen ist für Eingeweihte eines der schönsten Geräusche auf dieser Welt. Viel Glück muss man allerdings haben, den richtigen Tag und die richtige Stunde erwischen.

NIEDERE 38

1711 m, Bregenzerwald (A, Andelsbuch, Bezau)

Die westliche Schulter des Winterstaudenkamms ist kein eigenständiges bergsteigerisches Ziel. Sie bildet den Auftakt zur Längsüberschreitung des gesamten Massivs über alle Erhebungen hinweg bis zum Bullerschkopf [34], einer einmalig schönen alpinen Lustpartie (siehe Winterstaude [35]). Mit der Benutzung der Seilbahn von Bezau zur Baumgartenalpe reduziert sich der Niedere-Anstieg auf einen mühelosen Spaziergang.

BRÜGGELEKOPF 39

1182 m, Bregenzerwald (A, Alberschwende, Egg, Schwarzenberg)

Zusammen mit dem Geißkopf [49] und dem deutlich höheren Hochälpelekopf [56] bildet der Brüggelekopf den dunklen Sperrriegel des Gebirges zum offenen Seeland hin. Dahinter beginnt die so ganz andere, eigenartig schöne Welt des Bregenzerwalds. Es ist, als würde man einen anderen Kontinent betreten.

Zu allen Jahreszeiten lässt sich hier wandern, immer mit dem Doppelblick hinein zu den hohen Bergen und hinaus ins weite Land mit dem Bodensee als glänzendem Zentrum. Besteigt man den Berg im Winter ohne Ski (man kann auch den Sessellift nehmen), was meist problemlos möglich ist, sollte man einen Schlitten hin-

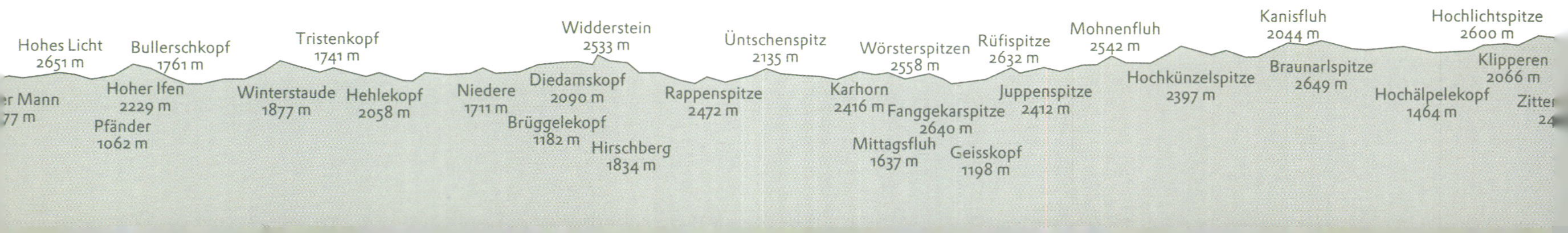

Spätherbst auf der Hangspitze [60]. Gipfelblick nach Norden zum Brüggelekopf (Mitte), links daneben der Geißkopf [49], darüber, vor dem Nebelmeer, der Pfänder [32].

aufziehen oder sich oben im Berggasthaus einen leihen. Die Abfahrt nach Alberschwende verspricht großes Vergnügen.

Bevor die modernen Straßen gebaut wurden, benutzten die Menschen und wohl auch die ersten alemannischen Siedler den zwischen dem Brüggelekopf und dem Geißkopf [49] gelegenen Lorenapass (1048 m) als Zugang zum Bregenzerwald.

DIEDAMSKOPF 40

2090 m, Allgäuer Alpen (A, Schoppernau)

Zwei ganz unterschiedliche Gesichter kennzeichnen den Diedamskopf im hinteren Bregenzerwald, der geografisch den Allgäuer Alpen zugerechnet wird. Nach Westen und Norden bricht er mit steilen und zerfurchten Schrofenwänden ab, während die Südseite ein flach abfallendes Wiesendach trägt. Dort befinden sich die Lift-

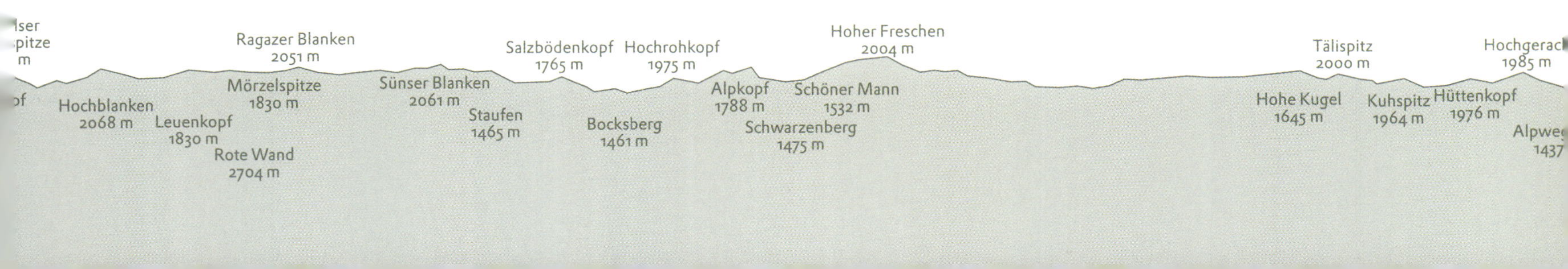

Auf dem Weg zur Mittagsfluh [46]. Der Diedamskopf [40] von der Oberen Sattelalpe.

anlagen, die den Berg bei den Pistenskifahrern so beliebt gemacht haben. Mit der Gondelbahn gelangt man auch im Sommer bis in die Nähe des Gipfels, der für seine Aussicht berühmt, aber wegen der bequemen Erreichbarkeit auch entsprechend bevölkert ist. Man sollte deshalb an einem klaren Tage im späten Herbst kommen, wenn der Bahnbetrieb eingestellt und für kurze Zeit Ruhe eingekehrt ist.

WIDDERSTEIN 41

2533 m, Allgäuer Alpen (Schröcken/Hochtannbergpass, Mittelberg im Kleinen Walsertal)

Im Alpenpanorama vom Bodensee gehört die Felsenburg des Widdersteins zu den auffälligsten Bergen. Wie die gesamte Kette der Allgäuer Hochalpen ist er aus hellem Hauptdolomit aufgebaut. Die Verwandtschaft zu dem Gebirge, das nach diesem Gestein benannt wurde, ist speziell am Widderstein augenfällig. Isoliert steht der riesige hellgraue Klotz über den weiten Wiesenhängen um den Hochtannbergpass und wer die Dolomiten kennt weiß, dass er ein kleiner Bruder des Monte Pelmo ist. Bestens bekannt ist er den Besuchern des Kleinen Walsertals, wo er als überragende Gestalt das Tal im Süden abriegelt.

Dass der einfachste Zugang zum Gipfel durch die sich abweisend präsentierende Südseite führt, überrascht auf den ersten Blick. Den anspruchsvollen, stellenweise ausgesetzten Anstieg mit einfachen Kletterstellen dürfen sich nur erfahrene Bergwanderer zutrauen. Ein solcher war offenbar auch der Schröckener Pfarrer Sebas-

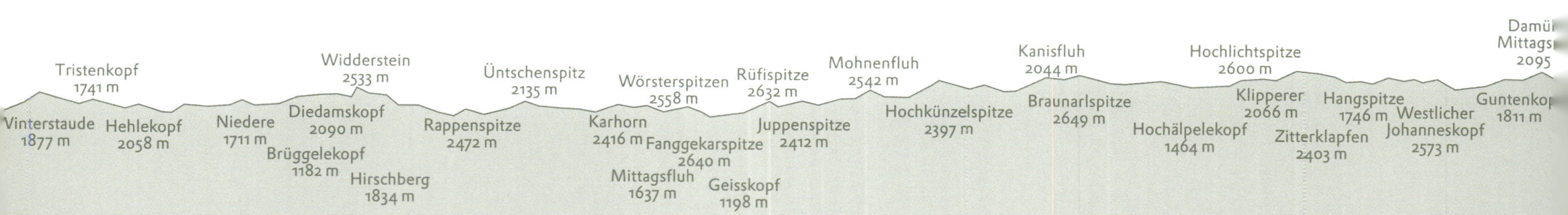

Der Widderstein (rechts) von Osten, vom Anstieg auf den Biberkopf. Links Mohnenfluh [52] und Braunarlspitze [55].

tian Bickel, der lange vor dem Beginn des modernen Alpinismus am 25. Juli 1669 die mutmaßliche Erstbesteigung ausführte. Er stieg nach der Messe auf den Gipfel, ausgerüstet unter anderem mit einem großen Spiegel, mit dessen Hilfe er die Strahlen der Sonne auf den Kirchhügel von Hochkrumbach lenkte. Dort, so schrieb er in sein Tagebuch, sei viel Volk zusammengeströmt, um das »Wunderzeichen« zu bestaunen. Ein einmaliges Zeugnis ist die frühe Erwähnung des Bergnamens als »Widerostein« in einer Urkunde aus dem Jahr 1059.

Die Ankunft am Gipfel, immer ein Schlüsselerlebnis einer Bergtour, bekommt am Widderstein noch eine besondere Note, da man kurz vor Erreichen des höchsten Punktes die Enge der Südschlucht unvermittelt mit der unermesslichen Weite hoch über der Welt vertauscht.

HIRSCHBERG 42

1834 m, Bregenzerwald (A, Bizau, Au, Schönenbach)

Ganz für sich stehend ist der Hirschberg ein kleines Bergmassiv, dessen höchsten Punkt auf dem schmalen Gipfelgrat man auf einem unschwierigen Steig über den steilen Südhang erreicht. Weil dieser schon früh im Jahr und meist bis in den Spätherbst hinein schneefrei ist, gehört der Hirschberg zu den höheren Bergen, die auch in den Übergangszeiten zugänglich sind. Skitourengänger steigen auch im Winter hinauf und freuen sich bei entsprechender Schneelage über die rassige Firnabfahrt das Steildach hinunter. Eine wildromantische Örtlichkeit, die nur von Wenigen besucht wird, ist die Wölfersguntenalpe auf einer von Felswänden umstandenen Hochterrasse nördlich unter dem Gipfel.

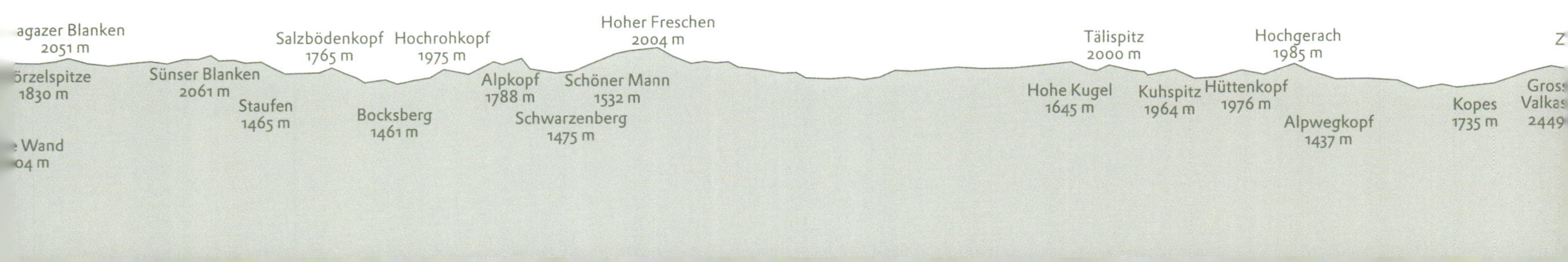

Am Ostgrat der Üntschenspitze, im Hintergrund der Widderstein [41].

Der nördliche Endpunkt der Kette ist die Rappenspitze, die dominant und abweisend über dem Lechtalknick bei Warth steht. Wegen des langen und anspruchsvollen Anstiegs ist kaum je ein Bergsteiger hier unterwegs.

ÜNTSCHENSPITZE 44

2135 m, Bregenzerwald (A, Schoppernau)

Als wäre sie von Menschenhand geformt, in einem Ebenmaß, das man bei einem Werk der Natur nicht vermuten würde, steht die Riesenpyramide der Üntschenspitze mit ihren steil aufschießenden Linien über dem freundlichen Talbecken von Schoppernau. Um 1300 Meter überragt ihre Spitze den schönen Ort mit seinen alten Holzhäusern. Allerdings zeigt sie diese Idealform nur aus der westlichen Blickrichtung, denn was von hier gesehen als Spitze erscheint, ist lediglich der Beginn eines langen Grates nach Osten zur Güntlespitze hinüber. Zwischen beiden Bergen liegt das Häfnerjoch (1979 m), das den Zugang zu den zwei Gipfeln vermittelt. Von hier zur Üntschenspitze ist es ein wunderschöner Gratgang hoch über der Welt. Am Gipfel angekommen, vermeint man über das Schoppernauer Tal hinweg zu fliegen. Der Blick gratentlang zurück zum Felskastell des Widdersteins [41] ist eines der großen Bergbilder des Bregenzerwalds.

Ausgangspunkt der Besteigung über die steilen, schon früh im Jahr schneefreien Südhänge ist das idyllische offene Wiesengelände der Vorsäss Hopfreben. Ein Vorsäss ist im Frühjahr und Herbst eine Art Zwischenstation vor und nach der Sommerweide auf der Alp. Franz Michael Felder (1839–1869), Sohn eines einfachen Bauern ohne nennenswerte Schulbildung, mutiger Sozialreformer und bedeutender Dichter, beschreibt in seiner Autobiografie »Aus meinem Leben« die Erlebnisse während der Vorsässzeit in Hopfreben. Hier verbrachte er ganz seltene unbeschwerte Tage, während sein Leben von materiellen und geistigen Entbehrungen und bösen

RAPPENSPITZE 43

2472 m, Lechtaler Alpen (A, Lech)

Nördlich der Wösterspitzen [47], die dank der Rüfikopf-Seilbahn regelmäßig Besuch erhalten, ist der westlichste Seitenkamm der Lechtaler Alpen einsamstes Bergland.

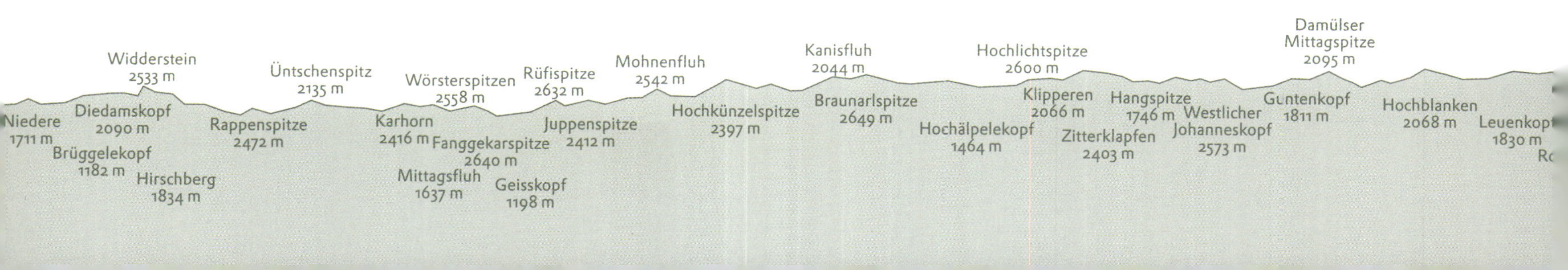

Anfeindungen durch die mächtigen klerikal-konservativen Kräfte im Tal geprägt war. Hier begann die Liebe zu Nanni, seiner späteren Frau, die noch jünger starb als er. Das großartige Buch muss man als Freund des Bregenzerwalds gelesen haben, denn es ist das einmalige Zeugnis einer untergegangenen Epoche, die alles andere war als »die gute alte Zeit«. In Hopfreben erinnert eine Gedenktafel an Felder. Ihr Text ist ein Briefzitat von Nanni (Anna Katharina Moosbrugger), in dem sie ihren späteren Mann charakterisiert: *»Er ist ein originaler seltener Kopf des Bregenzerwaldes. Und dazu so gut, voll Mitgefühl, und gutherzig … Ich habe Muth genug, die Reise durchs Leben mit ihm zu wagen«*. Es wurde nur eine kurze Fahrt.

KARHORN 45

2416 m, Lechquellengebirge (A, Schröcken, Warth, Lech)

»Musterstück eines Miniaturgebirges« nannte Walther Flaig das südlich über dem Hochtannbergpass frei stehende Felskastell aus Hauptdolomit. Es ist umgeben von üppigen Wiesenmatten, die kennzeichnend sind für die Umgebung von Lech. Im Frühsommer verwandeln sich die ausgedehnten grünen Hänge rund um den Ort in riesige bunte Perserteppiche. Die um das Jahr 1300 aus dem schweizerischen Wallis eingewanderten Siedler, bekannt als Walser (siehe Schesaplana [94]), erkannten die Qualität dieser Hochwelt und wurden hier sesshaft. Ein wunderschönes und seltenes Relikt der walserischen Vergangenheit in einem durch und durch auf den Wintertourismus ausgerichteten und entsprechend umgestalteten Ort ist die früher ganzjährig bewohnte, heute als Denkmal geschützte kleine Alpsiedlung Bürstegg (1719 m) in herrlicher Terrassenlage südöstlich unter dem Karhorn. Bei der Besteigung des Berges, gleich ob über die südlichen Schrofenhänge oder anspruchsvoller über den Klettersteig, ist der Besuch dieser Häusergruppe mit Kapelle obligatorisch (zumal man dort im Sommer auch etwas zu trinken bekommt).

Blick vom Liggstein (Mittagsfluh) über Schnepfau und Bizau zum Hochälpelekopf [56].

MITTAGSFLUH 46

1637 m, Bregenzerwald (A, Au, Schoppernau)

Angesichts höherer und bekannterer Nachbarschaft fristet dieser außergewöhnliche Berg ein bedauerliches Schattendasein. Zusammen mit der Kanisfluh [54] formt

Unterwegs zur Fanggekarspitze von der Stuttgarter Hütte aus.

die Mittagsfluh das von der jungen Bregenzerach durchflossene gigantische Felsentor, das den Zugang in den Hinteren Bregenzerwald vermittelt. Die von beiden Bergen senkrecht abstürzenden Felswände schaffen eine ungemein eindrucksvolle Szenerie, die von den Autofahrern jedoch meist achtlos passiert wird.

Die Besteigung über die sonnige Südflanke und durch die romantische nordseitige Mulde der Oberen Sattelalpe wird nicht häufig ausgeführt. Unstrittiger Höhepunkt der prächtigen Wanderung ist die Ankunft auf dem Liggstein (1592 m), einem Nebengipfel der Mittagsfluh. Mit einem Schlag steht man an der Kante der ins Bodenlose abstürzenden Wand: 500 Meter senkrechter Fels und viel Luft. Nochmals 300 Meter tiefer fließt die Bregenzerach. Frontal gegenüber steht der Riesenfelskeil der Kanisfluh als westliche Torsäule. Es gibt kaum einen wilderen Aussichtspunkt im Bregenzerwald. Franz Michael Felder gab hier seiner Nanni den ersten Kuss. In seiner Autobiographie »Aus meinem Leben« hat er den Moment beschrieben (näheres siehe Üntschenspitze [44]).

WÖSTERSPITZEN 47

2558 m, Lechtaler Alpen (A, Lech, Zürs)

Selbst an einem ganz klaren Tag muss man genau hinsehen, um die wenigen fernen Spitzen östlich des jungen Lech zu erkennen, die vom Seeufer aus zu sehen sind.

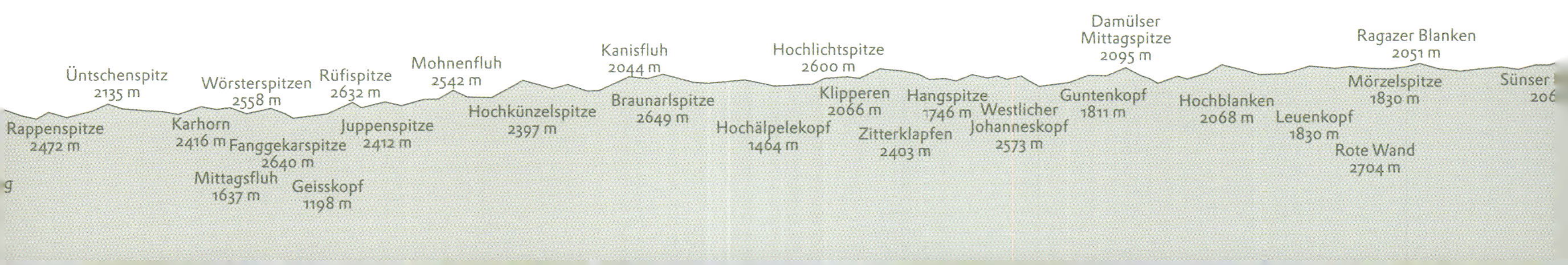

Blick aus der Gipfelregion der Fanggekarspitze zur Rüfispitze [50]. Links die Stuttgarter Hütte.

Vom Friedrichshafener Moleturm sind es die Wösterspitzen mit ihren drei Gipfeln, die Fanggekarspitze [48] und die Rüfispitze [50], mächtige Massive aus hellem Hauptdolomit im westlichsten Seitenkamm der Lechtaler Alpen mit schönen Anstiegen in einer überraschend intakten Hochgebirgswelt nahe der weltberühmten Skipisten von Lech.

FANGGEKARSPITZE 48

2640 m, Lechtaler Alpen (A, Zürs, Lech)

Ganz in der hintersten Reihe und auch dort aus dem zweiten Glied drängt sich ein Berg zwischen den Wösterspitzen [47] und der Rüfispitze [50] gerade noch ins Panorama. Es ist das zerborstene Felsmassiv der Fanggekarspitze in den Lechtaler Alpen, aufgebaut aus brüchigem Hauptdolomit. Sie ist Blickfang und Hausberg der schön gelegenen, gemütlichen Stuttgarter Hütte (2305 m) im Krabachjoch und leicht erreichbar auf einem unschwierigen Steig, der von den satten Wiesen in eine eigentümliche Felswüstenei von elegischer Schönheit hinüberwechselt.

Das Spektrum der weiten Gipfelschau reicht von den hohen Gletscherbergen der Ötztaler Alpen und der Silvretta bis zum Bodensee weit draußen, der einzigen Stelle im Rundumbild, wo es ein Ende hat mit den Bergen.

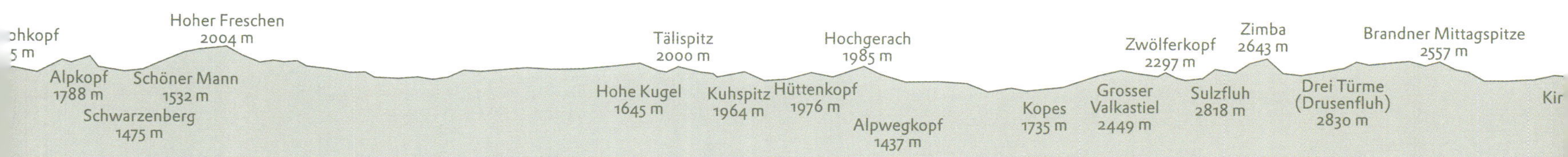

Auf dem Gipfel der Mohnenfluh [52]. Im Hintergrund der Widderstein [41].

GEISSKOPF 49

1198 m, Bregenzerwald (A, Alberschwende, Bödele, Schwarzenberg)

Die bescheidene Erhebung zwischen Bödele (siehe Hochälpelekopf [59]) und Lorenapass ist kein eigenständiges Ziel der Wanderer. Beim aussichtsreichen Übergang von Alberschwende oder vom benachbarten Brüggelekopf [39] zum Bödele bleibt man unterhalb des höchsten Punkts, der nur selten Besuch bekommt.

RÜFISPITZE 50

2632 m, Lechtaler Alpen (A, Lech, Zürs)

Die auf einem anspruchsvollen, teilweise gesicherten Steig zu erreichende Rüfispitze, ein isoliert stehendes Massiv aus hellem Hauptdolomit, die benachbarten Wösterspitzen [47] und die Fanggekarspitze [48] in der Reihe dahinter gehören zu den wenigen vom Seeufer zu sehenden Berge der Lechtaler Alpen. Es sind lohnende Ziele in einer außergewöhnlich schönen Hochgebirgslandschaft.

JUPPENSPITZE 51

2412 m, Lechquellengebirge (A, Schröcken, Lech)

Das auffälligste an diesem nördlichen Nebengipfel der Mohnenfluh [52] ist seine 500 m hohe, dreieckige Nordflanke. Der Fachmann erkennt mit einem Blick, dass die flachere Ostseite ideales Terrain für eine Skitour ist.

Bei gutem Schnee schenken die offenen Hänge unbeschwerte Abfahrtsseligkeiten, die man angesichts des Trubels auf den erschlossenen Skigebieten in der Nachbarschaft diebisch einheimst.

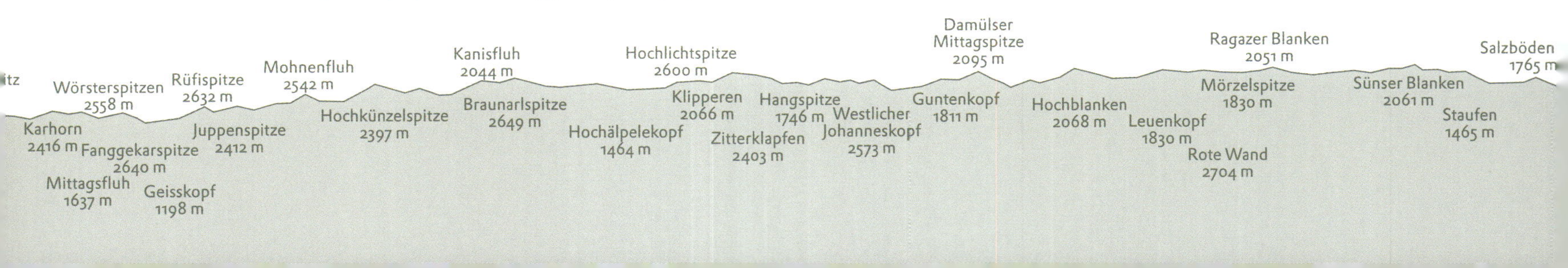

Die wilde Nordseite der Hochkünzelspitze von der Vorderüntschenalpe am Weg zur Üntschenspitze [44].

MOHNENFLUH 52

2542 m, Lechquellengebirge (A, Schröcken, Lech)

Dieser frei stehende Felskegel besteht wie fast alle Berge ringsum aus Hauptdolomit, der im Lechquellengebirge »eine fast tyrannische Gipfelherrschaft ausübt« (Walther Flaig). Mit der Bergbahn lässt er sich ab Lech bequem in zwei Stunden besteigen. So bringt man sich allerdings um ein großes Bergerlebnis, das der 1300-Höhenmeter-Anstieg von Schröcken auf dem Geislinger Steig mit der Hochgebirgskulisse von Braunarlspitze [55] und Mohnenfluh bietet. Es ist ein erlesener Moment, wenn in der grauen Hochwüste plötzlich der Butzensee auftaucht, ein rundes, blau leuchtendes Auge, in dem im Frühsommer noch die Eisschollen schwimmen. Auch in der grenzenlosen Gipfelschau bildet der geheimnisvolle dunkle See den schönsten Ausschnitt.

HOCHKÜNZELSPITZE 53

2397 m, Lechquellengebirge (A, Schoppernau)

Hinter Schoppernau nimmt der Bregenzerwald hochalpine Formen an. Der Talboden ist tief eingeschnitten, die wilde Felswelt des Lechquellengebirges baut sich darüber auf, heller Kalk dominiert. Als Vorposten dieser neuen Welt thront die Hochkünzelspitze, auch Hohe Künzel genannt, in schwindelnder Höhe über dem engen Tal. Entgegen des Anscheins ist die Besteigung unschwierig. Sie lässt sich an einem Tag bei entsprechender Kondition bewältigen (1300 Höhenmeter).

Man kann auch auf der wunderschön in der weitläufigen Wiesenlandschaft des Schadonapasses gelegenen Biberacher Hütte (1846 m, DAV-Sektion Biberach) nächtigen und die Unternehmung erweitern, etwa indem man die Besteigung der Braunarlspitze [55] anhängt.

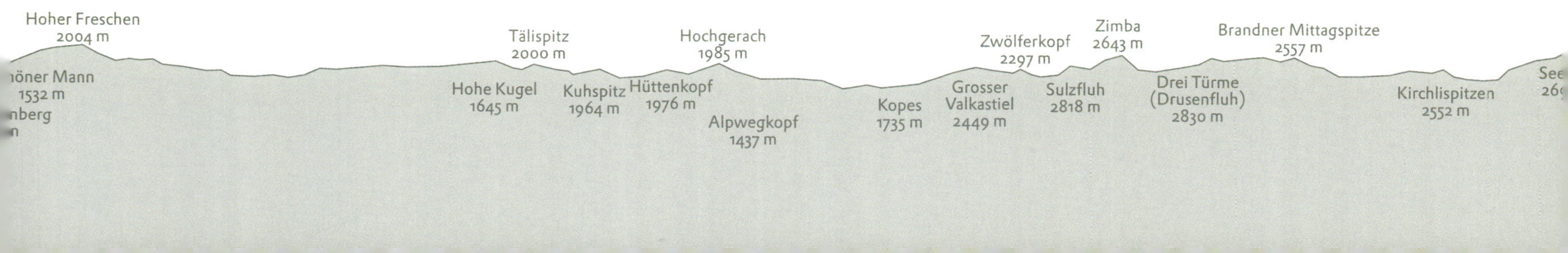

Der spektakuläre Schlussteil des Kanisfluhanstiegs. Hinter dem Felsklotz des Stoß der Dornbirner First [67].

KANISFLUH 54

2044 m, Bregenzerwald (A, Mellau, Au)

Die Bregenzerwaldberge sind in Stufen aufgebaut. Die erste grüne Woge mit dem Pfänder und dem Sulzbergrücken bildet die Trennlinie zum flachen Land, die zweite Reihe mit dem Dornbirner First (siehe Mörzelspitze [67]) und dem Winterstaudenkamm [35]) ist höher empor gehoben und ragt deutlich über die Waldgrenze hinaus, doch noch immer schafft ein gewisses Gleichmaß der Formen ein harmonisches Gesamtbild. Den ersten dramatischen Akzent der dritten Reihe setzt die Kanisfluh. Mit ungeheurer Wucht, fast gewalttätig, klotzt ihre 3 km breite und 1300 m hohe Zyklopenmauer in den topfebenen Talboden hinter Mellau.

Zusammen mit der benachbarten Mittagsfluh [46] bildet die Kanisfluh das gigantische Felsentor, durch das die Bregenzerach fließt und das den Zugang zur hinteren Geländekammer des Bregenzerwalds um Au und Schoppernau vermittelt – ein spektakuläres, wenn auch wenig beachtetes Naturschauspiel. Keinen Vergleich gibt es für den Blick auf den Berg von Osten, aus dem Talbecken um Schoppernau. Die schräg übereinander geschichteten Felsplatten aus Jurakalk schaffen das Bild einer überdimensionalen Meereswoge, die unmittelbar vor ihrem Zusammensturz erstarrt ist.

Die Kanisfluh ist ein viel bestiegener Berg mit entsprechendem Andrang an schönen Wochenenden im Sommer. Die Beliebtheit des Berges hat Geschichte. Schon 1907 schrieb der Bregenzer Augenarzt Karl Blodig, der legendäre erste Besteiger aller Viertausender der Alpen (sein Buch darüber ist einer der alpinen Klassiker) von der großen Beliebtheit der Kanisfluh aufgrund

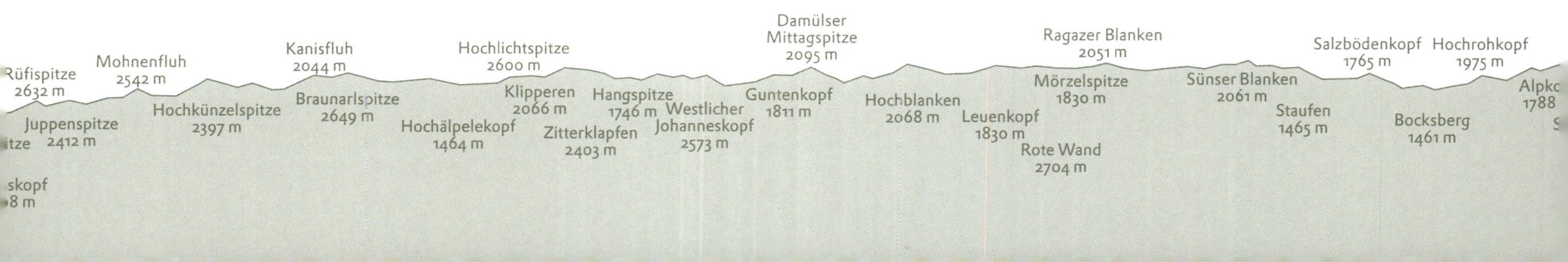

Auf der Kanisfluh, links die Dalmüser Mittagsspitze [63], rechts der Säntis [134].

des Blumenreichtums ihrer Bergwiesen und der vielen Edelweiß. Dabei erwähnt er auch, dass der Gipfel von Einheimischen viel besucht wird.

Im Rahmen einer Zweitagesunternehmung kann man die Besteigung des außergewöhnlichen Berges angemessen zelebrieren und ihn dabei in allen Einzelheiten studieren. Man geht zunächst von Mellau auf den nördlich vorgelagerten bewaldeten Kegel des Gopfbergs (1318 m) und wandert auf dessen Rücken nach Osten zur Schnepfegg, immer angesichts der nahen Riesenmauer. Irgendwann wird man verwundert mitten in der Wandflucht eine kühn geformte Felssäule entdecken, die Wirmasul. Von ihr stürzten 1922 zwei Kletterer aus Friedrichshafen zu Tode.

Schließlich durchschreitet man das erwähnte Felsentor, durch das man sonst achtlos mit dem Auto fährt. Nach der Übernachtung in Au wandert man über die besonnten Südhänge zum Gasthaus Edelweiß und weiter auf die Holenke, den Hauptgipfel der Kanisfluh. Zwischen dem Stoß, einem gewaltigen Felspfeiler und der Holenke erreicht man den Gipfelgrat und steht über den bodenlosen Abgründen der Nordwand. Nun ist es nicht mehr weit bis zum Gipfel, der wegen der isolierten Lage des Berges und der allseits steil in die Tiefe stürzenden Flanken eine spektakuläre Aussicht bietet. Man vermeint zu fliegen. In immer sanfter werdenden Wellenbewegungen sinkt das Gebirge ins flache Nordland ab, wo sich der Bodensee mit der gesamten Uferlinie zwischen Lindau und Überlingen zeigt. Im südlichen Halbrund steht das Hochgebirge formenreich und kompliziert hintereinander gestaffelt zur geduldigen Entschlüsselung für Kenner.

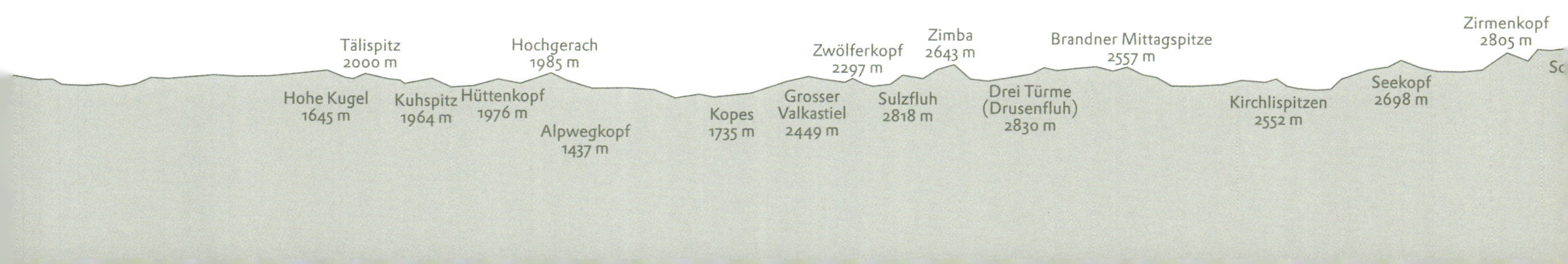

Die Braunarlspitze vom Butzensee am Geislinger Steig (siehe Mohnenfluh [52]).

BRAUNARLSPITZE 55

2649 m, Lechquellengebirge (A, Schröcken, Lech/Zug)

Weil sie versteckt hinter der Wandflucht der Kanisfluh [54] steht, kommt im Seepanorama nicht zum Ausdruck, welch mächtiges Bergmassiv die Braunarlspitze ist. Ihre stolze Schönheit offenbart sie dem Betrachter, der vom Hochtannbergpass zu ihr hinüber schaut und dem Bergsteiger, der sich von Schröcken auf den langen Weg zu ihrem Gipfel begibt. Großartig ist die Abfolge dieser Tour: erst das langsame Eindringen in den ernsten Kessel, über dem der riesige Berg steht, das Erreichen der freien Oberwelt beim Braunarlfürggele (2145 m), und schließlich der Hochgang auf dem gesicherten Weimarer Steig zum Gipfel im Kalködland. Unbegrenzt ist die Gipfelschau von dieser hohen Warte.

HOCHÄLPELEKOPF 56

1464 m, Bregenzerwald (A, Dornbirn, Bödele, Schwarzenberg)

Wer kennt nicht das Bödele. Generationen von Skifahrern aus dem Bodenseeraum haben an den Hängen des Hochälpelekopfs ihr Handwerk erlernt, sicher meist ohne zu wissen, dass dies auf historischem Boden geschah. Denn auf dem Bödele wurde Skigeschichte geschrieben. 1893 bestellten ein paar Herren aus Dornbirn Skier in Norwegen, denn nur dort gab es die bis dahin in Mitteleuropa noch unbekannten Gerätschaften. Bei den ersten Gehversuchen diente das Bödele als Übungsgelände. Im Winter 1900/1901 bestieg Viktor Sohm als erster Skifahrer den Hochälpelekopf. 1904 wurde an den Hängen des Berges die erste Skisprungschanze gebaut, zwei Jah-

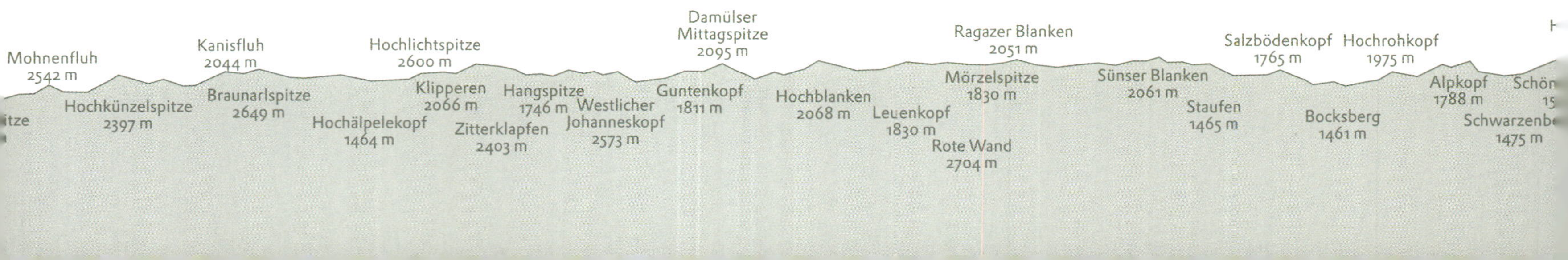

Hochälpelekopf vom Anstieg auf die Niedere [38].

re später das erste Abfahrtsrennen veranstaltet und 1912 fanden hier vor 5000 Zuschauern die ersten österreichischen Skimeisterschaften statt. Der weltweit erste Skilift wurde bereits 1907 am Bödele in Betrieb genommen, ein motorgetriebener »Skiaufzug« mit einem 140 m langen Seil.

Bei den Skitourenfreunden gilt die Faustregel: »Der Hochälpelekopf geht immer«, das heißt, man darf die Besteigung auch bei eher ungünstigen Lawinenverhältnissen wagen. Und erfreulicherweise gibt es trotz der zwischenzeitlich vervollkommneten Erschließung für den Pistenbetrieb noch immer Platz für mehrere Skianstiege. Der abwechslungsreichste führt von Schwarzenberg herauf, dem Dorf mit dem schönsten Ortsbild im Bregenzerwald. Es ist der Heimatort der Malerin Angelika Kauffmann (1741–1807), die als europäische Berühmtheit viele Jahre in Rom lebte und dort freundschaftlichen Umgang mit Goethe hatte. In der hübschen Kirche sind mehrere Bilder von ihr zu sehen. Dort befindet sich – in einer katholischen Kirche eher überraschend – auch eine Gedenktafel mit einer Büste dieser außergewöhnlichen Frau.

Vom Gipfel des Hochälpelekopfs hat man einen besonders malerischen und instruktiven Blick in den Bregenzerwald hinein, dessen ganz eigene Schönheit offen ausgebreitet ist und dessen komplizierte Struktur sich in aller Ruhe studieren lässt. Eine klassische Einkehrstätte ist die 1875 erbaute, ganzjährig geöffnete Hochälpelehütte der ÖAV-Sektion Dornbirn wenige Meter unter dem Gipfel.

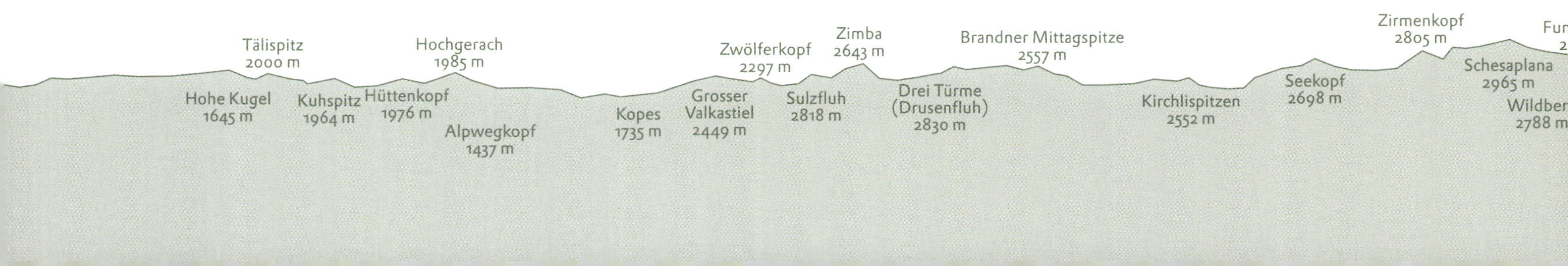

Unter dem Gipfel der Klipperen, halblinks am Horizont die Rote Wand [66], halbrechts das Zaferahorn.

HOCHLICHTSPITZE 57

2600 m, Lechquellengebirge (A, Lech/Zug)

Der Hausberg der Göppinger Hütte (DAV) bietet bei einer Übernachtung dort wegen des kurzen Anstiegs die seltene Möglichkeit, frühe Morgen- und späte Abendstimmung auf einem hohen Gipfel zu erleben.

KLIPPEREN 58

2066 m, Bregenzerwald, Damülser Berge (A, Au, Damüls)

Von Osten und Norden gesehen wird der Name des Berges ohne weiteres plausibel. Der markante Schlusspunkt der Bergkette, die das Hochtal von Damüls nach Norden abschließt, ist tatsächlich eine Klippe. Der westliche Teil des Kammes vom Sünser Blanken [69] bis zur Damülser Mittagspitze [63] lässt sich problemlos auf Bergwegen überschreiten, während hier im Osten die wilderen Formen der Berge nur Anstiege über die Südabdachung erlauben. Weil es aber im oberen Teil keinen Weg gibt, ist es hier zur Sommerszeit eher ruhig.

Im Winter allerdings ist die Klipperen ein beliebtes Ziel der Skibergsteiger, die ihre Spuren die sonnenüberfluteten Südhänge hinaufziehen. Weil man so hoch über das tief eingeschnittene Argenbachtal hinaus steigt und sich in alle Richtungen Blicke in tiefe und große Fernen auftun, empfindet man ein herrliches Gefühl großer Abgehobenheit. Den Zustand, in den man bei den Abfahrtsschwüngen die Südabdachung hinab gerät, könnte man durchaus als höchste Stufe alpiner Seligkeit bezeichnen.

ZITTERKLAPFEN 59

2403 m, Lechquellengebirge (A, Au, Schoppernau)

Als wandlungsfähige geometrische Figur erweist sich der seine Nachbarn deutlich überragende Zitterklapfen in der Gebirgskette, die als mächtiges Bollwerk den hin-

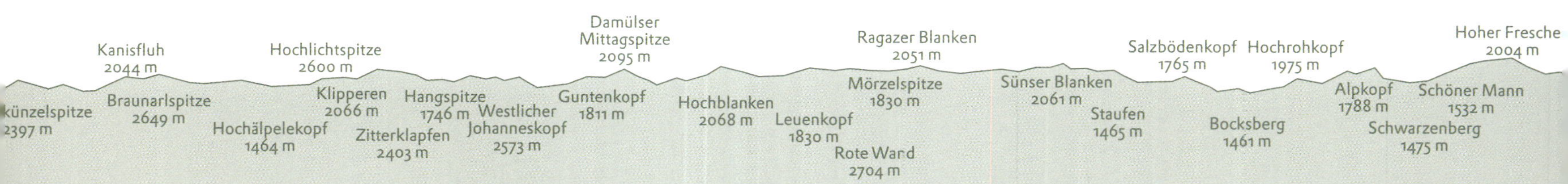

Der Zitterklapfen (rechts) von Westen, von dem Glatthorn. Im Mittelgrund das Zaferahorn.

teren Bregenzerwald südseits begrenzt. Von Westen gesehen ist er ein gleichseitiges Felsdreieck, von Norden ein Vierkant mit langem, horizontal verlaufendem Gipfelgrat. Weil vom Ufer der Bregenzerach zum Gipfel 1600 m Höhendistanz zu überwinden sind und weil die felsige Nordflanke und der Gipfelgrat einige Ansprüche an die Besteiger stellen, hält sich deren Zahl in Grenzen. Mit einer Übernachtung im schön gelegenen Gasthaus Bergkristall (1220 m) im Dürrenbachtal kann man die Mühen reduzieren. So oder so wird man mit einem ursprünglichen und stillen Erlebnis an einem großen Berg belohnt.

HANGSPITZE 60

1746 m, Bregenzerwald, Dornbirner First (A, Mellau, Bezau)

Die Hangspitze ist der nordöstliche Eckpfeiler des Dornbirner Firsts (siehe Mörzelspitze [67]). Aus dem Bezauer Becken erweckt sie den Eindruck eines markanten, einzeln stehenden Berges. Die Besteigung ab Mellau über die steilen, sonnenüberfluteten Südhänge empfiehlt sich besonders im Spätherbst, wenn sich nordseits schon der Winter eingenistet hat und die Zyklopenburg der Kanisfluh gegenüber bereits in eisiger Starre verharrt. Weil es auch die Tage der großen Fernsichten sind, überschaut man den kompletten Bodensee und das oberschwäbische Land bis zu den dunklen Streifen, die der Schwarzwald und die Schwäbische Alb an den fernen Horizont zeichnen. Die Bilder auf den Seiten 53 und 71 zeigen die große Schau vom Gipfel. Die Überschreitung des gesamten Dornbirner Firsts von der Hangspitze zum Salzbödenkopf [71] und der elend lange Hatscher durch das Mellental zurück nach Mellau, wird nur für sehr konditionsstarke Berggänger ein ungetrübtes Vergnügen sein.

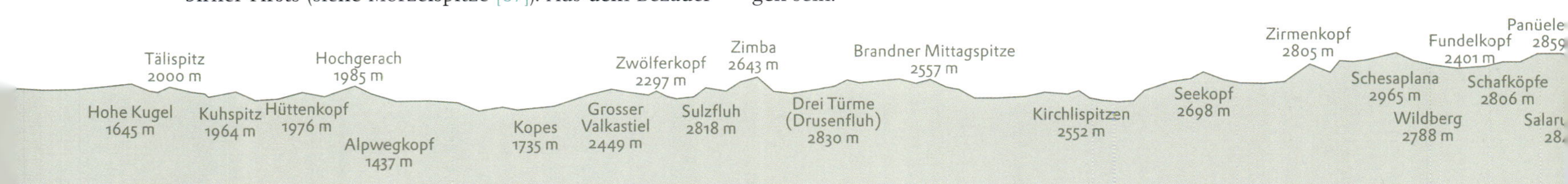

WESTLICHER JOHANNESKOPF 61

2573 m, Lechquellengebirge (A, Buchboden/ Großes Walsertal, Lech/Zug)

Die Hochlagen der streng geschützten Kernzone Gadental des Biosphärenreservats Großes Walsertal bestehen aus einer halbkreisförmigen Karstwüste, deren Begrenzung Gipfel bilden, die nur wenig über die schräge Felsfläche hinausragen, während sie nach außen mit zerklüfteten Steilwänden abfallen. Gadner und Diesner Geschröf sind die vielsagenden Namen für diese abgehobene Felsenwüstenei, ideales Terrain für Bergsteiger, die einsame und unverfälscht wilde Landschaften lieben. Der höchste Gipfel des Bergrings ist der aussichtsreiche Westliche Johanneskopf, der von der Göppinger Hütte (2245 m) weglos und mit leichter Kletterei erreicht werden kann.

GUNTENKOPF 62

1811 m, Bregenzerwald, Dornbirner First (A, Mellau, Ebnit, Schwarzenberg)

Dieser Dachreiter im Dornbirner First (siehe Mörzelspitze [67]) wird meist nur bei der Überschreitung des gesamten Kamms bestiegen. Im Winter erhält er bei günstigen Schneeverhältnissen Besuch von Skibergsteigern, die von der Lustenauer Hütte über die steilen nordseitigen Guntenhänge aufsteigen.

DAMÜLSER MITTAGSPITZE 63

2095 m, Bregenzerwald, Damülser Berge (A, Damüls, Mellau)

Dieser vorwitzige Zacken ist der höchste Punkt der zusammenhängenden Kette von Bergen, die das hochgelegene Walserdorf (1425 m; zu den Walsern siehe Schesaplana [94]) in einem weiten Bogen von Westen bis Nordosten umstehen. Während sie nordseitig mit steilen Felsstufen abbrechen, ist ihre Südseite sanft abgedacht. Weil die Reihe der Damülser Berge vom See gesehen zu einem guten Teil hinter dem Dornbirner First (siehe Mörzelspitze [67]) steht, ist nur bei genauem Hinsehen zu unterscheiden, welcher Gipfelpunkt zu welcher Kette gehört. Die schönste Figur in der Reihe macht die dem Kamm als Dachreiter aufgesetzte Damülser Mittagspitze, eine Pyramide mit ungemein abschüssigen Grasflanken und Felsen. Völlig irreführend ist der heutige Namenszusatz »Damülser«, denn Stundenzeiger und damit Mittagspitze ist der Berg für die Mellauer, für die er exakt im Süden steht, während ihn die Damülser nordseitig im Rücken haben. Sie nannten ihn früher Trista, weil er an einen kegelförmigen Heuschober (Triste) erinnert.

Die Spitze erreicht man auf einem ausgesetzten Felsensteig, dessen Begehung einen sicheren Tritt und trockenes Terrain erfordert. Dafür schenkt der exponierte Gipfel ein Gefühl der Abgehobenheit und eine umfassende Fernsicht. Die Fähigkeit selektiv zu schauen trägt bei der Wanderung an den Bergfuß zu höherem Genuss bei, denn die nähere Umgebung wurde für den Pistenskilauf »umgestaltet«: Ein hässlicher Wasserspeicher für die künstliche Beschneiung, futuristische Liftstationen, eine überdimensionierte Einkehrstätte und planiertes Gelände für hindernisfreien Fahrspaß.

Die Beziehung zwischen einem Menschen und einem Berg ist eine vielschichtige Angelegenheit, bei der verschiedene Aspekte zusammenspielen. Sie kann geprägt sein vom Erscheinungsbild des Berges, seiner Stellung innerhalb seiner näheren Umgebung, in besonders günstigen Fällen von seiner Rolle im Blickkontakt aus dem Alltag heraus, von Geschichten, die man über ihn gelesen oder gehört hat, von der ersten persönlichen Begegnung, von seinem Verhalten beim Versuch seine Spitze zu erreichen, von menschlichen Erlebnissen dabei, von den herrschenden Wetterbedingungen, von der Qualität der Gipfelschau und wohl noch ein paar Dingen mehr. Geht man immer wieder auf einen Berg, ist

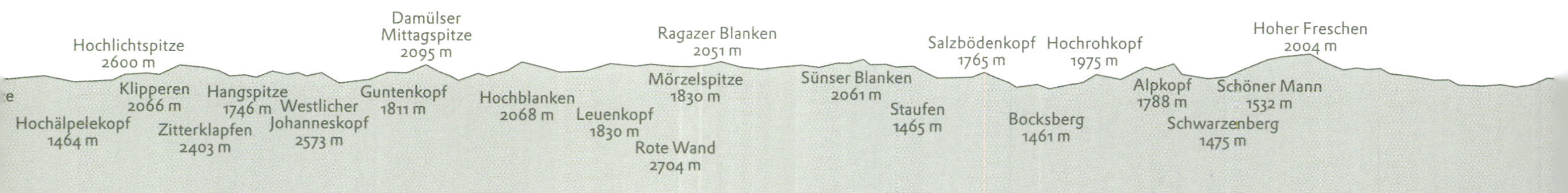

Die Damülser Mittagspitze vom Hochblanken [64].

die Beziehung meist bestimmt durch die Summe der Erlebnisse mit ihm. So könnte es mit mir und der Mittagspitze auch sein, denn ich sehe sie bei der Arbeit vom Schreibtisch, war schon oft in ihrer näheren Umgebung und ein paar Mal ganz oben. Seit ich aber am Ende einer viertägigen Wanderung ab Friedrichshafen über Bregenz, Hochälpelekopf [56], Dornbirner First (siehe Mörzelspitze [67]) und Hohen Freschen [77] auf ihrem Gipfel gestanden bin und mit einem Blick meine lange Anreise zu Fuß bis hinaus zur Häfler Bucht überschaut habe, ist mein Verhältnis ganz ausschließlich von diesem Ereignis bestimmt.

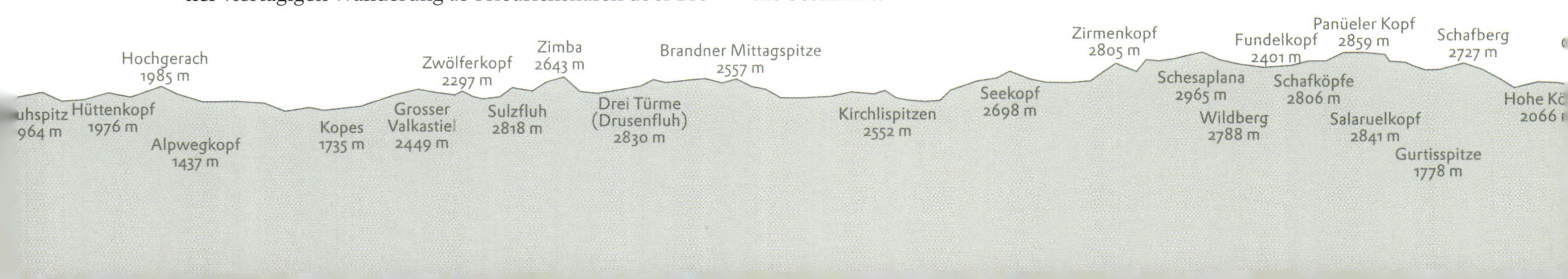

In der Nordflanke der Roten Wand.

HOCHBLANKEN 64

2068 m, Bregenzerwald, Damülser Berge (A, Damüls, Mellau)

Der westliche Nachbargipfel der Damülser Mittagspitze [63] steht in der Reihe der Damülser Blanken, die nach Norden felsig und steil abbrechen und nach Süden durch flacher geneigte grüne Abhänge gekennzeichnet sind. Blanken sind in der Sprache der Walser steile Grashalden. Der Hochblanken wird meist beim beliebten Panoramagang über mehrere Gipfel der Kette, der bei Benutzung der Sesselbahn ab Damüls ein längerer Spaziergang ist, überschritten. Er bildet ein nach Südwesten abfallendes Pultdach, über das man den höchsten Punkt erreicht. Das unermessliche Panorama ist gekennzeichnet durch den Südblick auf das Gebirge und im Norden auf das sich in mehreren Wogen absenkende Voralpengelände hinaus auf den Bodensee und in die oberschwäbischen Weiten. Hauptblickfang ist die nahe Damülser Mittagspitze im Osten, die von hier gesehen als spitze Pyramide zum Himmel schießt.

LEUENKOPF 65

1830 m, Bregenzerwald, Dornbirner First (A, Dornbirn, Ebnit, Mellau)

Mit der Mörzelspitze [67] bildet der Leuenkopf die höchste Erhebung des Dornbirner Firsts. Kein Weg führt aus den Tälern direkt zum Gipfel, weshalb der Leuenkopf ausschließlich bei der Überschreitung des Firsts betreten wird. Wie alle seine Nachbarn ist er ein exzellenter Panoramaposten.

ROTE WAND 66

2704 m, Lechquellengebirge (A, Marul/Alpe Laguz, Buchboden/Alpe Klesenza, Lech/Zug)

Einer der mächtigsten und formschönsten Berge Vorarlbergs tut sich schwer, im Seepanorama in Erscheinung zu treten und schafft es, vom Friedrichshafener Moleturm gesehen, gerade noch seine obersten Gipfelfelsen hinter dem Dornbirner First emporzurecken. Von höheren Standorten hinterm See und erst recht von unzähligen hohen Bergen im weiten Umkreis demonstriert er stolz, welch großartige Gestalt er ist, eine riesige, allein stehende Felsenburg, die ihre Umgebung deutlich überragt. In der Gipfelschau vieler Berge ringsum ist er ein viel gesuchtes und schnell gefundenes Objekt.

Nach einer Reihe solcher Begegnungen verfestigt sich der Wunsch, diesen bedeutenden Berg zu besteigen. Erfahrung im Umgang mit Felsgelände ist allerdings Voraussetzung dafür, dass man den ausgesetzten Gratgang

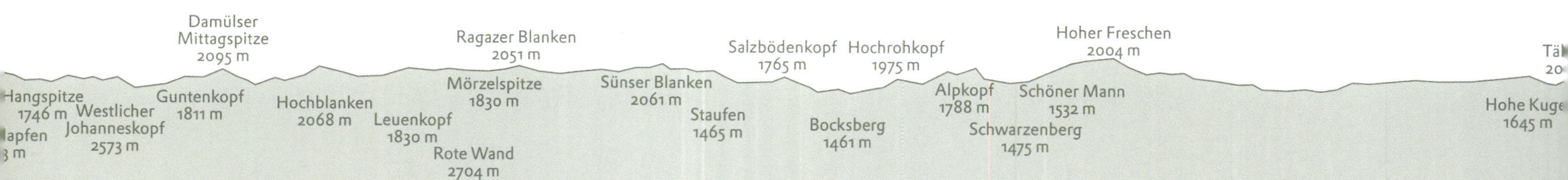

Der Dornbirner First von der Hangspitze [60].

zum Gipfel mit leichten Kletterstellen als Einstimmung auf das grenzenlose Panorama vom höchsten Punkt auch genussvoll erlebt. Unter dem Felsgrat setzt ein kleiner, jedoch ungemein eindrucksvoller Gletscher zu einer rasanten Talfahrt an. Beklemmend ist der Blick, der mit den trichterförmig sich verengenden, immer steiler werdenden Firnhängen in bodenlose Tiefen stürzt.

Sowohl der Normalanstieg als auch die vielen Kletterrouten durch die Südwand gewähren Einblicke ins Erdmittelalter, denn mit sieben übereinander geschichteten, verschiedenfarbigen Gesteinsarten ist die Rote Wand ein geologischer Musterberg. Von der roten Farbe der Juragesteine des dritten und fünften Stockwerks hat der Berg seinen Namen.

MÖRZELSPITZE / DORNBIRNER FIRST 67

1830 m, Bregenzerwald, (A, Dornbirn, Ebnit, Mellau)

Der Blick über den See auf den Dornbirner First gehört zu den Glanzpunkten im Bergpanorama am Bodensee, denn die von den Graterhebungen herabstreichenden Rippen gliedern das Massiv mit gotischem Ebenmaß. Das gilt besonders für den Winter und das Frühjahr, wenn die verschneiten Steilhänge scheinbar unmittelbar hinter der weiten Fläche des Obersees emporsteigen und den Berg als weiße Kathedrale erscheinen lassen. Wie sehr der Eindruck der Seenähe täuscht, zeigt sich beim Näherkommen, denn der Berg steht 20 km hinterm Seeufer, wobei die Höhendifferenz zum Firstkamm beachtliche 1400 Meter beträgt.

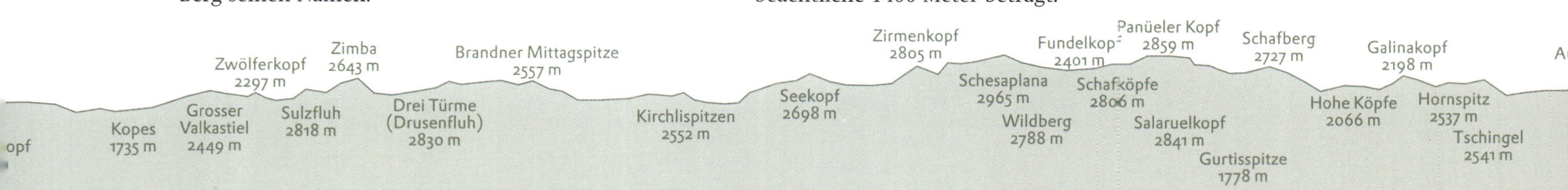

Sechs Erhebungen des Firsts sind namentlich bezeichnet. Sie sind keine selbständigen Gipfel, sondern eher Dachreiter, die dem nahezu horizontal verlaufenden First aufgesetzt sind. Im Verlauf von Nordosten nach Südwesten sind dies: Hangspitze [60], das unscheinbare Hangköpfle, Guntenkopf [62], Leuenkopf [65], Mörzelspitze und Salzbödenkopf [71]. Die Mörzelspitze und der ebenfalls mit 1830 m vermessene benachbarte Leuenkopf sind die höchsten Erhebungen.

Die Überschreitung des gesamten Kamms ist eines der großen Bergerlebnisse im Bodenseeraum. Sie schenkt die Freuden einer Kammwanderung auf der Grenzlinie zwischen den sanften, domestizierten Weiten des Alpenvorlands und der ungestalteten, wild bewegten Welt des Hochgebirges. Dazu kommt auf dem First der Blick über den gesamten See. Auf keinem anderen hohen Berg ist man ihm so nahe. Umso überraschender ist, dass einem so selten jemand erzählt, er sei über den First gegangen. Das mag daran liegen, dass die Überschreitung, und nur sie kommt letztlich in Frage, eine recht anstrengende Sache ist und dass es keinen Stützpunkt für eine Übernachtung oder eine Einkehr gibt. Es sei denn, man integriert den First in eine mehrtägige Unternehmung. Ich zähle die viertägige Wanderung von Friedrichshafen nach Bregenz und weiter über das Bödele, den Hochälpelekopf [56], den First und den Hohen Freschen [77] auf die Damülser Mittagspitze [63] zu meinen schönsten Bergerlebnissen im Seebergerevier. Es waren vier glänzende Oktobertage, an denen ich ab dem Anstieg zum Bödele kaum einem Menschen begegnet bin und auch auf den noch geöffneten Hütten immer allein war. Bei der Erfüllung eines alten Traumes – einmal von der Haustür weg auf die hohen Berge in meinem täglichen Gesichtsfeld zu steigen – hatte ich das Glück, fast von jeder Stelle unterwegs zum See und zur Friedrichshafener Bucht den Blick zurückwerfen zu können.

RAGAZER BLANKEN 68

2051 m, Bregenzerwald, Damülser Berge (A, Damüls, Mellau)

Die eher unscheinbare Erhebung in der Reihe der Damülser Blanken (siehe Hochblanken [64] und Damülser Mittagspitze [63]), ein kurzer Abstecher vom Höhenweg, wurde vor allem im Winter als eigenständiges Gipfelziel besucht. Unter den Skitourengängern der Region erfreute sich der »Ragazer« größter Beliebtheit. Für viele von ihnen war er einer der ersten oder gar der allererste Berg, den sie mit Ski bestiegen haben und meist kehrten sie in regelmäßigen Abständen in nostalgischer Gemütslage zurück. Im Dezember 2010 verwandelte sich dieses Gefühl in Trauer, vermischt mit Zorn, denn die einst klassische Tour fiel mit der Inbetriebnahme eines neuen Sessellifts dem maßlosen Hunger der Skiliftbetreiber zum Opfer. Die mit viel Aufwand und Naturzerstörung betriebene Verbindung des Damülser mit dem Mellauer Skigebiet hat ihnen nicht ausgereicht. Doch Sentimentalitäten und Respekt vor der Natur kennen sie nicht und Skibergsteiger sind zudem finanziell völlig uninteressant.

SÜNSER BLANKEN 69

2061 m, Bregenzerwald, Damülser Berge (A, Damüls, Mellau)

Er ist der westliche Eckpunkt der Reihe der Damülser Blanken und Auftaktgipfel der großartigen Höhenwanderung zur Damülser Mittagspitze hinüber. Südlich unter den Abhängen liegt eingebettet der fast runde Sünser See. Weil man immer wieder kommt, erlebt man diesen Berg und das eigenartige begrünte Hochland über der Baumgrenze im Wechsel der Jahreszeiten. Einmal waren wir im späten Herbst unterwegs. Der erste Winterschnee hatte bereits seine Streifenmuster ins ockerfarbene Gelände gezeichnet. Schweigen über der arktischen Landschaft und ein großer Ernst. Einzige Be-

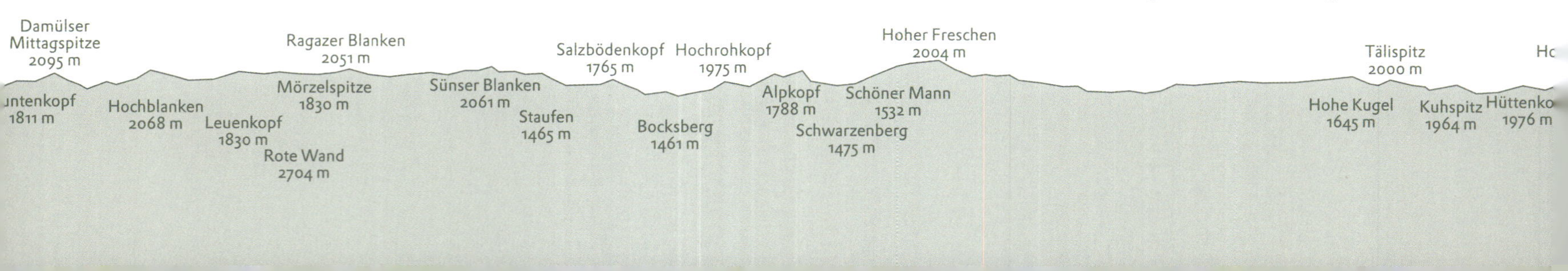

Ein Bild aus der Vergangenheit: Skibergsteiger am Ragazer Blanken. Im Hintergrund das Portlahorn.

wegung das leichte Kräuseln auf der Oberfläche des Sünser Sees, dunkles Auge und Zentralpunkt des Hochlandes. Draußen alle Welt überflutet von einem weißen Meer, begrenzt von einer ausgefransten Küstenlinie mit wilden Landzungen und vorgelagerten Berginseln. Im Süden anstelle des Großen Walsertals ein in die hintersten Winkel hineingreifender blendend weißer Meeresarm. Lautloses Verharren, alles Lebendige versunken. Welt in der Schwebe zwischen Herbst und Winter. Welch ein Kontrast zum heiteren Sommerbild mit blühenden Matten und dem freundlichen Geläute der Kuhglocken um die Sünsalpe.

STAUFEN 70

1465 m, Bregenzerwald, Ebniter Berge (A, Dornbirn, Hohenems)

Er ist der am schönsten geformte Gipfel der überwiegend bewaldeten Berge zwischen Dornbirn und Ebnit. Zum See hin zeigt er sich als ebenmäßige dunkle Pyramide, die sich deutlich vor der Reihe höherer Berge dahinter abhebt. Das alte alemannische Wort Stauf bedeutet Humpen und war ein Flüssigkeitsmaß, das auf kegelförmige Berge übertragen wurde (wie etwa den Hohenstaufen auf der Schwäbischen Alb mit der Stammburg des großen Kaisergeschlechts).

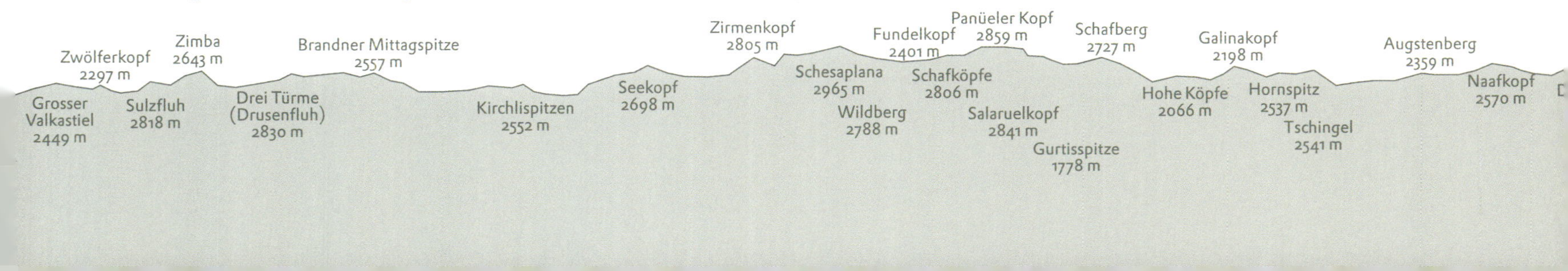

Staufen (Mitte), Schwarzenberg [75] und Bocksberg [72] von der Weißenfluh im Winter …

Der Staufen ist die dominierende Gestalt der Dornbirner Stadtumrahmung. Bei Benutzung der Seilbahn vom Stadtrand weg auf den Karren ist sein Gipfel in nur einstündiger Wanderung erreichbar. Die vorgeschobene Lage 1000 Meter über der Rheintalebene macht ihn zum Panoramaplatz ersten Ranges mit großer Schau über den Bodensee und auf die Ostschweizer Berge.

In eine Besteigung des Staufens sollte man den Besuch der auf einer steilen Rodung gelegenen Staufenalpe einbeziehen, einer idyllischen Örtlichkeit mit Blick über die zerfurchten, waldüberzogenen Tobel auf den Dornbirner First. Mit dicht bewaldeten und felsdurchsetzten Steilhängen stürzt die Ostflanke des Staufen zur berühmten Rappenlochschlucht hinunter, die auf einem gesicherten Steig begangen werden kann. Über der Schlucht führt eine abenteuerlich angelegte Straße ins kleine, ruhige Bergdorf Ebnit hinauf, einer Gründung im Mittelalter eingewanderter Siedler aus dem Schweizer Wallis, den sogenannten Walsern (näheres dazu siehe Schesaplana [94]). Überraschend ist die weltabgeschiedene Lage so nahe an den Städten.

SALZBÖDENKOPF 71

1765 m, Bregenzerwald, Dornbirner First (A, Dornbirn, Ebnit)

Südwestlicher Eckpunkt des Dornbirner Firsts ist der Salzbödenkopf, dessen Gipfel kaum je betreten wird, weil er nur nach mühsamem Kampf gegen das dichte Latschengestrüpp erreicht werden kann. Der Wanderweg führt wenige Meter darunter vorbei.

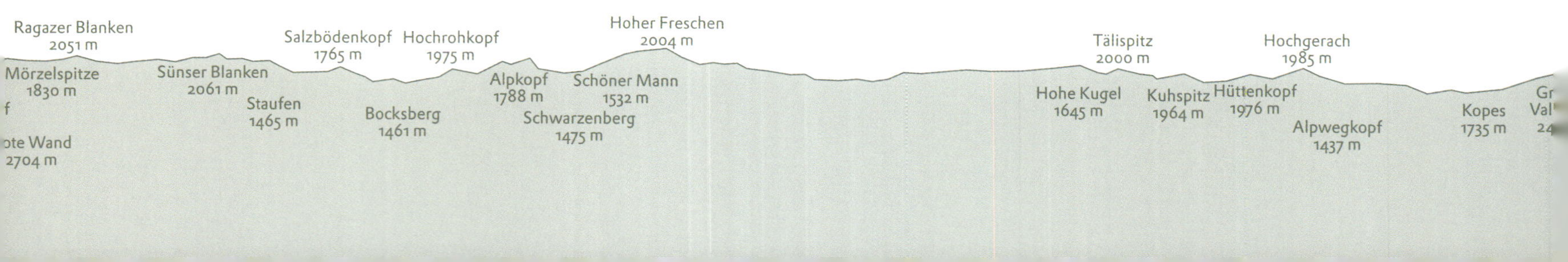

… und im Herbst: Bocksberg (links), Schwarzenberg [75] und Staufen [70] vom Anstieg zum Guntenkopf [62] im Dornbirner First [67].

BOCKSBERG 72

1461 m, Bregenzerwald, Ebniter Berge (A, Dornbirn, Hohenems, Ebnit)

Der nördlich über Ebnit stehende und ostseits in die Rappenlochschlucht stürzende Berg ist ein ziemlich wilder Geselle. Romantische Felspartien gliedern in willkürlicher Anordnung die steilen bewaldeten Flanken. Während sein felsiger Gipfelkopf von Osten über einen Bergweg zugänglich ist, führt von Westen ein gesicherter kleiner Klettersteig herauf, der Ungeübte durchaus in nachdenkliche Stimmung versetzen kann. Er ist die reizvolle Schlüsselstelle der Rundtour von Ebnit über den Schönen Mann [76] und den Bocksberg. Frei geht der Blick vom Gipfel über den Bodenseeraum und an klaren Tagen bis in die hintersten Seewinkel hinein.

HOCHROHKOPF 73

1975 m, Bregenzerwald (A, Laterns, Damüls)

Seltsamerweise hat der Hochrohkopf als höchste Erhebung des Grates zwischen dem Gehrenfalben und dem Portlahorn in den Karten keinen Namen, vermerkt ist jeweils nur die Höhe. Dazu passt, dass er von den vielen Wanderern, die vom Furkajoch übers Portlafürkele eines der vielen Ziele über Damüls ansteuern, konsequent ignoriert wird. Die Folge ist das Fehlen von Wegen und entsprechende Ruhe auf den schönen, unschwierig zu begehenden Graten des Berges. Der Hochrohkopf ist ein Beleg dafür, dass es selbst in unmittelbarer Nähe viel befahrener Straßen und viel begangener Wege noch genügend Terrain für Einsamkeitssuchende gibt.

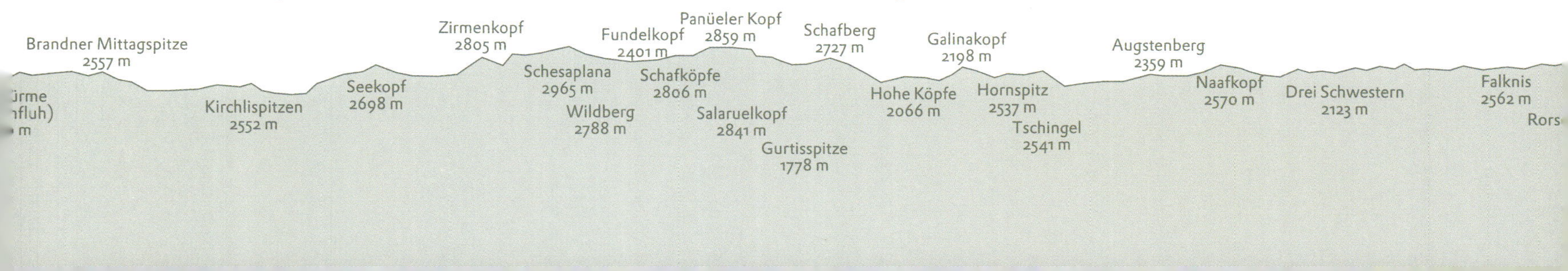

Gipfelschau vom Hohen Freschen nach Südwesten. Über den Drei Schwestern [108] die Glarner Alpen.

ALPKOPF 74

1788 m, Bregenzerwald, (A, Dornbirn, Ebnit)

Obwohl der Alpkopf der dominanteste Berg überm Ebniter Tal ist und seine Überschreitung (via Sattelalpe, Fluhlöchle, Binnelalpe, Achrainalpe) von Ebnit aus ein schönes Tagwerk ergibt, wird er nur selten bestiegen. Am ehesten noch wird er als Supplement der großartigen Kammwanderung über den Dornbirner First (siehe Mörzelspitze [67]) angehängt oder beim Übergang zum Hohen Freschen [77] »mitgenommen«.

SCHWARZENBERG 75

1475 m, Bregenzerwald, Ebniter Berge (A, Dornbirn, Hohenems, Ebnit)

Der ziemlich ruppige südwestliche Nachbar des Staufen [70] erhält nur gelegentlich Besuch von Einheimischen und Gipfelsammmlern, denn man muss sich auch auf dem kürzesten »Weg« von Schuttanen (1148 m, mit dem Auto von Hohenems erreichbar) den Zugang zum Gipfel durch dichtes Gestrüpp ertrotzen. Völlig unzugänglich ist die steile, 500 m hohe Nordwestflanke, die vom Rheintal aus den abweisenden Charakter des Berges erkennen lässt.

SCHÖNER MANN 76

1532 m, Bregenzerwald, Ebniter Berge (A, Dornbirn, Hohenems, Ebnit)

Der etwas hochtrabend klingende Namen führt in die Irre, denn er hat nichts mit der Form des Berges zu tun, sondern mit der gleichnamigen Alpe. Der Besuch des Berges mit anschließendem Übergang zum Bocksberg [72] ergibt eine prächtige Halbtagestour ab Ebnit. Von der Gipfelwiese überschaut man den gesamten Bodensee in seiner Weite.

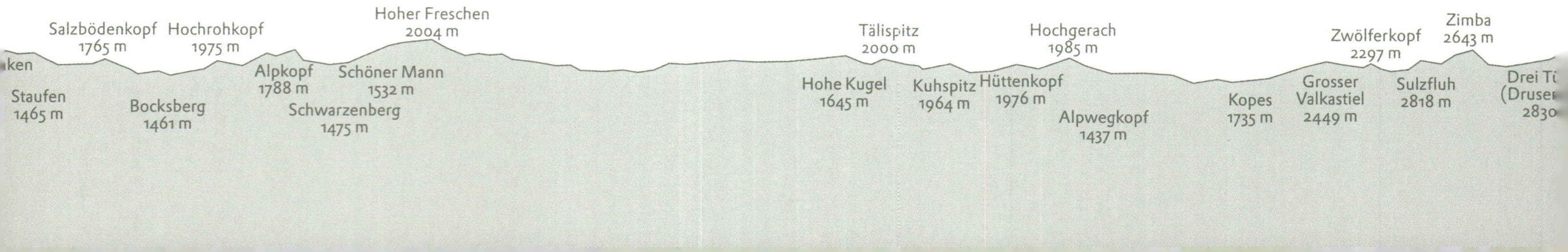

HOHER FRESCHEN 77

2004 m, Bregenzerwald (A, Laterns, Ebnit, Mellau)

Besonders im Winterhalbjahr ist der schön proportionierte Berg im Panorama vom Bodensee eine auffällige Erscheinung. Ist seine zerklüftete aus brüchigen Kreidegesteinen aufgebaute Nordflanke weiß überzogen, vermag er wie ein Viertausender zu wirken. Der Freschen ist das Zentrum der großen Bregenzerwälder Bergkämme: Der Dornbirner First (siehe Mörzelspitze [67]), der Kugelkamm (siehe Hohe Kugel [78]), der lange Rücken des Alpwegkopfs [83]) und die Kette der Damülser Blanken (siehe Damülser Mittagspitze [63]) laufen bei ihm zusammen. Diese bedeutende Drehkreuzfunktion eröffnet die Möglichkeit, seine Besteigung als Finale langer Höhengänge regelrecht zu inszenieren. Das schon 1875 erbaute Freschenhaus der ÖAV-Sektion Vorarlberg (beziehungsweise der etwas kalt wirkende Nachfolgebau) ist für diese Unternehmungen ein idealer Stützpunkt. Wegen des nur halbstündigen und völlig gefahrlosen Gipfelanstiegs bietet es die seltene Möglichkeit, Sonnenauf- und -untergang auf einem hohen und bedeutenden Aussichtsberg zu erleben.

Dass der direkte »Aufstieg« ab Friedrichshafen drei Tage erfordert, habe ich anlässlich einer unvergleichlichen Herbstwanderung erfahren, die zu meinen schönsten Bergerlebnissen gehört. Auf dem langen ebenen Weg den See entlang folgte der Gang auf dem »hohen Bogen« der Bregenzerwaldberge vom Hochälpelekopf [56] zur Damülser Mittagspitze [63], stets auf den Kämmen, stets mit dem Blick zurück zum See und hinein ins Gebirge.

HOHE KUGEL 78

1645 m, Bregenzerwald (A, Hohenems, Ebnit, Fraxern)

Im November kehrt in den Bergen die große Ruhe ein, obwohl meist noch glanzvolle Serien lichtdurchfluteter und farbintensiver Tage das Land überziehen. Die Hochregion bleibt in dieser späten Zeit freilich verschlossen, dort hat sich schon der Winter eingenistet. Doch in der Etage darunter bleibt viel, und das hat man in der Regel exklusiv für sich. Zu den schönsten Zielen in dieser Zeit zählt die Hohe Kugel, die einen großen Ruf als naher und leicht erreichbarer Aussichtsberg genießt. Sie ist der erste machtvolle Aufschwung des Bregenzerwaldgebirges aus dem Rheintal heraus.

Am Gipfelkopf der Hohen Kugel vorbei geht der Blick links hinaus zum Bodensee.

Um die Qualität der Gipfelschau wusste man schon vor 400 Jahren. Die Emser Chronik von 1616 vermeldet, die »Kugel ob Ems« sei »der hochsten Berg einer, so in das weite Schwabenlandt hinauß sicht«. Es erscheint verwunderlich, dass dies schon in alpinismusgeschichtlicher Vorzeit hervorgehoben wurde, erklärt sich aber aus einer Wallfahrt, die dem Berg ab dem 14. Jahrhundert Besuch brachte. Die Pilger zogen am 22. Juli, dem Maria Magdalenentag, über den Gipfelrücken der Kugel

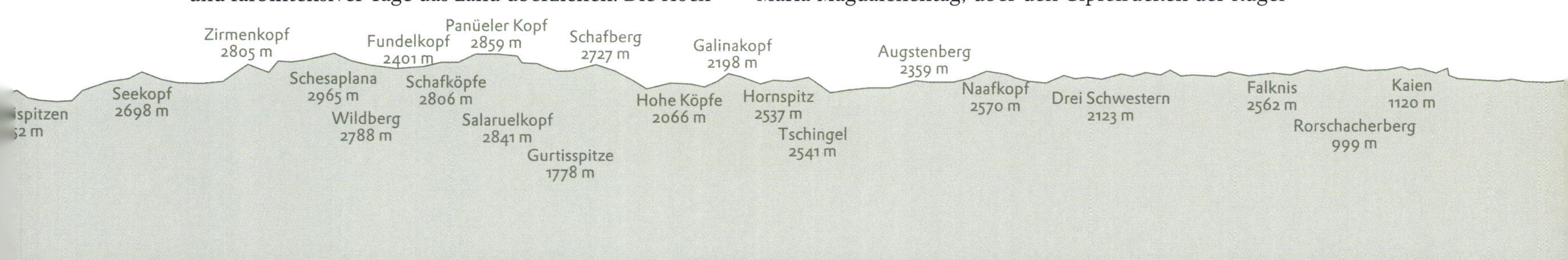

Hochgerach (ganz links) und Zimba [88] (Mitte) von der Hohen Kugel [78].

zur Wallfahrtskirche nach Ebnit. Im erwähnten Jahr 1616, also 250 Jahre vor dem Bau der ersten Bergsteigerunterkünfte in den Alpen, wurde für die Pilger auf dem Gipfel ein kleines gemauertes Schutzhaus erstellt. Alpbesitzer aus Fraxern, die darin einen Eingriff in ihre Rechte sahen, demolierten es allerdings 17 Jahre später.

Literarischen Ruhm erlangte die Hohe Kugel in jüngster Zeit durch Robert Schneiders Roman »Schlafes Bruder«. Die geringfügige Verfremdung der Ortsnamen erschwert dem Leser allerdings die geografische Zuordnung. Die Handlung spielt sich an den Hängen der Kugel ab, im Roman nur leicht verfälscht als »Kugelberg« bezeichnet. Von Meschach, Schneiders Heimatort und als »Eschberg« Haupthandlungsort des Romans, sind es auf den Kugelgipfel weniger als zwei Stunden.

Die vielen Wege auf die grüne baumfreie Gipfelkuppe sind alle nicht lang und einfach zu begehen. Eine reizvolle, wenn auch etwas längere und anspruchsvollere Variante ist die Überschreitung der Kette über das benachbarte Vorderhörnle zur Valorsalpe und zurück nach Ebnit. Eine große Unternehmung ist der Weiterweg auf den Hohen Freschen [77] über den Valüragrat.

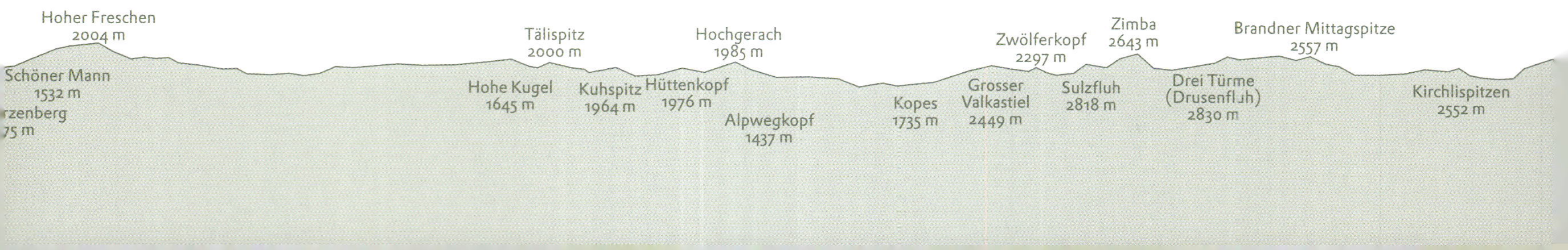

TÄLISPITZ 79

2000 m, Bregenzerwald, Walserkamm (A, Düns, Thüringerberg)

Er ist der höchste Gipfel im westlichen Walserkamm, der markanten Trennlinie zwischen Laternsertal und Großem Walsertal. Die anspruchsvolle Höhenwanderung immer auf der Gratschneide über mehrere oder gar sämtliche Gipfel des Kammes gehört in die erste Reihe der Bergunternehmungen im Seebergebereich (siehe dazu auch Hochgerach [82]).

KUHSPITZ 80

1964 m, Bregenzerwald, Walserkamm (A, Düns, Thüringerberg)

Nach Hochgerach [82] und Hüttenkopf [81] ist er der dritte Dreikant im westlichen Walserkamm, der nur gelegentlich Besuch erhält im Rahmen des herrlichen Gratgangs vom Hochgerach zum Tälispitz und nach Belieben weiter.

HÜTTENKOPF 81

1976 m, Bregenzerwald, Walserkamm (A, Schnifis, Düns, Thüringerberg)

Der zweite Aufschwung des Walserkamms südlich über dem Laternsertal wird in der Regel zusammen mit dem Hochgerach bestiegen, mit dem er durch einen schmalen Grat verbunden ist.

HOCHGERACH 82

1985 m, Bregenzerwald, Walserkamm (A, Schnifis, Düns, Thüringerberg)

Der Bergkamm zwischen Laternsertal und Großem Walsertal trägt den Namen Walserkamm. Tatsächlich wurden beide Täler zu Beginn des 14. Jahrhunderts von alemannischen Kolonisten, die nach ihrer Herkunft aus dem schweizerischen Wallis Walser genannt wurden, besiedelt. Dass sie dabei einer rätoromanisch sprechenden Urbevölkerung begegneten, belegen Orts- und Bergnamen wie Matona, Furka, Fontanella, Mutabella und viele mehr, die bis heute fortleben (siehe dazu auch Schesaplana [94]).

Erster Hochgipfel der Kette im Westen und ihr markanter Eckpfeiler ist der Hochgerach, der von Süden ohne Probleme bestiegen werden kann. Dass er zu den großen Vorarlberger Aussichtsbergen gehört, erklärt sich aus seiner vorgeschobenen Lage über dem Zusammentreffen mehrerer großer Täler. Im Norden matt glänzend die Scheibe des Bodensees, vom See weg sanft ansteigendes Gelände, aus dem sich kraftvoll der Säntis [134] hinaufschwingt, davor die weite Rheinebene. Inmitten der wilden Glarner Alpen und mächtig herausgehoben der Tödi [158] mit seinem unverwechselbaren Gletscherdach. Im Süden über dem breiten Graben des Walgaus sind die Rätikonberge aufgestellt mit der Schesaplanabastion [94] und dem eleganten Horn der Zimba [88]. Schließlich über dem Einschnitt des Montafons das nervöse Zackengewoge der Silvretta und das Glitzern ihrer Gletscher auch in den heißen Monaten.

ALPWEGKOPF 83

1437 m, Bregenzerwald (A, Laterns)

Er ist nur eine unscheinbare Erhebung im 5 km langen, teilweise bewaldeten Bergrücken, der sanft ansteigend das Laternsertal nordseits begleitet, vom Bodensee nur schwer von den höheren Bergen dahinter zu unterscheiden. Umgekehrt aber hat man schöne Blicke das Rheintal hinaus zum See. Der »Alpweg«, der über den gesamten Rücken des Alpwegkopfes führt, ist ein traumhaft schöner Panoramaspaziergang, wobei das altehrwürdige Alpwegkopfhaus in offener Aussichtslage eine ideale Einkehrmöglichkeit bietet. Der bereits seit frühgeschichtlicher Zeit genutzte Weg eröffnet auch einen großzügigen Zugang zum Freschenhaus und zum Hohen Freschen [77].

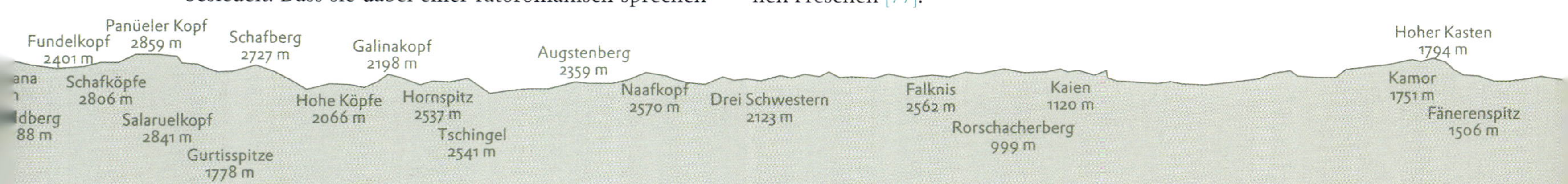

Ein Hochwintertag auf dem Großen Turm [81]. Im Vordergrund der Mittlere Turm, dahinter die Sulzfluh. Am Horizont die Silvretta.

KOPES 84

1735 m, Bregenzerwald, Walserkamm (A, Rankweil, Düns)

Kaum einer der Bergfreunde vom See wird diesen runden bewaldeten Kopf je bestiegen haben. Er führt als bescheidene Erhebung im schwungvoll ansetzenden Walserkamm im Schatten des viel besuchten Hochgerach [82] ein unbeachtetes Dasein. Dabei bildet er zusammen mit dem Muttkopf (1594 m) und dem Dünser Horn (1615 m) ein schönes Dreigestirn runder Waldberge. Es wird wohl Terrain für einsame Streifereien bleiben, denn zu keinem der Gipfel gibt es einen Weg und wegen der Bewaldung bleibt die Ferne ausgeschlossen. Ziele für Seebergesammler sind sie dennoch.

GROSSER VALKASTIEL 85

2449 m, Rätikon, Zimbagruppe (A, Bürserberg, Brand)

Im Rätikonführer von 1953 empfahl Walther Flaig das »seltsam wilde Bergland« zwischen Bludenz und der Zimba [88] »vor allem den einsamen Pfadsuchern«. Die finden, wenn sie bereit sind lange Anstiege zu gehen, dort noch immer den stillen Frieden und die Harmonie der Berge. Während die Ostseite dieses Rätikon-Seitenastes die Riesenfelsmauer der Vandanser Steinwand bildet, ist die west- und nordseitige Abdachung weniger steil und reicher gegliedert. Eine Serie von malerischen alpinen Kleinlandschaften durchwandert man auf dem langen Weg von Tschappina/Bürserberg zum Eisernen

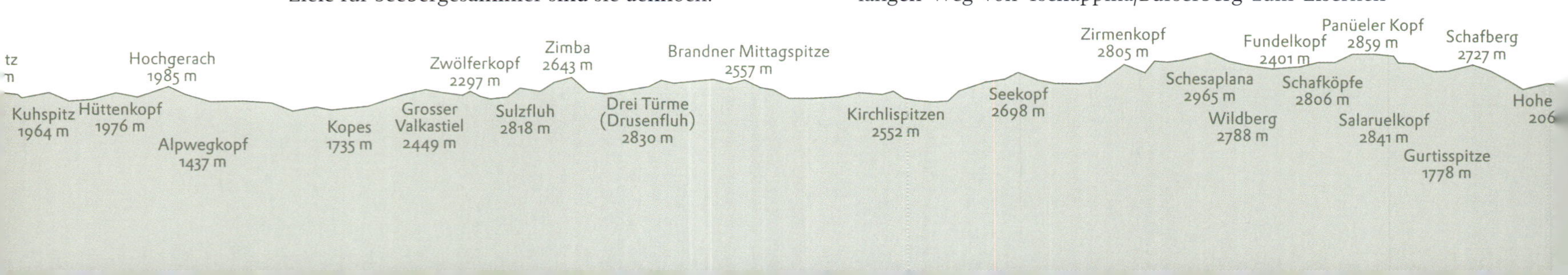

Törle zwischen dem Großen Valkastiel und der Gottvaterspitze. Von hier erreicht man beide Gipfel in kurzen Anstiegen. Den kürzesten Zugang vermittelt die Sarotlahütte der ÖAV-Sektion Vorarlberg (1611 m). Glanzstück im umfassenden Panorama ist die stolze Zimba [88].

ZWÖLFERKOPF 86

2297 m, Rätikon (A, Bürserberg, Brand)

Für den schön geformten Zwölferkopf gilt das beim Großen Valkastiel gesagte: Lange, einsame Wege in großartiger Abgeschiedenheit trotz der Nähe zur lärmenden Welt der Menschen. Den Gipfel erreicht man allerdings nur mit der Fähigkeit, eine einfachere Kletterei zu bewältigen.

SULZFLUH 87

2818 m, Rätikon (A/CH, Tschagguns, St.Antönien)

»Burgen an der Grenze« war der treffende Titel eines 1924 erschienenen Buchs von Walther Flaig über die mächtigen, isoliert stehenden Felskastelle aus festem, silbergrauem Kalkfels im Rätikonhauptkamm entlang der österreichisch-schweizerischen Grenze. Kirchlispitzen [91], Drusenfluh mit den Drei Türmen [89], Sulzfluh, Weißplatte-Scheienfluh und Rätschenfluh lautet die Abfolge von Westen nach Osten. Die mächtigsten und höchsten Massive bilden die Drusenfluh und die benachbarte Sulzfluh, einmalige Berge, ganz für sich existierend, mit vielen Gesichtern und voller Geheimnisse. Neben den riesigen Wandbildungen im Süden, den Fluhen, besitzt die Sulzfluh auf der flachen Nordabdachung mit dem sogenannten Karrenfeld ein wahres Naturwunder, eine zersägte und zerklüftete Steinlandschaft, verwandt dem Gottesackerplateau beim Hohen Ifen [33] und der Einöde um den Pfannenstock [164] in den Glarner Alpen. Eine geologische Sehenswürdigkeit ist die wie mit dem Lineal gezogene Linie, mit der diese helle Hochwüste von den dunklen Gesteinen kristalliner und vulkanischer Herkunft des nördlich benachbarten Schwarzhorns getrennt ist.

Über das Karrenfeld führt der einfachste Anstieg von der Tilisunahütte (2208 m), über lange Strecken eine eindrucksvolle Wüstenwanderung. In grandioser Felskulisse verlaufen die beiden anderen einfacheren Steige auf den Gipfel, von der Lindauer Hütte durch den Rachen, der seinem Namen vollauf gerecht wird und von der Garschinahütte durch den Gemstobel. Das sind auch die anspruchsvollen Routen der Skibergsteiger im Winter. Sie haben den Ruf der Sulzfluh als einer der großen Skiberge der Ostalpen begründet.

ZIMBA 88

2643 m, Rätikon (A, Brand, Vandans)

Obwohl in hinterer Reihe stehend, ist die Zimba eine der bekanntesten und auffälligsten Berggestalten im Seepanorama. Die elegante, himmelstrebende Form brachte dem Felshorn den Ehrennamen »Vorarlberger Matterhorn« ein. Nach allen Seiten hin präsentiert es sich als stolze Pyramide auf dem hohen Sockel der fast 7 km langen Vandanser Steinwand, 1700 Meter über dem Brandnertal und mehr als 2000 Meter über dem Äußeren Montafon bei Vandans. Der so gar nicht ins alemannische Vorarlberg passende, exotisch klingende Name leitet sich aus dem romanischen Wort cima (= Spitze) ab. Er belegt, dass die Gegend bereits vor der alemannischen Einwanderung von latinisierten Rätern besiedelt war (Näheres dazu siehe Schesaplana [94]).

Die Zimba ist kein Ziel für Bergwanderer, selbst der einfachste Anstieg ist eine anspruchsvolle Kletterei. Deshalb erstaunt es, dass die erste dokumentierte Besteigung am 7. September 1848 die Aktion eines Alleingängers war. Der Brunnenmacher Anton Neyer aus Bludenz, genannt Bücheltonis Toni, war der mutige Mann, dem es nach einer ganzen Reihe von Versuchen schließlich gelang den Gipfel zu erreichen. Der erste Mensch auf

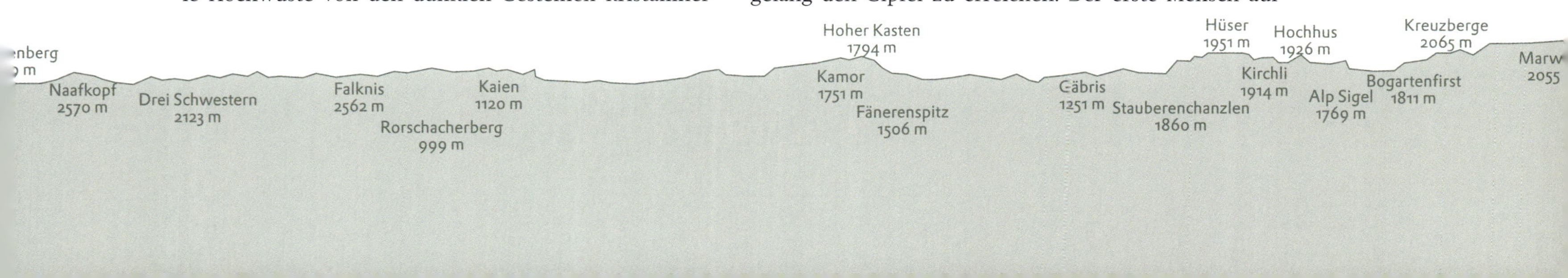

Die Zimba vom Anstieg auf die Drei Türme. Rechts der Sporaturm.

der Spitze war er wohl nicht, das wurde ihm wenige Meter darunter auf grausige Art schlagartig klar. In einer Felsrinne hockte hingekauert ein Menschenskelett, dessen Geheimnis bis heute nicht gelüftet werden konnte.

Als Wanderer kommt man der Zimba bei der Überschreitung des Zimbajochs (2387 m) von der Sarotlahütte zur Heinrich-Hueter-Hütte am nächsten. Besonders eindrucksvoll zeigt sie sich von Norden, etwa vom Eisernen Törle (siehe Groß Valkastiel [85]) oder vom Saulakopf im Südwesten.

DREI TÜRME / DRUSENFLUH 89

2830 m, Rätikon (A/CH, Tschagguns, St. Antönien)

Der legendäre Bergsteiger Karl Blodig (1859–1956) aus Bregenz, der als erster auf sämtlichen Viertausendern der Alpen stand und darüber ein Buch schrieb, das zu den Klassikern der alpinen Literatur zählt, nannte das Gauertal im Montafon das schönste Alpental Vorarlbergs. Dabei hob er die klassische Formenschönheit der Linien des Talschlusses hervor. Flaig, der 1972 verstorbene Alpenschriftsteller und herausragende Gebietskenner, bezeichnete den Talschluss gar als »einen der allerschönsten der ganzen Kalkalpen«. Die Alpenvereinshütte der Sektion Lindau wurde 1899 treffsicher an einen idealen Platz gestellt, genau an die Schnittstelle zwischen dem Hochwald mit dem märchenhaft klingenden Namen Porzalenga und der ebenen, offenen Alpfläche. Direkt darüber baut sich das Felsbollwerk der Drusenfluh mit den Drei Türmen auf, die wegen ihrer eleganten und edlen Linienführung zu den schönsten Bergen der Alpen gezählt werden dürfen. Ich erlaube mir diese Aussage, wenngleich es mir an Objektivität mangelt, denn es sind die Berge meiner Jugend. Hier hatte ich die ersten ernsthaften Kontakte mit dem Gebirge, aus denen sich eine heftige, auch nach Jahrzehnten ungebrochene Leidenschaft entwickelte. Das Gauertal mit den Türmen und der Sulzfluh [87] ist meine Bergheimat geblieben.

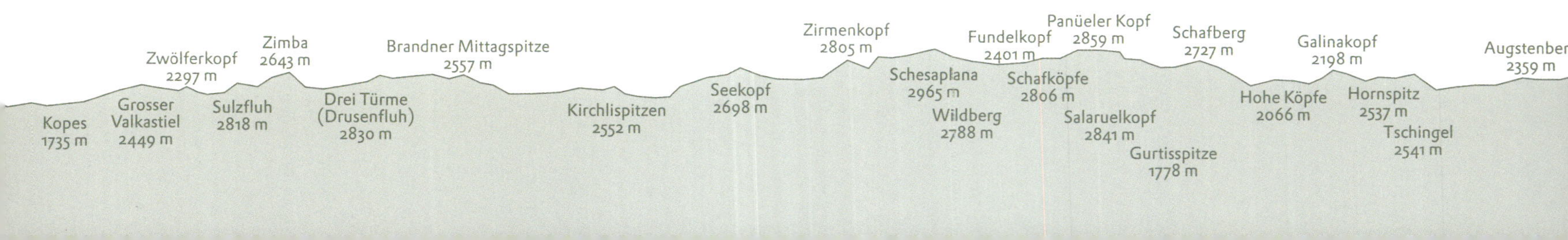

Die Drei Türme vom Golmer Höhenweg.

Wer die Pracht sehen will, muss zu einem längeren Fußmarsch bereit sein. Das tun viele, doch keine Bergbahn, keine Straße, kein Parkplatz verunzieren das naturgeschützte Tal. Groß und vielfältig ist das Tourenangebot um das Gauertal. Das beginnt mit dem schönsten Hüttenzugang über den Golmer Höhenweg, einer unvergleichlichen Kammwanderung über mehrere Gipfel des Golmergrats, die direkt auf die Felskastelle im Talhintergrund zuführt, mit einer spektakulären Steigerung der Bilder beim letzten Anstieg zur Geißspitze (2334 m). Durch die elementar schöne und wilde Steinwelt des Sporatobels führt der Normalanstieg auf den Großen und Mittleren Turm. Der Kleine, ein verwegener Zacken, bleibt Kletterern vorbehalten, wie das gesamte Massiv der Drusenfluh eine riesige Zahl von Kletterrouten aufweist, von denen einige Klassikerstatus haben. Dies gilt insbesondere für die bis zu 600 Meter senkrecht abstürzenden Südwände.

Die Lindauer Hütte ist auch im Winter zu bestimmten Zeiten geöffnet und für Wanderer erreichbar. Die Berge darüber bleiben den Skibergsteigern vorbehalten. Der Große Turm durch den Sporatobel und die Sulzfluh durch den Rachen zählen zu den berühmten und anspruchsvollen Skizielen der Alpen, die nur bei ganz sicherer Schneelage riskiert werden dürfen. Wer seine Spur durch die verschneiten Felswildnisse gezogen hat und die rauschende Abfahrt über die steilen Hänge auf daunenleichtem Pulverschnee erleben durfte, wird sie zum Kernbestand seines alpinen Erinnerungsschatzes zählen.

BRANDNER MITTAGSPITZE 90

2557 m, Rätikon, Zimbagruppe (A, Brand)

Beherrschend steht das zerklüftete Felsmassiv über dem Brandnertal – und bekommt dennoch kaum Besuch. Zu abweisend, zu brüchig und zu mühsam zu begehen sind die wilden Flanken und Grate des Berges.

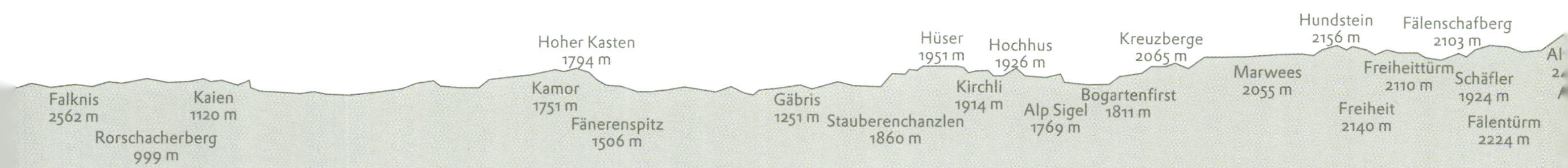

Die Kirchlispitzen im Abendlicht, gesehen von der Totalphütte auf der Ostseite der Schesaplana.

KIRCHLISPITZEN 91

2552 m, Rätikon (A/CH, Brand, Vandans)

Wie den grünen Alpmatten entsprossen steht das siebengipflige Bergmassiv aus hellem Kalkstein über dem südlichen Ufer des Lünersees. Während die Nordseite reich gegliedert ist, bildet die kleinste der Rätikonfluhen (siehe auch Drei Türme [89] und Sulzfluh [87]), von Walther Flaig einst treffend als »Burgen an der Grenze« bezeichnet, südseits eine glatte senkrechte Felsmauer, durch die eine Reihe schwieriger Kletterrouten führt. Die dritte und höchste Spitze ist überraschend von Norden für erfahrene Berggänger ohne größere Schwierigkeiten erreichbar. Ein herrlicher Hochalpenspazier- und Panoramagang ist die Umrundung des Massivs vom Lünersee aus über das Cavelljoch und zurück durch das wie von Zyklopenhand gemeißelte Schweizertor, der gigantischen Felsenpforte zwischen den Kirchlispitzen und der Drusenfluh.

SEEKOPF 92

2698 m, Rätikon, Schesaplanagruppe (A, Brand)

Vom Gipfel der Schesaplana [94] zieht der 3 km lange Seegrat nach Osten. Seine östlichste Erhebung ist der mächtige Seekopf, dessen zerklüftete Felsflanke das Schaustück des Lünersees (1970 m) und der Douglasshütte des ÖAV über dem Nordufer bildet. Besuch bekommt der Gipfel nur gelegentlich von Kletterern, denn der sogenannte Normalweg über die Scharte zwischen Zirmenkopf und Seekopf ist ein rechter Schinder. Ungemein beeindruckend sind die riesigen Schutthalden unter den ruinösen nordöstlichen Abbrüchen, die das weit fortgeschrittene Zerstörungswerk der Zeit an diesem Berg erkennen lassen. Unter ihnen verläuft die Straße zur Talstation der Lünerseebahn, mit der man mühelos zur Staumauer hinaufschwebt. Über den »Bösen Tritt« erreicht man sie auch zu Fuß – harmloser, als es der Name vermuten lässt.

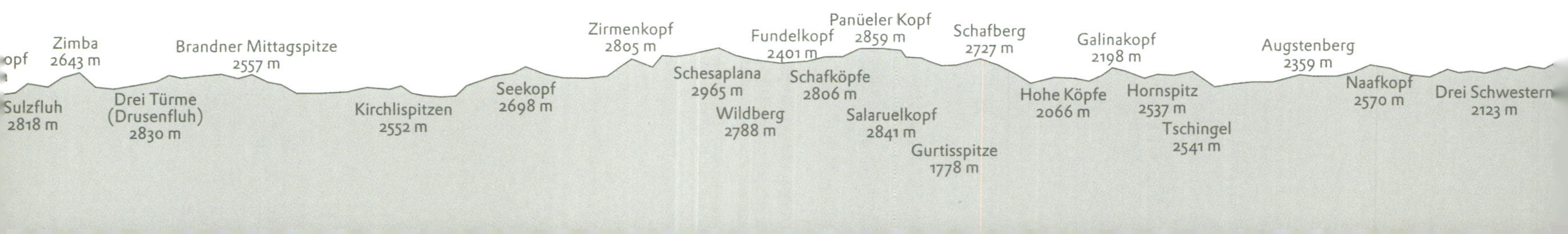

Unterwegs auf die Schesaplana. In der Mitte hintereinander Kirchlispitzen [91], Drusenfluh / Drei Türme [89] und Sulzfluh [87].

ZIRMENKOPF 93

2805 m, Rätikon, Schesaplanagruppe (A, Brand)

Diese stattliche Erhebung im 3 km langen Seegrat, der sich von der Schesaplana [94] zum Seekopf über den Lünersee zieht, findet neben der prominenten Nachbarschaft keinerlei Beachtung. Die Besteigung, gleich ob von der Mannheimer Hütte oder – ungleich mühsamer – vom Lünersee, erfordert allerdings auch Vertrautheit und souveränen Umgang mit dem Hochgebirge jenseits der markierten Wege.

»Nichts als Bergen und Bergen,
eine unglaubliche Weite rings umher«
Nicolaus Sererhard, Schesaplana Bergreiss, 1740

SCHESAPLANA 94

2965 m, Rätikon (A/CH, Brand, Seewis)

Schesaplana, Zimba [88], Zaluanda, Salaruel [99] … – das kommt mit südlichem Anklang ans Ohr wie aus einer fernen, fremden Welt. Doch es sind die Namen von Bergen in unserem Gesichtskreis und innerhalb des alemannischen Sprachraums rund um das Brandnertal im »alpenschwäbischen« Vorarlberg. Als Relikte der Zeit vor der Einwanderung der Alemannen im frühen Mittelalter stehen sie bunt gemischt neben Wildberg [95], Seekopf [92] oder Pfannenknechtle. Zu Beginn der 500 Jahre währenden römischen Herrschaft lebte im Alpenraum das Volk der Räter. Es wurde nach und nach romanisiert, wobei sich Bestandteile seiner Sprache erhalten haben. Als das Römische Reich von den anstürmenden Alemannen Stück um Stück nach Süden geschoben wurde, hielt sich dieses rätoromanische Sprachgemisch in vielen Alpentälern noch Jahrhunderte lang und hat in Teilen Graubündens und der Dolomiten bis heute überlebt. Noch etwa 50 000 Menschen sprechen das exotisch klingende Rätoromanisch, das seit 1938 offizielle vierte Landessprache der Schweiz ist. In Vorarlberg wurde es aller-

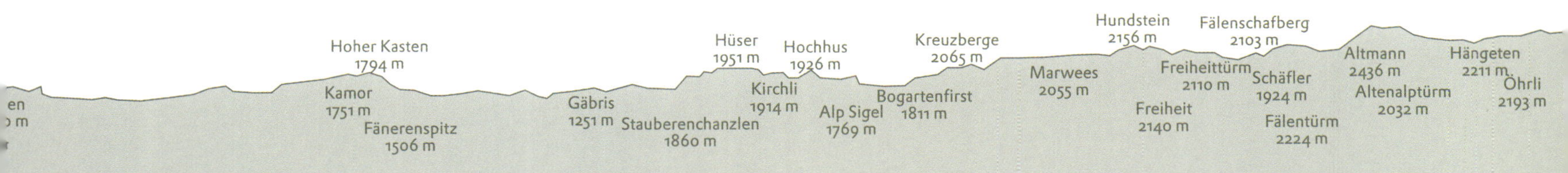

dings vollständig von der Sprache der alemannischen Siedler verdrängt. Übrig geblieben sind viele alte Flurnamen, die darauf hinweisen, dass die Räter nicht gewaltsam vertrieben wurden, sondern dass sich die beiden Völker im Verlauf vieler Jahre vermischt haben dürften.

Mit einer zweiten kleinen Völkerwanderung im 13. und 14. Jahrhundert kamen, von der Not getrieben, Siedler aus dem überbevölkerten oberen Rhônetal im Wallis auch in den Vorarlberger Raum. Ihre bekanntesten Siedlungsgebiete sind das Große und das Kleine Walsertal, die nach den Neuankömmlingen benannt wurden. 13 Walserfamilen erhielten 1347 das Recht im Brandnertal zu Füßen der Schesaplana zu siedeln. Noch heute verwendete Flurnamen wie Amatschon, Freschlua, Foppa und die eingangs erwähnten Bezeichnungen belegen, dass hier zum Zeitpunkt der Einwanderung rätoromanisch sprechende Menschen lebten.

Wenn die mächtig herausgehobene Schesaplana an einem Föhntag frisch verschneit unter dem hellen Silberstreif am Südhorizont steht und sich in harter Kristallhaftigkeit gegen das geschwungene weiche Seeland absetzt, dann ist ihr Anblick so fern und fremd wie der Klang ihres Namens. Dessen Übersetzung ist allerdings fast enttäuschend, denn Schesa oder Sassa bedeutet Stein und plana steht für eben, ebener Stein also. Dem Betrachter des riesigen Massivs aus der Ferne erschließt sich der Name ohne weiteres.

Als außergewöhnlich frühes Datum für die Erstbesteigung wird meist der 24. August 1610 angegeben. David Pappus, der Verwalter der Herrschaft Bludenz und Sonnenberg, hatte den Auftrag, die Grenzen der Landes an Ort und Stelle zu ermitteln. Seine erhaltenen Aufzeichnungen belegen, dass er an diesem Tag mit einigen Begleitern im Bereich des Lünersees unterwegs war, sie lassen jedoch nicht eindeutig den Schluss zu, dass er tatsächlich auf der Schesaplana war. Dass der höchste Berg des Rätikons in der Geschichte des Alpinismus einen besonderen Rang einnimmt, hat einen anderen Grund. Im Jahr 1740, also vor dem Beginn des neuzeitlichen Bergsteigens, das sich in der Folge der Aufklärung am Ende des 18. Jahrhunderts entwickelte, erschien die Beschreibung einer Besteigung, die um das Jahr 1730 stattfand. Verfasst wurde die Chronik dieser »Bergreiss« vom Schweizer Pfarrer Nicolaus Sererhard. Er und seine Begleiter »pernoctierten auf dem wilden Heu« in der Alp Fasons, stiegen anderntags »eine gäche Felsenkehle hinauf« und staunten über den »entsetzlich großen Gletscher« und dessen »ungeheure Gletscherspält«. Auf dem Gipfel angekommen sahen sie »viel mirabilia«, so etwa Gebirge, in »fünf Rayen hinter einandern in einer recht wundersamen concatenation«. Höhepunkt von Sererhards Beschreibung des Panoramas ist der Blick hinaus auf den Bodensee: »Man siehet so weit als es das Auge ertragen mag, nichts als Bergen und Bergen, eine unglaubliche Weite rings umher, aussert bey einer Oeffnung über den Lindauer See hinaus ins Schwabenland, da praesentiert sich das schönste Ansehen von der Welt; die Städte Lindau, Constanz, die Insel Reichenau, Arbon, Hohen-Ems etc. scheinen einem ganz nach zu seyn, mit dem Perspektiv kann man die Tächer und Gebäu gar wohl distinguieren«.

Doch so freigiebig ist die Schesaplana nicht immer. Mein erster Besteigungsversuch vor vielen Jahren erstickte in Neuschneemassen, der zweite, immerhin mit Gipfelerfolg, ertrank im Regen, der während der gesamten Überschreitung auf uns niederprasselte. Erst beim dritten Anlauf, nach einer reinigenden Gewitternacht, boten sich die unabsehbaren Weiten dem Blick dar: Vom Monte Rosa bis zum Ortler, von der Bernina bis zum Schwarzwald, »nichts als Bergen und Bergen« und bei der »Öffnung« im matten Glanz der Bodensee.

Die Schesaplana ist ein begehrtes und ohne nennenswerte Schwierigkeiten zu erreichendes Bergziel, immerhin zwei Meter höher als die Zugspitze, Deutschlands

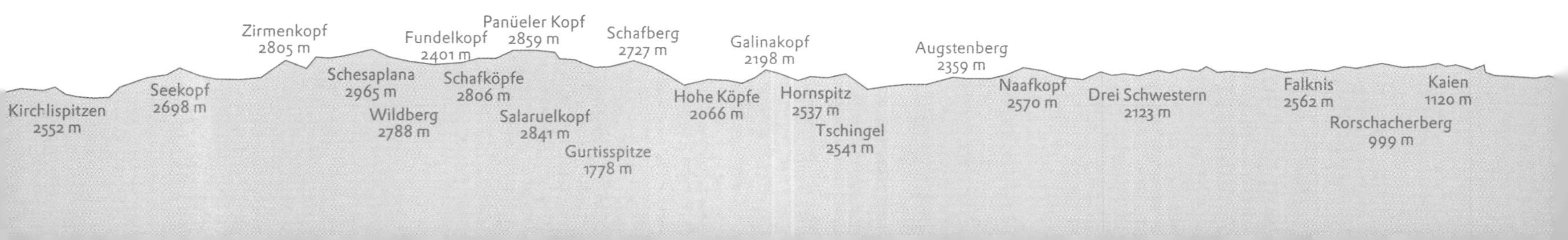

Schesaplana (rechts) und Brandner Gletscher vom Panüler Kopf [98]. Links die Mannheimer Hütte.

höchster Berg. Das gilt zumindest für den Weg vom Lünersee herauf. Benutzt man die Seilbahn, sind es zum Gipfel gerade noch drei Stunden. Länger, doch ungleich interessanter ist der Anstieg von Brand über die Oberzalimhütte (1889 m) und die Mannheimer Hütte (2679 m), der höchstgelegenen Unterkunft im Rätikon, in der Nähe des immer kleiner werdenden Brandner Gletschers. Seine Firnflächen glänzen an klaren Sommertagen bis ans nördliche Bodenseeufer (siehe Schafköpfe [97]). Die Lage der Hütte hart am nordseitigen Abbruch mit dem freien Blick hinaus ins schwäbische Land und mit der arktischen Szenerie in der unmittelbaren Nähe ist unvergleichlich schön. Über der sanft ansteigenden Gletscherfläche steht das ebenmäßig geformte Felsdreieck des Schesaplanagipfels und im Kreis versammelt die allesamt leicht und schnell erreichbaren Erhebungen um den Brandner Gletscher: Wildberg [95], Panüeler Kopf [98], Salaruelkopf [99] und die Schafköpfe [97]. Beizeiten sollte man hier aufbrechen, denn die frühen Morgenstunden, wenn blasse Dunstschleier über den Tälern und zwischen den gestaffelt stehenden Bergketten schweben, bieten die besten Lichtverhältnisse für die großen Fernsichten. Ganz weit ist man in solchen Momenten über allem.

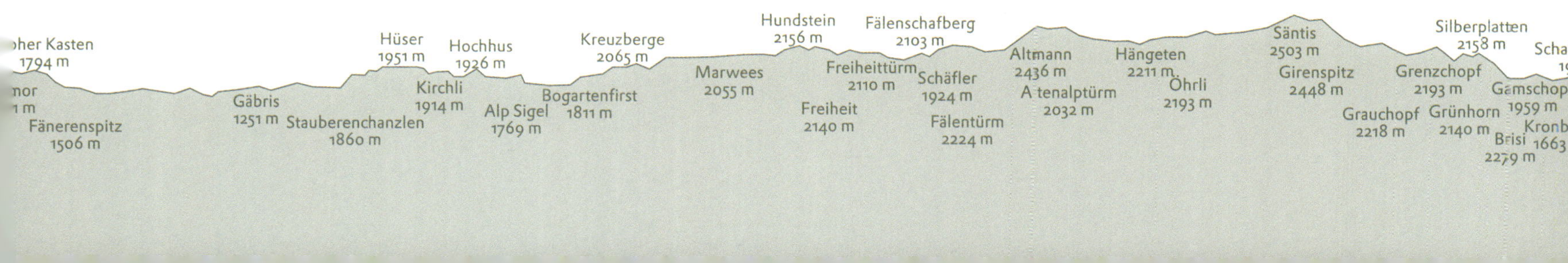

Unter dem Gipfel des Fundelkopfs. Im Süden das Schesaplanamassiv mit dem dominanten Panüler Kopf [98].

WILDBERG 95

2788 m, Rätikon, Schesaplanagruppe (A, Brand, Nenzinger Himmel)

Wenn man einmal die hoch gelegene Mannheimer Hütte (2679 m) erreicht hat, ist die Besteigung des Wildbergs einer der hochalpinen Spaziergänge rund um den langsam und traurig dahin schmelzenden Brandner Gletscher (siehe auch Panüeler Kopf, Salaruelkopf, Schafköpfe, Schesaplana, Zirmenkopf). Dass der Wildberg seinen Namen zu Recht trägt, erschließt sich beim Blick vom Gipfel die Abbrüche nach Norden und Osten hinab und noch mehr bei der Wanderung oder Fahrt von Brand nach Schattenlagant zur Talstation der Lünerseebahn, wo man in einen wilden, urwelthaften Bergkessel hinein- und hinaufschaut.

FUNDELKOPF 96

2401 m, Rätikon, (A, Brand, Nenzinger Himmel)

Im langen Seitenkamm, der am Panüeler Kopf [98] vom Rätikon-Hauptkamm nach Norden abzweigt, ist der Fundelkopf die höchste Erhebung und die auffälligste Gestalt. Drei Grate gliedern die mächtige Felspyramide, deren Gipfel einfacher erreichbar ist, als es der Anblick des Berges vermuten lässt.

Vom Amatschonjoch (der alte rätoromanische Name passt wunderbar zum edlen Schwung des Einschnitts, dem wie künstlich modellierten Ideal eines Alpenpasses) führt ein gesicherter Steig mit einigen ausgesetzten Felspassagen auf den Gipfel, von dem sich das Schesaplanamassiv im Süden und die Zimba im Osten bestens studieren lassen.

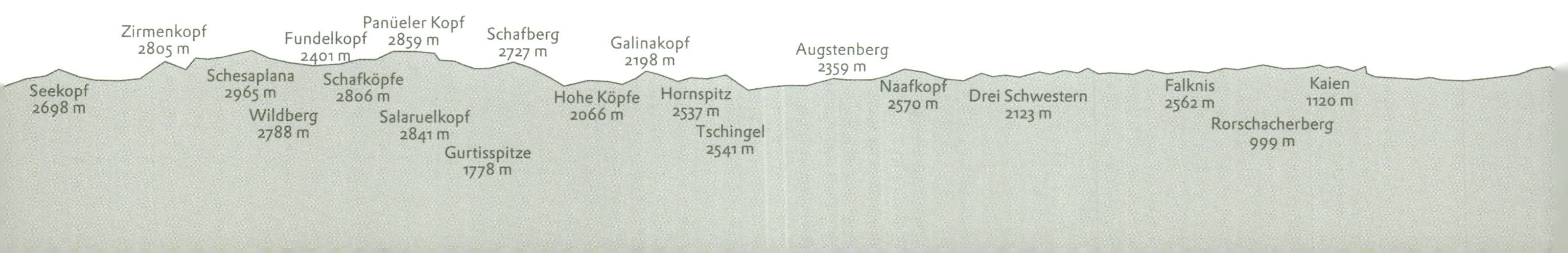

SCHAFKÖPFE 97

2806 m, Rätikon (A/CH, Brand, Nenzinger Himmel, Seewis)

Mehrere kleinere Felsköpfe bilden die südliche Begrenzung des Brandner Gletschers, der fast bis zu den einzelnen Gipfelpunkten hinauf reicht. Es sind die Schafköpfe im Verlauf des Grenzkamms zwischen Salaruelkopf [99] und Schesaplana. Im sommerlichen Bergpanorama vom Bodensee bilden sie trotz ihrer Unscheinbarkeit einen Blickfang, denn die weißen Gletscherhänge um die Köpfe glänzen anachronistisch aus dem sonst schneelosen Gebirge heraus. Die Schafköpfe können ohne nennenswerte Schwierigkeiten überschritten und damit in die Umrundung des Brandner Gletschers von Gipfel zu Gipfel einbezogen werden.

PANÜELER KOPF 98

2859 m, Rätikon, Schesaplanagruppe (A, Brand, Nenzinger Himmel)

Im hoch herausgehobenen Schesaplanamassiv bildet der Panüeler Kopf zusammen mit dem Salaruelkopf das mächtige westliche Bollwerk. Berühmt und altehrwürdig sind die Steige, die durch seine Flanken und Felsabstürze führen: Der Leibersteig, 1903/04 erbaut, der von Oberzalim zur Mannheimer Hütte führt, und der hochalpine Straußsteig. Dieser geht durch die wilden Nordabstürze des Berges, eingeweiht schon 1890 und damit eine der ältesten großen Steiganlagen der Alpen. Von der Mannheimer Hütte, spektakulär positioniert hoch über der Welt, ist es zum Gipfel des Panüelers nur ein kurzer Spaziergang (der den vielstündigen Anstieg zur Hütte voraussetzt), mit dem man sich den Genuss eines fantastischen Gipfelpanoramas verschafft. Besonders schön zeigt sich das Felsdreieck der Schesaplana über dem immer mehr dahin schwindenden Brandner Gletscher. In der entgegengesetzten Richtung glänzt an klaren Tagen draußen der Bodensee.

Gurtisspitze (links) und Drei Schwestern [108] vom Lindauer Ufer.

SALARUELKOPF 99

2841 m, Rätikon, Schesaplanagruppe (A/CH, Brand, Nenzinger Himmel, Seewis)

Zusammen mit dem Panüeler Kopf bildet der Salaruelkopf das westliche Bollwerk des mächtigen Schesaplanastocks. Da der Übergang vom Panüeler zwar weglos, doch völlig unproblematisch ist, lässt er sich in eine Gipfelsammelrunde um den Brandner Gletscher ideal integrieren.

GURTISSPITZE 100

1778 m, Rätikon (Franstanz, Nenzing, Gurtis)

Mehrere parallel verlaufende Bergketten streichen vom Rätikon-Hauptkamm nach Norden und enden über dem Walgau. Als »Gau der Welschen« bezeichneten im frühen Mittelalter die alemannischen Neusiedler aus dem Norden das von rätoromanisch sprechenden Menschen bewohnte Tal der Ill zwischen Feldkirch und Bludenz.

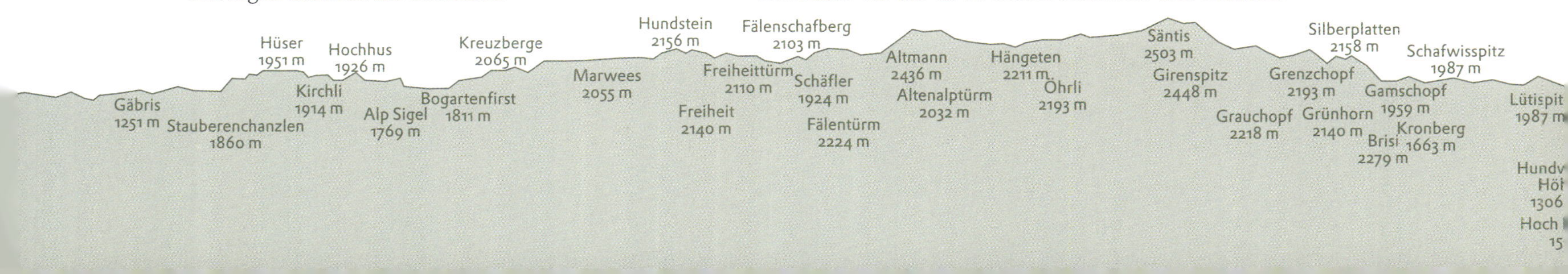

Außer einer Flut exotisch klingender rätoromanischer Flur- und Bergnamen ist von dieser Sprache wenig geblieben. Besonders reich gegliedert ist die Kette, die am Dreiländerberg Naafkopf [107] ansetzt und an der Gurtisspitze hoch über dem Walgau ihren Schlusspunkt hat.

Dank der vorgeschobenen Lage über dem Walgau schenkt dieser kleine Berg ein wunderbares Bergerlebnis. Zauberhaft und an Südtiroler Szenerien erinnernd ist die offene Terrassenlage des kleines Ortes Gurtis über dem Walgau. Ein überraschend vielfältiges Panorama auf die höheren Berge ringsum und hinaus ins offene Land gewährt der Gipfel. Mit der Fortsetzung nach Süden zu den Hohen Köpfen [102] erhält die Tour eine großartige alpine Erweiterung.

SCHAFBERG 101

2727 m, Rätikon, Schesaplanagruppe (A/CH, Brand, Nenzinger Himmel, Seewis)

Der Schafberg (auch Salaruel-Schafberg) bildet die westliche Schulter des mächtigen Schesaplanamassivs. Vom Liechtensteiner Höhenweg, dem hochalpinen Steig zwischen Pfälzer Hütte und Mannheimer Hütte beziehungsweise Schesaplana, ist er für Geübte von Osten her zu erreichen.

HOHE KÖPFE 102

2066 m, Rätikon (A, Frastanz, Nenzing, Gurtis)

Zwischen dem Galinakopf [103] und der Gurtisspitze [100] bilden die mehrgipfligen Hohen Köpfe ein kleines, auf ihrer Ostseite stark zerküftetes Felsmassiv. Der Hohe-Köpfe-Steig, ein an einigen Stellen gesicherter Bergweg, ermöglicht die reizvolle Überschreitung der Kette im Anschluss an die Besteigung der Gurtisspitze. Mit dem Abstieg zur wunderschön im Zentrum eines harmonischen Kessels gelegenen Galinaalpe und durch das urwelthafte Galinatal vollbringt man ein feines alpines Tagewerk.

GALINAKOPF 103

2198 m, Rätikon (A/FL, Frastanz, Nenzing, Malbun)

Vier Grate treffen auf dem Gipfel des Galinakopfs zusammen und formen damit eine schöne Pyramide, die außer nach Süden schroffe Felsflanken aufweist. Von Süden ist der höchste Punkt, der eine vorzügliche Aussicht gewährt, auch über einen Steig erreichbar, gleich ob man vom liechtensteinischen Malbun oder von der österreichischen Nordseite ansteigt. In letzterem Fall hat man die traumhaft schön gelegene Äußere Gampalpe (1562 m) zu passieren. Die vielen Hütten der Alpsiedlung sind über einen weiten Wiesensattel ausgebreitet. Mittendrin steht das Berggasthaus, in dem man eine Nacht verbringen sollte, nicht nur, weil der Weg zum Galinakopf noch weit ist. Hannes, der Wirt hat uns einmal gebeten, die Gampalp nicht zu vergessen – wie könnten wir!

HORNSPITZ 104

2537 m, Rätikon (A/CH, Nenzinger Himmel, Malbun, Seewis)

Durch die Südflanke des kaum besuchten schönen Felsbergs auf dem Rätikon-Haupt- und Grenzkamm verläuft der Liechtensteiner Höhenweg. Von der Großen Furka aus kann der Gipfel weglos und mit leichter Kletterei erreicht werden, was angesichts des hohen Ziels Schesaplana [94] nur selten geschieht (siehe auch die Ausführungen zum benachbarten Tschingel [105]).

TSCHINGEL 105

2541 m, Rätikon (A/CH, Nenzinger Himmel, Malbun, Seewis)

Die schöne Dreikantpyramide im Rätikon-Grenzkamm zwischen dem Dreiländerberg Naafkopf [107] und der Schesaplana [94] bekommt nur selten Besuch, obwohl der berühmte Liechtensteiner Höhenweg ihre Nordflanke quert. Von der Großen Furka erreicht man den

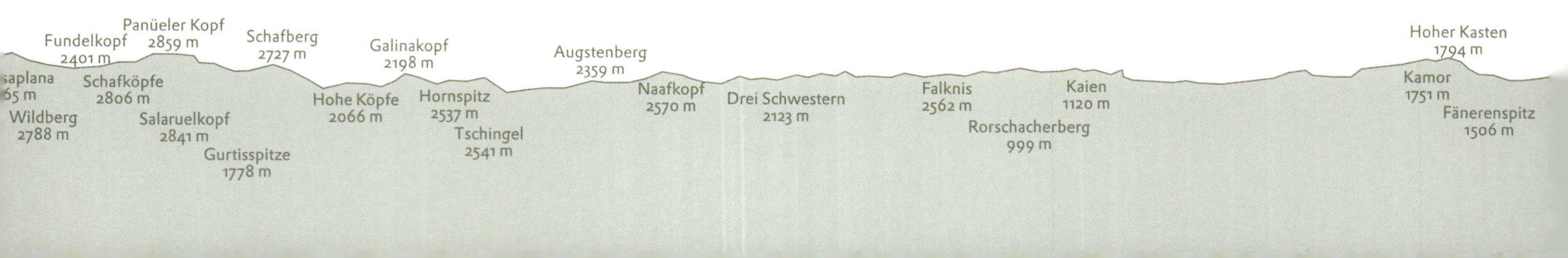

Galinakopf und Galinatal vom Weg zur Gampalpe.

Tschingel auf einem aussichtsreichen Grat- und Grenzgang, der zwar weglos aber einfach ist. Vom Nenzinger Himmel aus ist das eine prächtige Tagestour, die um die anspruchsvollere Besteigung des benachbarten Hornspitz erweitert werden kann.

AUGSTENBERG 106

2359 m, Rätikon, (A/FL, Malbun, Nenzinger Himmel)

Er ist der erste Gipfel im langen Seitenkamm, der beim Dreiländerberg Naafkopf [107] vom Rätikon-Hauptkamm nach Norden abzweigt und bei den Hohen Köpfen [102] und der Gurtisspitze [100] endet. Meist wird der Berg über seine schönen hohen Grate von Norden nach Süden zur Pfälzer Hütte (2108 m) überschritten. Wählt man Malbun in Liechtenstein als Ausgangspunkt, wird die Gratwanderung zum bequemen Höhenspaziergang, wenn man mit dem Sessellift auf den Kuhgrat 400 Höhenmeter einspart. Man bewegt sich durchgehend auf dem Gratrücken und genießt eine herrliche Umschau. Besonders mächtig zeigt sich das Schesaplanamassiv [94] mit dem Westbollwerk des Panüeler Kopfs [98]. Die zusätzliche Besteigung des Naafkopfs [107] mit seinem vielgerühmten Gipfelpanorama ist eine Option, die an einem Tag konditionell lösbar ist.

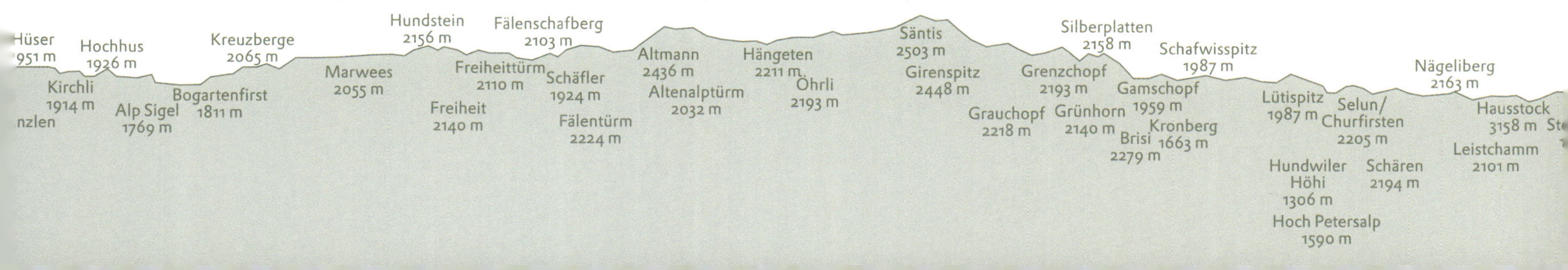

Abstieg vom Augstenberg [106] zur Pfälzer Hütte mit Blick zum Naafkopf.

NAAFKOPF 107

2570 m, Rätikon (A/CH/FL, Malbun, Nenzinger Himmel)

Die Grenzen dreier Staaten treffen exakt auf seinem Gipfel zusammen: Österreich, Schweiz und Liechtenstein. Doch nicht nur dieser Umstand macht ihn zu einem exklusiven und beliebten Ziel. Von der Pfälzer Hütte des Alpenvereins Liechtenstein am Bettlerjoch ist er auf einem markierten Steig unschwierig zu erreichen. Der Lohn an klaren Tagen ist eine umfassende Rundschau. Bezieht man in diese Unternehmung die Überschreitung des Augstenbergs ein, verbringt man viele Stunden auf aussichtsreichen Höhen und Graten.

Die Pfälzer Hütte ist Ausgangspunkt für den Liechtensteiner Höhenweg. Dieser hochalpine Steig mit seiner fantastischen Wegführung ist ein Teil des Rätikon-Höhenwegs und damit die Verbindung zur Mannheimer Hütte am Brandner Gletscher, der höchstgelegenen Unterkunft im Rätikon und zur Schesaplana [94], dem höchsten Gipfel der Gruppe.

DREI SCHWESTERN 108

2123 m, Rätikon (A/FL, Feldkirch, Frastanz, Vaduz)

Der vielgipflige westlichste Seitenkamm des Rätikons bildet die ostseitige Begrenzung des Alpenrheintals südlich von Feldkirch, ein Blickfang für alle Reisenden nach Süden. Vom Rhein bis zur Dreischwesternkette »erstreckt« sich das Fürstentum Liechtenstein, einer der kleinsten Staaten der Welt. Dass die Aussicht da oben

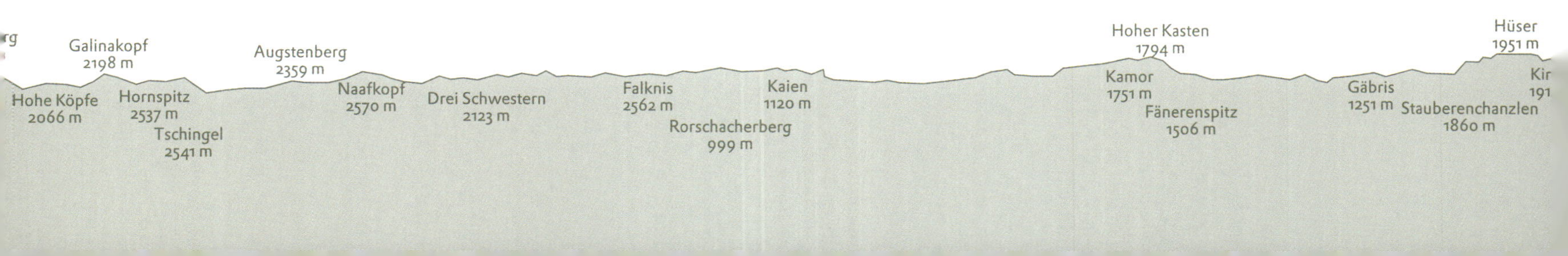

Blick von der Drei-Schwestern-Kette nach Süden zur Calanda und zum Ringelspitz (rechts).

besonders umfassend und vielgestaltig sein muss, lässt sich leicht erahnen. Zwei Weganlagen aus der Frühzeit der alpinen Erschließung, der Dreischwesternsteig und der Fürstensteig, beide bereits 1898 eingeweiht, vermitteln den Zugang zu den Graten und Gipfeln, unter anderem zum höchsten und zentralen Punkt der Kette, dem Kuhgrat. Die beiden Steige aneinander gereiht erlauben die Überschreitung des gesamten Kammes. Mal steigt man konzentriert über Abgründen und durch prächtige Felsszenerien, wie man sie aus den Dolomiten kennt, mal spaziert man unbeschwert auf Graten hoch über der Welt, die einem zu Füßen liegt. Das helle Band des Rheins lässt sich vom Talknie bei Sargans bis zur Mündung des Flusses in den Bodensee verfolgen.

Am schönsten sind hier oben die späten Herbsttage, wenn die Täler und die Menschenwelt im Nebelmeer versunken sind und man im klarsten Licht bei milden Temperaturen auf den hohen Klippen steht, weit, so weit über allem. Man schaut auf den weißen Meeresarm, auf das Schweizer Gebirge über seinem westlichen Ufer und hinaus zu den Landzungen im Norden, dort wo der Fjord im oberschwäbischen Ozean endet.

Der Name des Berges beruht auf einer Sage, nach der drei Mädchen aus Frastanz an einem Sonntag statt in die Kirche zum Beeren suchen gingen. Zur Strafe wurden sie in die drei Felssäulen verwandelt, die noch heute ihren Namen führen, der schließlich auf die ganze Kette übertragen wurde.

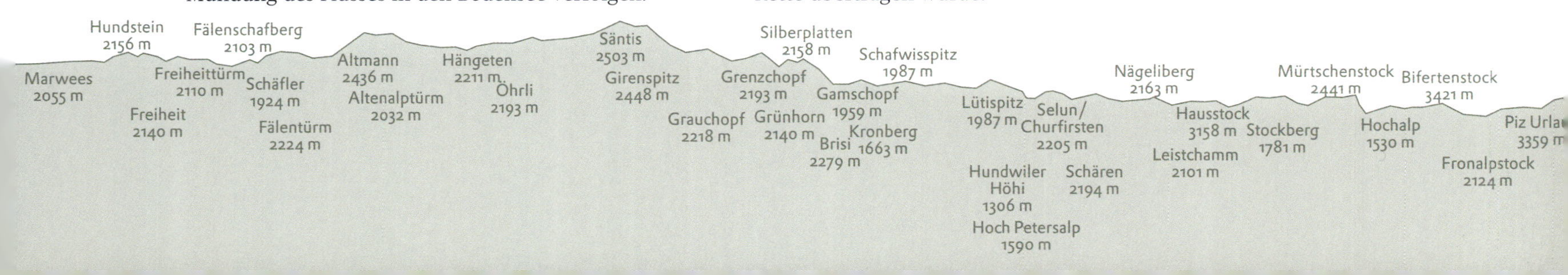

Appenzeller Häuser in Grub zwischen Rorschacherberg und Kaien.

FALKNIS 109

2562 m, Rätikon, (CH/FL, Triesen, Balzers, Maienfeld)

Viel angestaunt und wenig bestiegen: Millionen von Südlandfahrern schauen bewundernd zu dem Bergriesen hinauf, dessen Gipfel sich 2100 m über dem Rheintalknie und dem Autobahndreieck bei Sargans erhebt. Für die ans Südtiroler Überetsch erinnernden Weindörfer der Bündner Herrschaft (Fläsch, Maienfeld, Jenins, Malans) bildet der mächtige Eckpfeiler des Rätikon eine überdimensionale Schutzmauer gegen die kalten Nordwinde.

Den höchsten Punkt mit seiner fantastischen Aussicht muss man sich ehrlich erarbeiten, denn je nach Ausgangspunkt sind zwischen 1850 und 2100 Höhenmeter zu überwinden. Die Enderlinhütte des SAC, 1501 m hoch in der steilen Südflanke des Berges gelegen, ist da ein willkommener Stützpunkt. Trotz der Höhe des Berges ist der Gipfel von Süden oft schon im späten Frühjahr erreichbar, denn die der Sonne zugewandten, durchgehend steilen Hänge sind früh schneefrei. Für eine stilvolle Besteigung ab Haustüre drängt sich der Falknis geradezu auf. Die ebene Anreise vom See mit dem Fahrrad erfolgt durchgehend auf Radwegen, wobei man das hohe Ziel auf den letzten 20 km immer direkt vor sich hat.

RORSCHACHERBERG 110

999 m, Appenzeller Berge (CH, Rorschach, Heiden)

Nach dem Pfänder ist der Rorschacherberg die zweithöchste Erhebung direkt über dem See, doch er ist kein zweiter »Tausender«. Ein Meter fehlt ihm dazu. Seine sanften grünen Hänge sind die letzte Stufe, mit der das

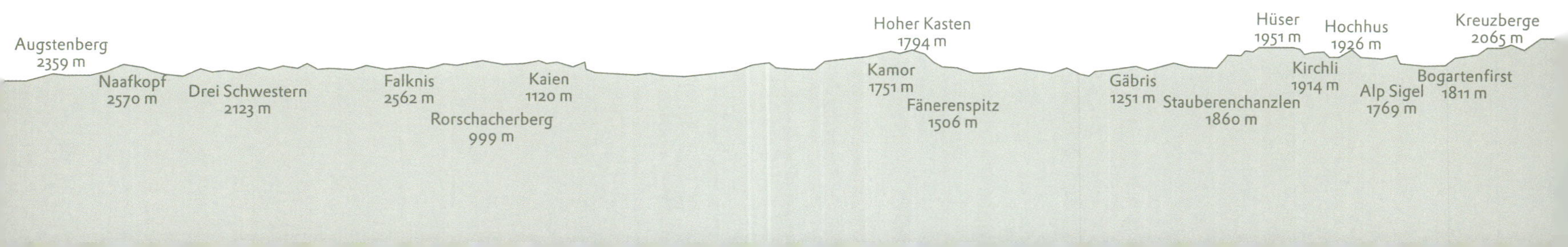

Heiden und die Mündung des Alten Rheins vom Anstieg auf den Kaien.

Gebirge zum See hinabsteigt. Am Schweizer Südufer umrahmt er die Stadt Rorschach und ihre weit geschwungene Bucht. Die Wanderung auf seinen Höhen gewährt neben dem erwarteten Alpenblick eine für den Norduferbewohner ganz ungewohnte Ansicht des Sees, denn der zeigt sich nicht mit der vertrauten Bergkulisse, sondern mit sanft gewelltem Land im Hintergrund, das sich irgendwo im Unbestimmten verliert. Ort an Ort ist drüben aufgereiht und es ist ein vergnügliches Spiel, die passenden Namen zuzuordnen.

Das über den ganzen Berg gespannte dichte Wanderwegnetz eröffnet eine Vielzahl an Kombinationen. Es ist etwas verwunderlich, dass man auf dem Rorschacherberg kaum deutschen Wanderern begegnet, stehen seine Hänge doch verlockend im Blickfeld der nördlichen Seeanwohner. Einen wunderschönen Ausflug inszeniert man, wenn man mit dem Linienschiff nach Rorschach fährt (oder außerhalb der Saison mit der Fähre nach Romanshorn und weiter mit der Bahn) und am Hafen in die Zahnradbahn nach Heiden umsteigt (siehe auch den Wanderhinweis beim Kaien [111]). Die Wanderung von Heiden oder der Station Wienacht-Tobel über den »Fünf-Länderblick« hinunter nach Rorschach ist ein bequemes und aussichtsreiches Vergnügen.

KAIEN 111

1120 m, Appenzeller Berge (CH, Heiden, Rehetobel)

Der Kaien oder Kaienspitz ist einer der vielen Erhebungen im Gewoge der Appenzeller Berge zwischen See und Säntis. Im Panorama vom See drängt er sich nicht auf, man muss ihn eher suchen. Bescheiden lugt seine grüne Kuppe hinter dem langen Rücken des Rorschacher-

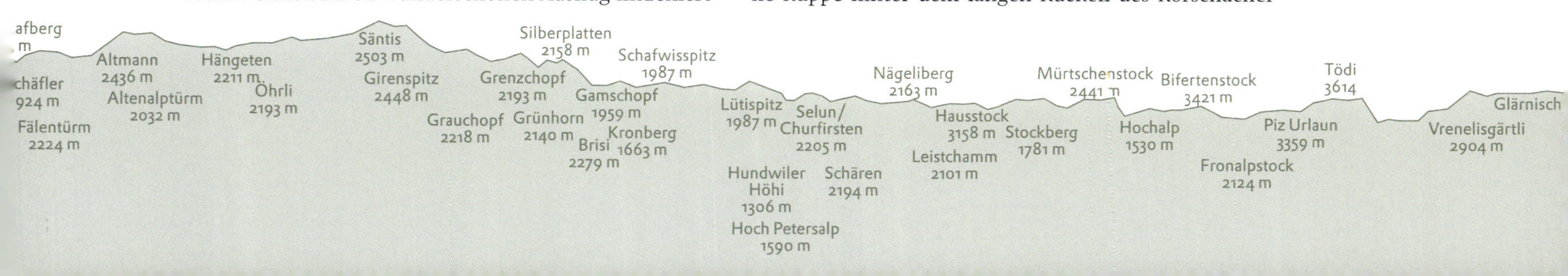

bergs [110] hervor. Obwohl auf seinem Gipfel ausnahmsweise kein Berggasthaus steht (dafür kurz darunter ein Naturfreundehaus und ganz oben eine Unterstandshütte), ist eine Wanderung auf den kleinen Berg sehr zu empfehlen, insbesondere, wenn man zur stilvollen Anreise das Schiff nach Rorschach nimmt und dort in die altehrwürdige Rorschach-Heiden-Bahn umsteigt, mit der die beiden Orte seit 1885 verbunden sind. Die einzige Zahnradbahn am Bodensee überwindet hinauf zum Luftkurort Heiden eine Höhendistanz von 400 Metern, wobei sich die Aussicht auf den See immer weiter entfaltet.

Heiden ist nicht nur wegen seiner Lage eine Perle unter den Orten im Bodenseeraum. Ein verheerender Brand am 7. September 1838 zerstörte nahezu die gesamte Ortschaft. Sie wurde einheitlich im klassizistischen Stil wiederaufgebaut und gilt als einmaliges Beispiel eines Dorfes aus der Biedermeierzeit. Der Gründer des Roten Kreuzes und Friedensnobelpreisträger Henry Dunant (1828–1910) verbrachte in Heiden seine letzten Lebensjahre.

Die Aussicht vom Kaien und vielen anderen Aussichtspunkten um Heiden auf den See, das Gebirge und über die Appenzeller Hügelwelt ist ungemein vielseitig und malerisch. Die nachstehende Unternehmung ist meiner Ansicht nach einer der schönsten kombinier-ten Tagesausflüge am See: Fähre nach Romanshorn, Bahn nach Rorschach, Zahnradbahn nach Heiden, Wanderung auf den Kaien, über Halten zum Rorschacherberg und auf dessen Nordostrücken hoch über dem See zur Bahnstation Wienacht-Tobel. Mit der Tageskarte Euregio Bodensee ist sie ein erschwingliches Vergnügen.

KAMOR 112

1751 m, Alpstein (CH, Appenzell/Brülisau, Rüthi/Rheintal)

Der um 43 m niedrigere Nachbar des Hohen Kasten [113] – man könnte die beiden auch als Bergpaar bezeichnen – findet nur wenig Beachtung. Stiller sind deshalb die Wege zum Gipfel, von dem man nahezu dieselbe Umschau wie nebenan genießen kann, ohne dafür den dort häufig herrschenden Trubel in Kauf nehmen zu müssen. Bis in die intimsten Falten und Winkel hinein lässt sich der Alpstein studieren und auf der anderen Seite, jenseits des tiefen Rheintalgrabens, kann man prüfen, wie viele der Vorarlberger Gipfel man zu identifizieren vermag.

HOHER KASTEN 113

1794 m, Alpstein (CH, Appenzell/Brülisau, Sennwald/Rheintal)

Zusammen mit dem Kamor bildet der Hohe Kasten den östlichen Eckpfeiler des Alpsteins 1400 m über dem Rheintal, leicht identifizierbar vom Bodensee wegen des riesigen Sendemastens auf dem Gipfel. Die meisten Besucher des berühmten Aussichtsbergs schweben in wenigen Minuten mit der Seilbahn herauf. Der Anstieg von Brülisau über den benachbarten Kamor ist eine aussichtsreiche und überraschend ruhige Wanderung. Oben ergeht es einem ähnlich wie auf dem Säntis [134] und man tut gut daran, über gewisse Dinge hinweg zu sehen. Man ist auch nicht auf das sich unentwegt um die eigene Achse drehende Restaurant angewiesen, um das wahrhaft großartige Panorama betrachten zu können. Dies schafft man auch mit einer einfachen Körperdrehung!

Am Hohen Kasten beginnt der geologische Wanderweg hinüber zur Saxer Lücke, der auf und in der Nähe des Kammes verläuft und darum ein großes Schauvergnügen ist. Auf zahlreichen Informationstafeln ist die Entstehung des faltenreichen Alpsteins dargestellt und mit dem Objekt vor Augen lassen sich die erdgeschichtlichen Vorgänge nachvollziehen. Supplementgipfel an diesem Weg sind die Stauberenchanzlen [116] und die Hüser [117], beide nur selten besucht, obwohl sie mit nur wenig zusätzlichem Aufwand bestiegen werden können.

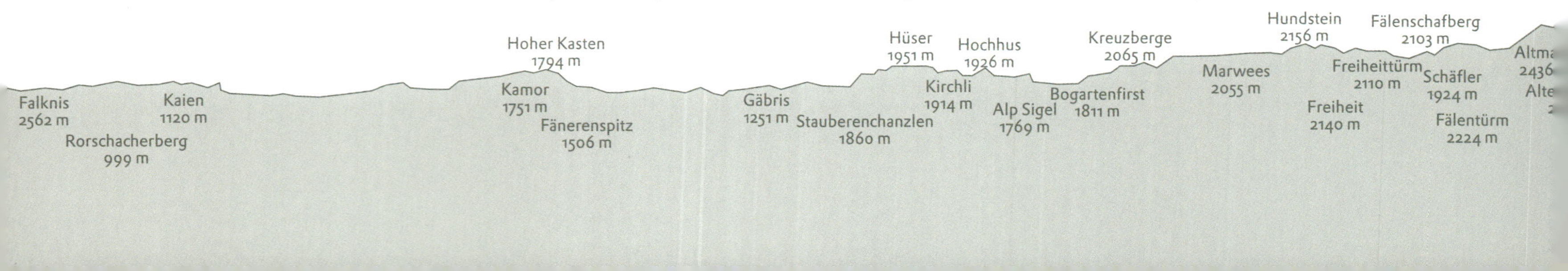

Vom Hohen Kasten zur Saxer Lücke. Hinten (von links) Altmann [130], Hundstein [124] und Säntis [134].

FÄNERENSPITZ 114

1506 m, Alpstein (CH, Appenzell, Steinegg, Brülisau)

Die Appenzeller bezeichnen die schöne grüne Pyramide mit ihren sanften Abhängen als Hügel, so wie sie das mit ihren anderen voralpinen Bergen auch tun. Das ist zwar gehörig untertrieben, angesichts des alles überragenden Säntis und seiner wilden Trabanten gleichwohl aber nachvollziehbar.

Die Besteigung des Fänerenspitz ist ein beschaulicher längerer Panoramaspaziergang, auch im Winter mit Ski ein unbeschwertes Vergnügen. Wie in ein aufgeschlagenes Buch schaut man in die beiden engen Alpsteintäler hinein, die von den drei parallel verlaufenden Bergketten regelrecht zusammengepresst werden. Die Sonnenterrasse des Berggasthauses Eggli bietet die idealen Bedingungen zur Vertiefung der Studien.

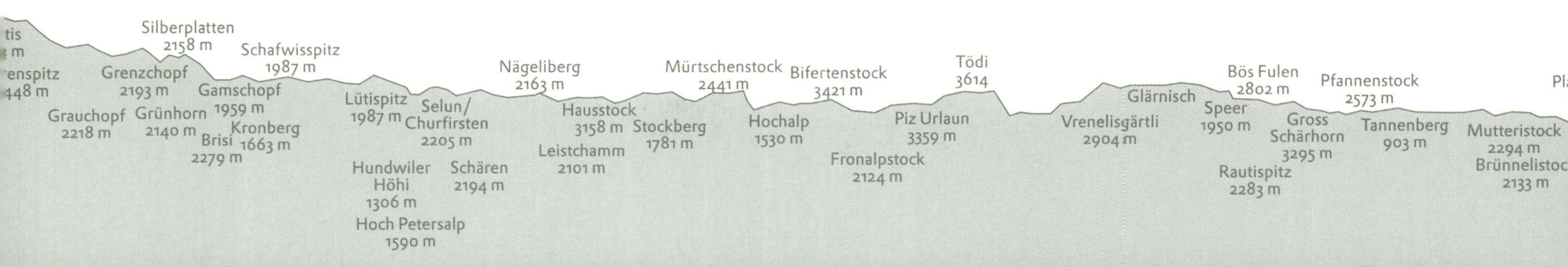

GÄBRIS 115

1251 m, Appenzeller Berge (CH, Trogen, Gais)

Wenn auch im Alpenpanorama vom See kaum von den umliegenden Höhen zu unterscheiden, ist der Gäbris doch einer der schönsten Aussichtsberge im Bereich zwischen See und Alpen. Von seinem Gipfel, den, wie es sich im Appenzellerland gehört, ein Berggasthaus ziert, hat man einen wunderschönen, ungemein vielseitigen Rundumblick. Dessen Glanzstück ist der Alpstein mit seinen drei parallel verlaufenden Kämmen, die im Säntis [134] und Altmann [130] kulminieren. Über dem Rheintal ist die herrliche Parade der Vorarlberger Berge aufgestellt und draußen glänzt der Bodensee.

Eine Bergfahrt wie ein Gesamtkunstwerk bringt man zustande, wenn man mit der Fähre über den See nach Romanshorn und weiter mit der Bahn nach St. Gallen fährt. Dort steigt man um in die rote Trogenerbahn, die beim Durchqueren der Stadt zunächst Tram spielt, um sich dann in eine Bergbahn zu verwandeln, die sich auf schmaler Spur nach Trogen hinaufarbeitet. Das ist der kleine historische Hauptort des Kantons Appenzell-Außerrhoden mit einem ganz unerwarteten städtischen Gepräge. Um den zentralen Platz stehen wie Fremdkörper in dieser Umgebung riesige Paläste und eine Kirche, deren Fassade auch in Rom eine gute Figur machen würde. In gemütlicher Wanderung überquert man den Gäbris in nord-südlicher Richtung nach Gais. Dieses Dorf verblüfft gleichermaßen. Reihen weißer Häuser mit geschwungenen Giebeln, beschwingte, heitere Leichtigkeit überall. Wie in Heiden ist das Ortsbild das glänzende Resultat eines einheitlichen Wiederaufbaus nach einem Dorfbrand, verursacht durch einen Föhnsturm am 18.9.1780. Mit der ebenfalls roten und schmalspurigen Appenzeller Bahn geht es zurück nach St. Gallen. Vielleicht bleibt sogar noch Zeit zu einem Rundgang durch diese schöne Stadt und zu einem Besuch des Klosterbezirks, den die UNESCO zum Weltkulturerbe erklärt hat.

STAUBERENCHANZLEN 116

1860 m, Alpstein (CH, Brülisau / Appenzell, Frümsen / Rheintal)

Zwischen dem Hohen Kasten [113] und den Kreuzbergen [122] sind dem First der südlichen Alpsteinkette eigenartige Felsköpfe aufgesetzt, die vom See gesehen das Bild eines etwas ruinösen Unterkiefers abgeben. Der berühmte Höhenweg vom Hohen Kasten zur Saxer Lücke und zum Berggasthaus Bollenwees am Fälensee (einem der schönsten Bergseen der Alpen!) führt nordseitig unter der Zahnreihe vorbei. Sie beginnt links im Osten mit der Stauberenchanzlen (= Kanzel), einem scharfen Eckzahn, der höchst eindrücklich über dem Berggasthaus Stauberen (1745 m) steht. Die im Kammverlauf des Furgglenfirsts nach Südwesten folgenden Gipfel Hüser [117], Kirchli [118] und Hochhus [119] bilden eine Folge gigantischer Stockzähne, die nur ganz selten bestiegen werden.

Am ehesten erhält noch die Stauberenchanzlen Besuch, allerdings nur von Berggängern, die sich von dem kleinen Gipfelfelswändchen nicht abschrecken lassen. Es wird in einer kurzen Turnerei überwunden, die durch ein paar Eisenstifte erleichtert wird. Die Aussicht von der Kanzel ist spektakulär und derjenigen vom Hohen Kasten ebenbürtig, mit dem entscheidenden Vorteil, dass man die Schönheit der Welt hier völlig allein genießen kann. Man schaut hinaus zum See und über das Rheintal, das sich 1400 m weiter unten ausbreitet, hinweg zu den Bergzügen Vorarlbergs und Graubündens. Im Westen ist der innere Bezirk des Alpsteins aufgebaut, ein Gebirgsbild von wilder Schönheit – Bergraumharmonie in Vollendung. Den Briefkasten der Schweizer Post, der früher am Berggasthaus Stauberen hing und wegrationalisiert werden sollte, hat der Wirt im oberen Teil der Felswand der Chanzlen befestigt, von unten als gelber Punkt erkennbar. Die Schweizer Medien hatten ihre Freude damit.

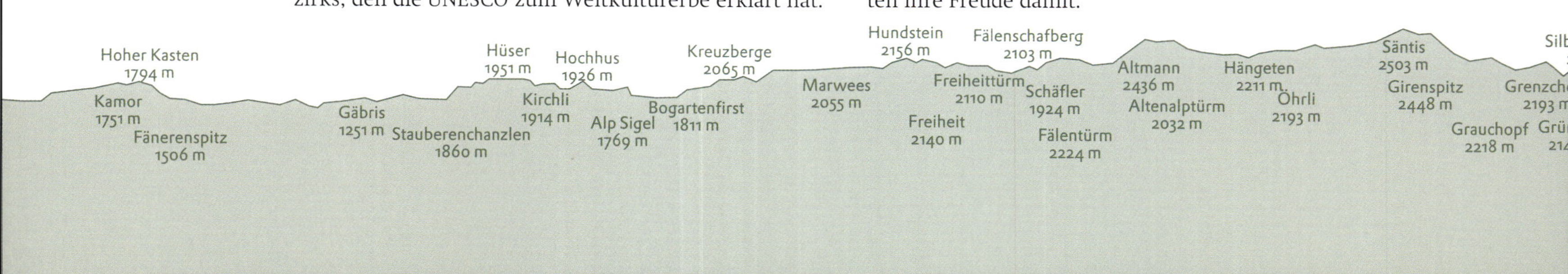

HÜSER 117

1951 m, Alpstein (CH, Brülisau/Appenzell, Frümsen und Sax im Rheintal)

»Die weitauslugende Felsenzinne der Hüser wird erst seit wenigen Jahren dann und wann von eines Wanderers Fuß betreten, der den seltenen Genuss einer echten, weihevollen Bergstimmung und Bergeinsamkeit zu schätzen weiß.« Diese Charakterisierung im Säntisführer von 1904 gilt ohne Einschränkung mehr als 100 Jahre später immer noch. Und dies, obwohl unzählige Menschen auf dem beliebten Höhenweg vom Hohen Kasten [113] zur Saxer Lücke und zur Bollenwees nur wenig unterhalb der beiden Stockzähne vorbeigehen. Man muss nur in Falllinie unterhalb der Bresche zwischen den zwei Klötzen den Weg verlassen und den Hang hoch steigen. Den schmalen Pfad, der auf das mit Legföhren (Latschenkiefern) bewachsene Plateau führt, wird man schnell finden. Die großartige Aussicht von dem winzigen Hochplateau mit seinen zernagten Kalkfelsen wird man definitiv allein genießen und man kann sich dabei in aller Seelenruhe Gedanken zum Thema »Übererschließung der Alpen« und zum Verhalten der bergsteigenden Zeitgenossen machen. Ein wenig klammheimliche Freude über den gelungenen Coup darf dabei mitschwingen, denn so nahe über dem berühmten Geologischen Wanderweg hätte man so viel »Bergstimmung und Bergeinsamkeit« nicht erwartet.

KIRCHLI 118

1914 m, Alpstein (CH, Brülisau/Appenzell, Sax/Rheintal)

Dieser Felsklotz, einer der Backenzähne auf dem Kamm des Furgglenfirsts, wird wegen seiner schwierigen Erreichbarkeit (Legföhrendickichte!) kaum je bestiegen. Angesichts der einfacheren Nachbarzacken Hüser [117] und Stauberenchanzlen [116] und der herrlichen Aussicht von ihren Gipfeln ist dies kaum zu bedauern.

Am Beginn der Hüser Gipfelschlucht.

HOCHHUS 119

1926 m, Alpstein (CH, Brülisau/Appenzell, Sax/Rheintal)

Seiner Form wegen wird dieser Stockzahn im Kiefer des Furgglenfirsts auch Amboss genannt. Bestiegen wird er nur von Leuten, die laut SAC-Führer »eine kraftraubende Turnerei einen Meter oberhalb des Bodens durch das Geäst von Legföhren« nicht scheuen, ganz selten also. Die wesentlich leichter erreichbaren Nachbarzähne Hüser [117] und Stauberenchanzlen [116] bieten nahezu die gleiche Gipfelschau und auch dort wird man sie kaum mit Anderen teilen müssen.

ALP SIGEL 120

1769 m, Alpstein (CH, Appenzell, Wasserauen, Brülisau)

Ein Berg mit zwei Gesichtern. Während er nordseits mit seinen steilen Abbrüchen und der aufgesetzten, fast

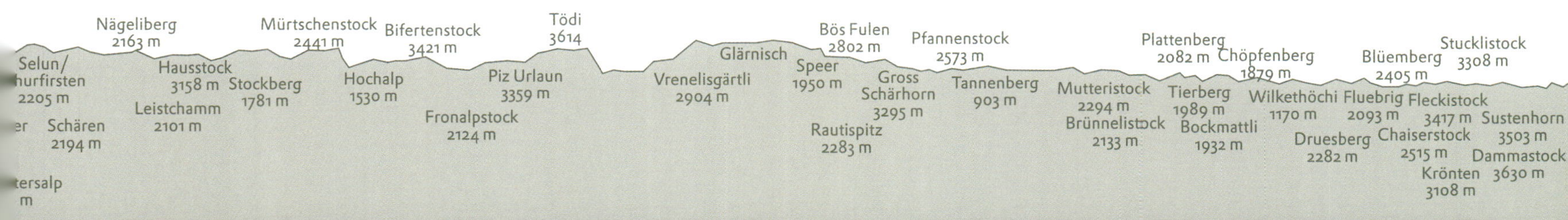

Das Hochplateau der Alp Sigel. Zu erkennen sind noch Altmann [130], Säntis [134], Schäfler [128] und außen rechts der Kronenberg [142].

3 km langen Felsmauer eine abweisende Erscheinung ist, bildet die Südseite ein flaches grünes Pultdach, auf dem sich die namengebende Alp ausdehnt. Von Norden erreicht man den First auf einem markierten Steig durch eine Bresche in der großen Mauer mit der verniedlichenden Bezeichnung »Zahme Gocht«.

Es ist herrlich, weglos der Abbruchkante entlang zu schlendern und sich in das Studium der fantastischen Formenwelt und der komplizierten Struktur des Alpsteins mit seinen drei parallel gestellten Bergkämmen zu vertiefen. Es gibt dazu kaum einen besseren Ort als hier am Ende der mittleren Kette, auch kaum einen idyllischeren als auf diesen Hochwiesen. Im Sommer wird man von einer Kuhglockensinfonie begleitet.

Bezüglich des Weiterwegs steht man einmal mehr vor der üblichen »Alpsteinproblematik«, die aus der Vielgestaltigkeit dieses kleinen Gebirges resultiert. Es erweckt den Eindruck, als sei es zusammengeschoben worden: Für welche der sich anbietenden Möglichkeiten soll man sich entscheiden? Soll man es bei einer kleinen Runde belassen und übers Berggasthaus Plattenbödeli nach Brülisau hinabgehen? Oder soll man hinüber zum Bogartenfirst [121] und durch sein Felsenfenster schauen? Oder gar noch die Marwees [123] dranhängen, und sich so eines der schönsten Graterlebnisse weitum erwandern? Der Alpstein macht es einem auf eine wunderbare Art schwer, denn die ungeheure Vielfalt offeriert Varianten wie keine andere Gebirgsgruppe.

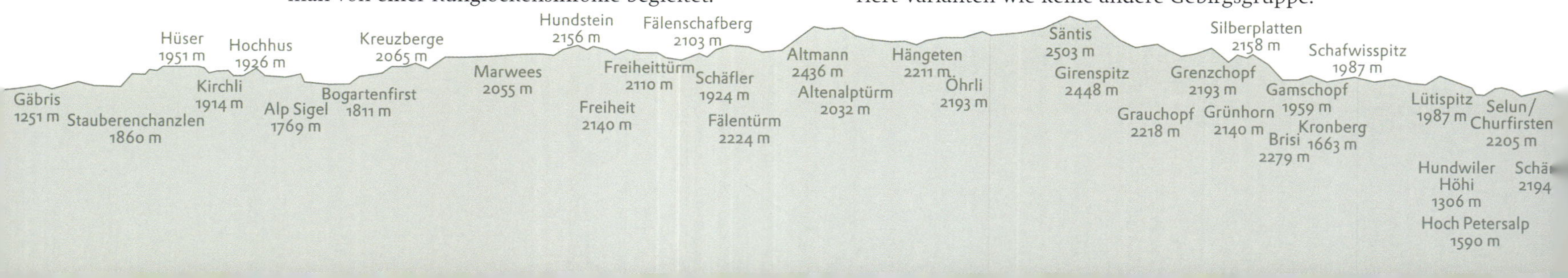

Die Kreuzberge vom Mutschensattel. Dahinter das Rheintal und die Berge Vorarlbergs.

BOGARTENFIRST 121

1811 m, Alpstein (CH, Appenzell, Wasserauen)

Es passiert sicher selten, dass jemand den Bogartenfirst (vom See gesehen ein Felstrapez) als Ziel auswählt. Kein Weg führt auf den struppigen, mit Legföhren (Latschenkiefern) zugewachsenen Gipfel. Ich habe einst ein paar Meter unter dem höchsten Punkt zerkratzt im Dickicht aufgegeben und werde von weiteren Versuchen Abstand nehmen. Man sollte den Berg keineswegs ignorieren, denn er hat etwas ganz Besonderes zu bieten, ein verstecktes Naturschauspiel, das man ganz ohne Verletzungen erreichen kann. Es ist ein Felsenfenster am Ostgrat, durch das man zu einem eingerahmten Stück Bodensee hinaus schauen kann. Diesen Blick kann man als spektakulären Schlusspunkt hinter den Hochspaziergang über die Alp Sigel setzen.

KREUZBERGE 122

2065 m, Alpstein (CH, Appenzell/Brülisau, Sax/Rheintal)

Ein Hauptkennzeichen des Alpsteins ist die unglaubliche Vielfalt der Bergformen auf engstem Raum. Den Schönheitspreis wird man bedenkenlos der bizarren Reihe der acht Kreuzberge zuerkennen, wobei im Friedrichshafener Panorama lediglich die Nummern I und II zu sehen sind. Sie bilden ein Miniaturgebirge rein dolomitischen Gepräges. Der erste »Illustrierte Touristenführer für das Säntisgebiet« von 1904 spricht von einem »Landschaftsbild von fremdartiger Wildheit und dämonischer Felsen-

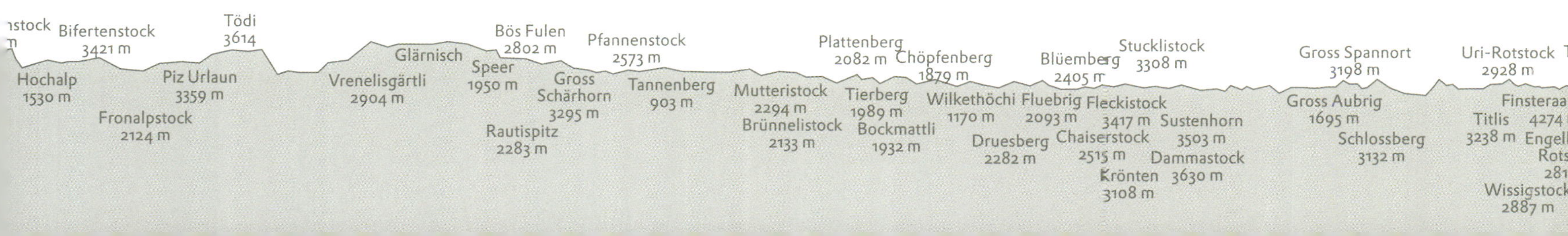

Auf dem Grat des Marwees. Links der Altmann [130], in der Mitte der Säntis [134].

pracht«. Und weiter: »Dicht vor uns starren aus den grünen Weidegründen der Roslenalp nackt und kahl, in abweisender Schroffheit und Größe, die zerborstenen Mauern und Türme des Kreuzbergmassivs empor. Man glaubt zu träumen oder durch Zauberhand in eine südtirolische Dolomitenlandschaft versetzt zu sein.« So geht es einem in der Tat angesichts dieses Kleinods der Bergarchitektur.

Bei den Kletterern genießen die Kreuzberge einen vorzüglichen Ruf, groß ist die Zahl von exponierten Routen im festen Fels. Hier wurde Klettergeschichte geschrieben. Für den erfahrenen Wanderer sind allenfalls die Gipfel III, IV und VIII auf anspruchsvollen Anstiegen mit leichteren Kletterpassagen zugänglich. Den schönsten Blick auf das Miniaturgebirge gewährt die benachbarte Wiesenpyramide des Mutschen und der Roslenfirst gegenüber, beide auf einfachen Wegen erreichbar.

MARWEES 123

2055 m, Alpstein (CH, Appenzell/Wasserauen)

Dieser eigenartige Berg in der mittleren der drei Alpsteinketten, der in breiter Front mit einer ungemein steilen, von Felsbändern durchzogenen Flanke zum Seealpsee abbricht, steht nicht im Ruf, etwas Außergewöhnliches zu sein. Wer aber einmal das großartige Vergnügen hatte, auf dem grünen, 1,5 km langen Dachfirst entlang zu schreiten und dabei in eine Art Flugrausch zu geraten, der wird diese Unternehmung zu den schönsten im Bereich der Seeberge zählen. Seltsam nur, dass so wenige darum wissen. Drei Voraussetzungen muss man allerdings mitbringen für die Überschreitung der Marwees: Eine ordentliche Kondition, denn ab Wasserauen sind 1200 Höhenmeter zu überwinden, einen sehr sicheren Tritt und einen gelassenen Umgang mit schwindelerregenden Tiefen.

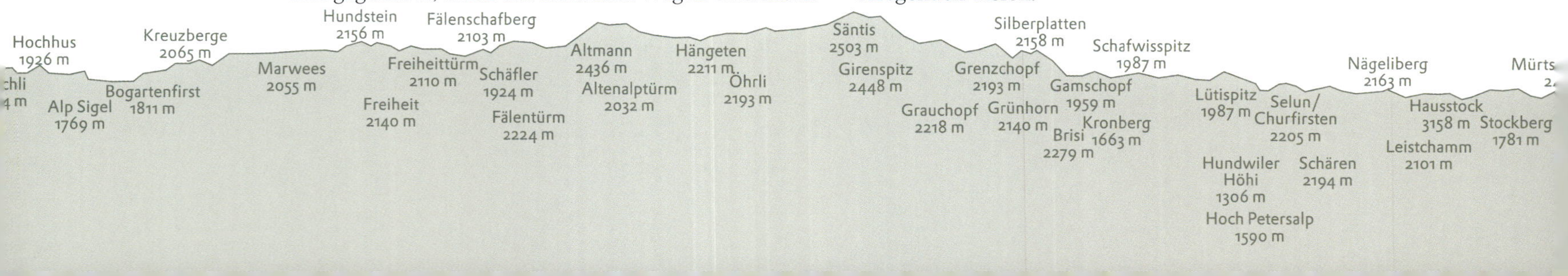

Das Berggasthaus auf dem Schäfler. Über dem Haus der Hohe Kasten [128].

HUNDSTEIN 124

2156 m, Alpstein (CH, Brülisau/Appenzell)

Das Zentralstück der mittleren Kette von den Widderalpstöck zum Altmann [130] ist der wildeste Teil des Alpsteins mit in den Himmel ragenden, zerklüfteten Felstürmen, -nadeln und -festungen. Vom Bodensee aus sind sie schwer zu entschlüsseln, denn nur bei günstigstem Licht ist erkennbar, welcher Zacken im Säntismassiv zur nördlichen, mittleren oder südlichen Kette gehört. Meist erweckt der Alpstein den Eindruck eines einheitlichen Gebirgszugs.

Fast alle Gipfel im Herzen der Gruppe bleiben für den Wanderer unzugänglich. Eine erfreuliche Ausnahme bildet ausgerechnet die höchste Erhebung zwischen Alp Sigel [120] und Altmann [130], der Hundstein. Man mag kaum glauben, dass durch das südseitige Gelände mit steilsten Wiesen und Felsabbrüchen ein Weg verläuft. Ausgangspunkt der rasanten Besteigung, für die Trittsicherheit und ein souveräner Umgang mit schwindelerregenden Abgründen zwingende Voraussetzungen sind, ist das Berggasthaus Bollenwees oder die Hundsteinhütte des SAC, die beide etwas erhöht über dem Fälensee stehen. Er zeigt das Idealbild eines Fjords und gehört gewiss zu den schönsten Bergseen der Alpen. Das schmale und lang gezogene Gewässer ist förmlich in das enge Tal gepresst, in das die lotrechten Felsflanken hineinschießen.

FREIHEIT 125

2140 m, Alpstein (CH, Brülisau/Appenzell)

Weil eine Bresche den riesigen Felsklotz des Hundsteins im wilden mittleren Alpsteinkamm in zwei Teile spaltet, hat auch der westliche, etwas niedrigere Teil des Berges einen Namen bekommen, einen stolzen dazu: Freiheit. Im Gegensatz zum Hundstein führt auf die Freiheit kein Weg. Vom Hundsteingipfel ist sie durch die Kluft in mäßig schwieriger Kletterei erreichbar.

FREIHEITTÜRM 126

2110 m, Alpstein (CH, Brülisau/Appenzell)

Die dekorativen Felszacken im Grat zwischen Hundstein und Altmann sind für Wanderer nicht erreichbar und von den Kletterern werden sie wegen ihrer brüchigen Felsen verschmäht.

FÄLENSCHAFBERG 127

2103 m, Alpstein (CH, Brülisau/Appenzell)

Dieser neben den Fälentürm [129] stehende Zacken ist im Gegensatz zu seinen verwegenen Nachbarn in der Kette zwischen Hundstein und Altmann ausnahmsweise verhältnismäßig leicht erreichbar, sofern man ein Freund von weglosem Steilgelände, extrem abschüssigen Wiesenhängen und Bergeinsamkeit ist.

SCHÄFLER 128

1924 m, Alpstein (CH, Appenzell/Weißbad und Wasserauen)

Der Alpstein ist reich an fantastischen Aussichtsgipfeln und an Berggasthöfen in traumhaft schöner Lage. Auf

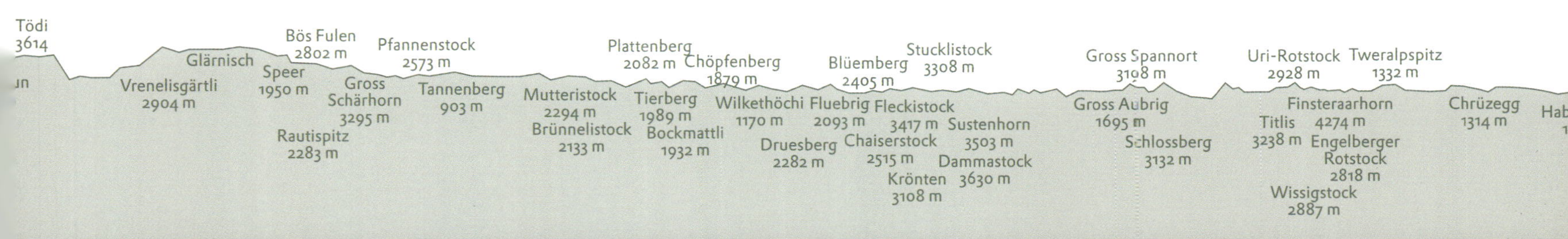

Fälentürm vom Löchlibettersattel. Hundstein [124] in der Mitte und Marwees [123] dahinter.

ideale Weise vereint der Schäfler diese beiden Vorzüge, denn unmittelbar unter dem höchsten Punkt steht seit 1914 das Gasthaus in einzigartiger Panoramaposition. Vom See aus ist er kaum als eigenständiges Gebilde zu identifizieren, da er mit den etwas höheren Bergen in der Reihe dahinter scheinbar zu einer Einheit verschmolzen ist. Der Schäfler ist ein dankbares eigenständiges Gipfelziel, aber auch Zwischenziel oder nach einer Nacht im Berggasthaus gar Ausgangspunkt für die Besteigung des Säntis auf einem großartigen Steig voller ständig wechselnder Hochgebirgsbilder (näheres dazu siehe Säntis [134]).

Ausgangspunkte für die Besteigung sind Weißbad und Wasserauen, beide erreichbar mit den roten Zügen der Appenzeller Bahnen, die wie Spielzeugeisenbahnen durch das Bergland kurven. Ab Wasserauen verkürzt die Gondelbahn zur Ebenalp den Schäfleranstieg zwar ganz erheblich, doch man verpasst eine spektakuläre Sehenswürdigkeit, wenn man von der Bergstation direkt zum Schäfler ansteigt. Gemeint ist das Wildkirchli mit der gleichnamigen Höhle unter der Ebenalp am Fuß einer senkrechten Felswand und hoch über den Abgründen. Hier ist die Fundstätte der ältesten menschlichen Spuren in Bodenseeraum. Während einer wärmeren Zwischenphase der letzten Eiszeit, vor etwa 40 000 bis 30 000 Jahren lebten hier den Sommer über Menschen, während im Winter Bären Schutz in der Höhle suchten. In der kleinen Höhle nebenan lebten bis 1853 Eremiten. Die in den Fels hinein gebaute Kapelle ist noch heute eine Wallfahrtsstätte. Viktor von Scheffel hat ihr in seinem Roman »Ekkehard« ein verklärendes Denkmal gesetzt. Das uralte Wirtshaus Äscher (1454 m) im Schutz

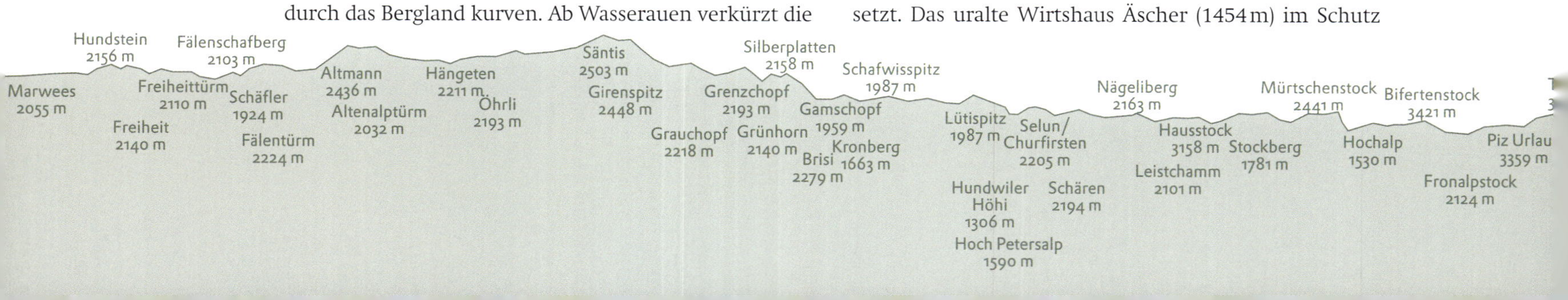

der überhängenden Felswand gleich daneben ist gewiss einer der exklusivsten Gastronomiestandorte der Alpen (siehe dazu auch unter Säntis [134] den Abschnitt »Zu Fuß vom See auf den Säntis«).

FÄLENTÜRM 129

2224 m, Alpstein (CH, Brülisau/Appenzell)

»Fal« war im Althochdeutschen das Wort für abfallendes Gelände. Prägnanter und zutreffender kann man die Verhältnisse in der mittleren Alpsteinkette zwischen Hundstein [124] und Altmann [130] nicht bezeichnen. Hier ist es überall fürchterlich abschüssig, nirgends gibt es einen ebenen Fleck. Vor dem riesigen Altmann, der das Prinzip der Reihe verlässt und sich quer stellt, bilden die drei Fälentürm ein kompaktes Felsmassiv. Wandert man auf der außergewöhnlich schönen Route vom Fälensee zum Altmannsattel, betritt man oberhalb der Hütten von Häderen (1738 m) eine wilde Steinwelt von strenger Schönheit. Die Südfront der Fälentürm mit ihrer hellen, reich gegliederten Felswand und der Riesenklotz des Altmanns bilden dabei die großartige Kulisse.

Auf keinen der Türme gibt es einen einfachen Anstieg und erst recht keinen Weg. Steht man bei der erwähnten Wanderung am Löchlibettersattel (2162 m) und besieht sich die kirchturmdachsteilen Grasflanken und Felsschrofen des höchsten Fälenturms, wird man es möglicherweise (wie ich selbst) bei der bewundernden Betrachtung belassen.

ALTMANN 130

2436m, Alpstein (CH, Appenzell, Urnäsch, Wildhaus)

Der Altmann teilt das Schicksal vieler Alpsteinberge, die oft nur als Beiwerk des Säntis [134] (näheres zum Alpstein siehe dort) wahrgenommen werden. Verdient hat er das gewiss nicht. Der mächtige Felsklotz überragt als zweithöchste Erhebung der Gruppe deutlich seine Umgebung und bildet den geografischen Mittelpunkt

Der Altmann vom Chreialpfirst.

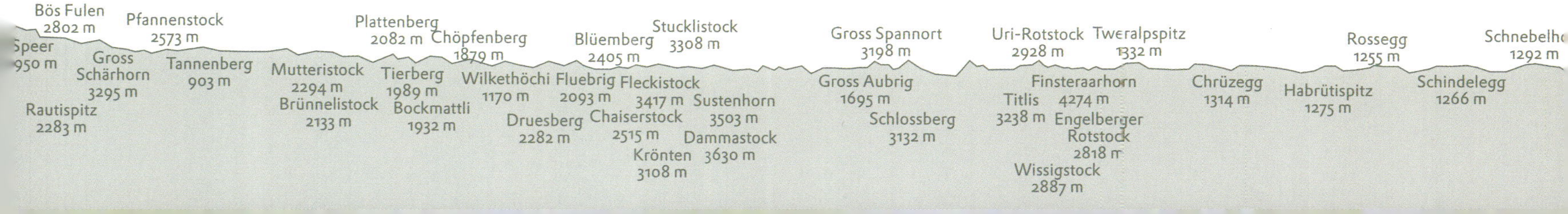

des kleinen Gebirges. Der Säntis ist ihm zwar an Höhe überlegen, nicht aber an Schönheit der Gestalt. Ganz gleich, wo man auf den Höhen des Alpsteins unterwegs ist, immer ist die mächtige Erscheinung des Altmanns im Blickfeld, je nach Standort mal als Kastell, mal als kühne Felsnadel. Im Panorama vom Bodensee ist es sein Schicksal, dem Säntis den Anschein eines Doppelgipfels zu geben und damit dessen Ruhm zu vermehren, statt sein eigenes Renommee zu fördern.

Alpsteinfreunde wissen natürlich um seine Bedeutung und erweisen ihm die gebührende Referenz. Wie es sich für einen Berg seines Rangs gehört, ist die Besteigung nicht ganz einfach. Um sie genießen zu können, sollte man zumindest über einfache Kletterfähigkeiten verfügen. Die ausgesetzten Felspassagen tragen indessen zu den abgehobenen Gipfelfreuden bei, die man hier viel ursprünglicher erleben darf als auf dem zubetonierten Haupt des Säntis.

ALTENALPTÜRM 131

2032 m, Alpstein (CH, Appenzell, Wasserauen)

Die drei nur für Kletterer erreichbaren Felstürme bilden die eindrückliche Kulisse im ersten Teil des Säntisanstiegs von der Ebenalp und vom Schäfler [128]. Die senkrecht hochgestellten Schichtungen lassen die ungeheuren Kräfte erahnen, die bei der Auffaltung des Alpsteins gewirkt haben. In der Gipfelschau vom Schäfler entlang der gigantischen Abstürze zum Säntis [134] bilden die Altenalptürme den dekorativen Mittelgrund.

HÄNGETEN 132

2211 m, Alpstein (CH, Appenzell, Wasserauen)

Besteigt man den Säntis [134] von der Ebenalp über den Schäfler [128], kommt man durch die Öhrligrueb, einen nach Norden offenen Bergkessel hoch über dem Bodensee, der von ferne heraufschimmert. Auf einer Länge von 1,5 km ist die Grueb nach Süden abgeschirmt durch die helle Wandflucht der Hängeten. Für Wanderer ist deren Dachfirst nicht erreichbar und Kletterer verschmähen den brüchigen Fels. Bescheiden leistet der Berg dennoch einen entscheidenden Beitrag zum Gesamtbild der Öhrligrueb und damit zu einem faszinierenden Hochgebirgsszenario, abgehoben über den unabsehbaren Weiten, die sich nach Norden hin ausbreiten.

ÖHRLI 133

2193 m, Alpstein (CH, Urnäsch/Schwägalp, Appenzell/Wasserauen)

Mit kühnem Schwung tritt das Öhrli als mächtiger Felszacken aus der Alpstein-Nordkette heraus und steht vorwitzig über den Abgründen, ins offene Alpenvorland hinaus horchend. Erfahrenen Berggängern bereitet die Besteigung mit Klettereinlage ab dem Öhrlisattel (2119 m), über den der sagenhaft schöne Säntisanstieg vom Schäfler [128] führt, keine ernsthaften Schwierigkeiten. Den Abstecher sollte man sich schon wegen der Tiefblicke und der Schau zur nahen Nordkette nicht entgehen lassen.

Wie hebet der Säntis silberklar in
Himmlischer Ruh
Die gewaltigen Schultern
Eduard Mörike, Idylle vom Bodensee

SÄNTIS 134

2503 m, Alpstein (CH, Appenzell/Wasserauen, Urnäsch/Schwägalp, Wildhaus)

Unser Säntis

Mit unmissverständlicher Geste, der dennoch jede Aufdringlichkeit fehlt, dominiert der Säntis die Bodenseelandschaft, ist er ihr zentraler Blickpunkt. Weich und zerfließend sind die Formen der Landschaft um den See, der Säntis ist das Feste, Unumstößliche, das ganz Andere. Er sprengt den Rahmen und fügt dennoch das entscheidende Element in das Bild ein, das uns als großar-

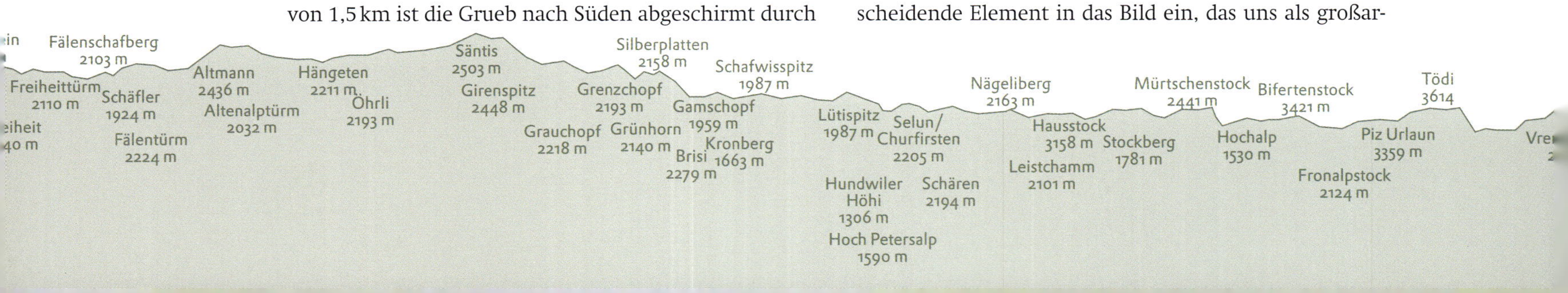

Säntis und Altmann [130] aus der Nähe von Sulzberg im Vorderen Bregenzerwald.

tige Einheit erscheint. Unser Säntis. Dank ihm ist für viele Menschen am Bodensee der Blick über das große Wasser auf den großen Berg die schönste Ansicht der Welt.

Die lange Reihe der vom See zu sehenden Alpengipfel setzt sich aus mehreren hundert Bergen zusammen, von denen manche berühmte Namen tragen, doch nur den Säntis kennen alle und nur ihn allein vermögen die meisten zu identifizieren. Dass er vom nördlichen Seeufer und dem Land dahinter gesehen die alles überragende Berggestalt ist, liegt an seiner vorgeschobenen Position und natürlich an seiner Höhe, die mit 2503 Meter über dem Meer vermessen ist. Sein Gipfel befindet sich damit 2100 Meter über dem Wasserspiegel des Bodensees. Kein anderer Gipfel in Seenähe ist annähernd so hoch wie er. Die riesigen Dimensionen werden offenkundig, wenn man sich die Entfernung des Gipfels vom nördlichen Seeufer vergegenwärtigt: 45 km Luftlinie sind es vom Moleturm in Friedrichshafen, 64 km vom Aussichtspavillon auf dem Höchsten.

Ihm ist eine grenzenlose Wandlungsfähigkeit eigen, die man einem so solide gebauten und festgefügten Gebilde nicht zutrauen würde. Im Sommer, der Jahreszeit, in der er eher selten zu sehen ist, steht er als reine Fels-

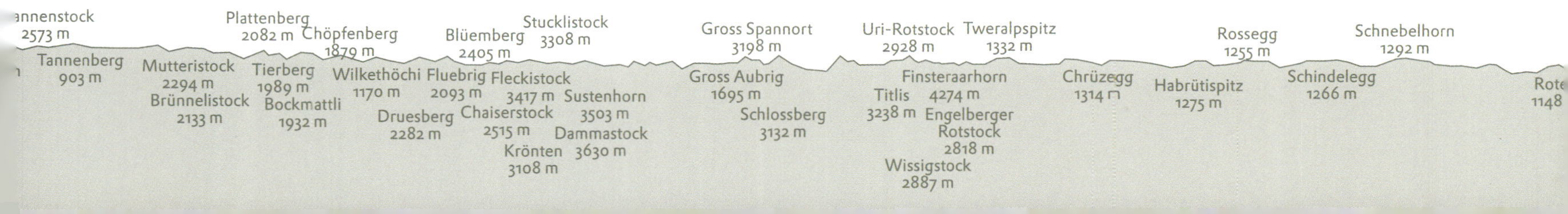

Säntis vom Lisengratsteig. Rechts unterm Gipfel lässt sich das Berggasthaus Säntis gut erkennen.

masse grau oder in Silbertönen über dem See und den grünen Hügeln. Im Winterhalbjahr dominiert das Weiß, stark kontrastierend zum nur selten verschneiten Seeland. Nach großen Schneefällen gebärdet er sich mitunter wie ein Achttausender, riesig, kalt, abweisend, einer anderen Sphäre angehörend. Dann gibt es Tage, da löst er sich von jeder Erdenschwere, wird ganz durchsichtig und veranstaltet Luftfahrten, frei über einem Dunstband schwebend und gemächlich dahinsegelnd. Unabhängig von den Jahreszeiten vermag er sich bei schlechtem Wetter gelegentlich aus dicken Wolken zu schälen, ganz dramatisch einzelne Teile oder nur den Gipfelaufbau präsentierend: himmlische Felslandschaften ganz ohne Verbindung zur Welt und ganz schnell wieder verschwunden. All das wird jedoch überboten von den Frühlingstagen, an denen ein Himmel in jugendfrischem Blau über die Welt gespannt ist, der See übermütig strahlt, umgrenzt vom saftigen neuen Grün der Wälder und Wiesen und vom Blütenweiß der Obstbäume. Über all der Herrlichkeit ist aufgereiht das obere Weiß der noch winterlich starren, schneebedeckten Berge, die sich lange mit Erfolg dem Frühjahr widersetzen.

In heiter verwegenem Schwung baut sich die Landschaft südlich des Sees zu den Alpen hin auf. Es ist ein ungeordnet erscheinendes Gewoge von Hügeln und Bergen, an Höhe stets zunehmend und nirgends den Rahmen sprengend, aber abrupt ihr Ende findend vor dem gigantischen Felswall des Säntis. Mächtig und herr-

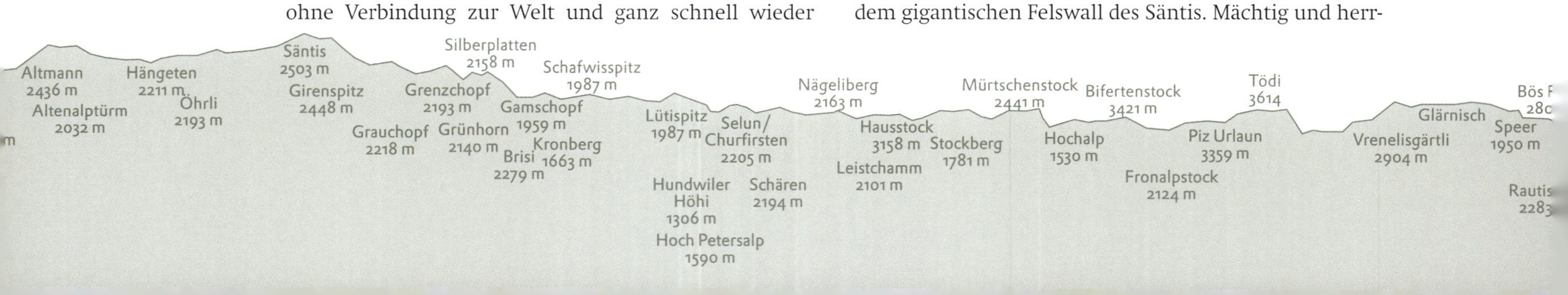

schaftlich, eine ungeheure Steinmasse, schichtweise aufeinandergetürmt, doch ganz ohne drohende Geste steht er über seiner Umgebung, eher wie zu deren Schutz hingestellt.

Wenn man vom Säntis spricht, ist meist die gesamte, inselartig vor der eigentlichen Alpenkette positionierte Gebirgsgruppe gemeint, deren höchster Gipfel er ist. Ihr schöner und treffender Name Alpstein ist wenig bekannt, zu sehr ist alles auf den Säntis fixiert. Dabei bezeichnet dieser Begriff die Realität sehr treffend, denn es scheint sich um einen wenig gegliederten Felswall zu handeln, der im Säntis kulminiert. Wie eine Art Nebengipfel erscheint der Altmann [130], vermeintlich mit dem Säntis in einer Reihe stehend. In Wirklichkeit ist er der markante und formschöne Höchstpunkt einer zweiten Kette, die weiter südlich parallel zum Säntiszug verläuft. Eine dritte Kette vervollständigt das kleine Inselgebirge. In ihr stehen die bizarren, als Kletterberge berühmten Kreuzberge [122] und der bekannte, mit einer Seilbahn erreichbare Hohe Kasten [113], wie der Säntis von einem weithin sichtbaren Telekommunikationsturm gekrönt.

Erst wenn man ins Gebirge vordringt, auf dem Weg von Appenzell nach Brülisau oder Wasserauen etwa, werden die wahren Verhältnisse offenkundig. Man entdeckt die drei dicht hintereinander gestaffelten Bergreihen und die beiden regelrecht eingeklemmten Täler dazwischen. Eine Freundin sprach einmal von schmalen Bergen, und kennzeichnete die Verhältnisse damit treffend. Der Alpstein ist ein Faltengebirge wie aus dem Lehrbuch mit Gipfeln, die einen unglaublichen Formenreichtum aufweisen, aufgebaut aus unterschiedlichen Kalkgesteinen. Albert Heim (1849–1937), der große Schweizer Geologe und Zeichner des berühmten Panoramas vom Säntisgipfel, bezeichnete den Alpstein als »geographisch und geologisch so geschlossene Einheit, wie sich in den Alpen keine zweite finden lässt.«

Steinböcke am Lisengratsteig mit Schäfler [123], Mitte, und Fänerenspitz [114] rechts.

Seine Darstellung gipfelte in der Feststellung, er sei »das schönste Gebirge der Welt«.

Die engen Täler zwischen den Bergzügen entfalten einen landschaftlichen Zauber, von dem man beim Blick über den See nichts ahnt. Ganz einmalig ist das dichte Beieinander von idyllischen, blumenreichen Alpböden, Bergseen und schroffem Hochgebirge. Der Fälensee, dramatisch eingekeilt zwischen wilden Felsbergen, gehört gewiss zu den schönsten seiner Gattung. Für den Besucher ist die Vielfalt auf engstem Raum ideal, denn mit nur geringen Ortsveränderungen kann er mit schnellen Bilderwechseln die ganze alpine Vielfalt erleben.

Eine im Wortsinn erfrischende Alpsteinspezialität sind die Berggasthäuser, in einer Dichte über die Berge ausgestreut, wie sie in den Alpen einmalig sein dürfte. Fast im Stundentakt bieten sie Einkehr- und Übernachtungsmöglichkeiten. Wir sprechen seit jeher vom »Alpsteintakt«. Meist sind es traditionsreiche Häuser, deren Wurzeln weit in das 19. Jahrhundert hineinreichen. Noch verblüffender als ihre Anzahl ist ihre Positionie-

Der Alpstein mit dem Säntis vom Chrüzegg [192]. Links davor der Kronberg [142], in der Mitte die Hochalp [154].

rung an außergewöhnlich schönen Flecken, gelegentlich auf oder nahe an aussichtsreichen Gipfeln. Ganz zu schweigen von der freundlichen Führung der Häuser, den herrlichen Sonnenterrassen und den uralten Gaststuben. All das gilt auch für das höchstgelegene und berühmteste im Alpstein, das Berggasthaus Säntis, allgemein bekannt als »Alter Säntis«. Nur wenige Meter unterm zubetonierten Gipfelbereich, doch etwas abseits vom Getriebe um die Bergstation der Seilbahn, werden hier in traumhafter, südoffener Aussichtslage die Gäste bewirtet. Das ist so seit 1846, und auf dem »Wirtestammbaum«, der gerahmt in der Stube hängt, ist dargestellt, dass dies seit über 160 Jahren durch dieselbe Familie geschieht.

Früh schon hat der Berg die Menschen angezogen. Die erste dokumentierte Besteigung fand im Jahr 1680 statt, es wird gewiss nicht die allererste gewesen sein. Zwei Geistliche und ein Naturforscher aus Zürich übernachteten dabei auf dem Gipfel, um einen Kometen zu beobachten. Besteigungen im modernen Sinn, also um ihrer selbst willen, setzten um 1800 ein. Berühmtheit erlangte der Säntis als »Wetterberg«. Die auf seinen Gipfel am 1. September 1882 in Betrieb genommene meteorologische Station war die erste ihrer Art in der Schweiz. Bis 1969 lebten das ganze Jahr über Wetterwarte dort oben, um mehrmals täglich Messungen vorzunehmen und deren Ergebnisse nach Zürich zu melden. Vor dem Bau der Seilbahn im Jahr 1935 waren sie im Winter oft

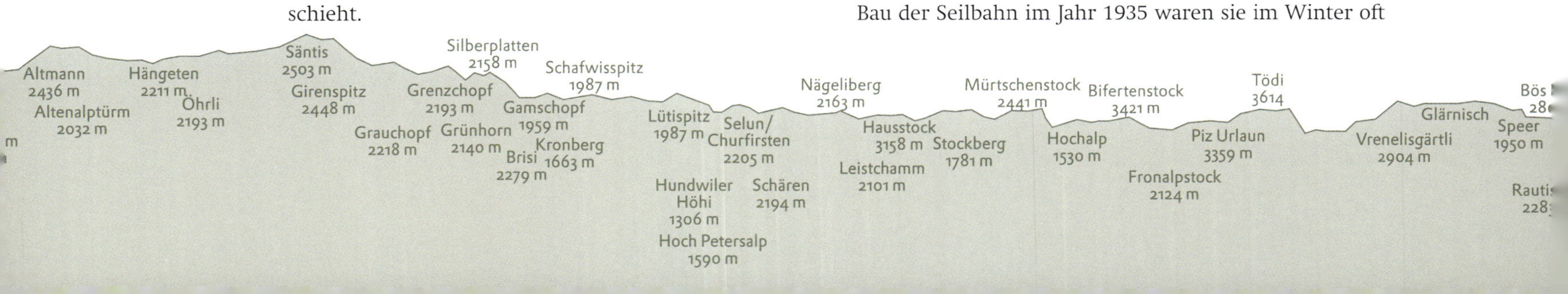

über viele Wochen vollkommen von der Welt abgeschnitten. Europaweite Schlagzeilen machte im Februar 1922 die Ermordung des Wetterwarts Heinrich Haas und seiner Frau Lena auf dem Säntis. Das grausame Ereignis ist bis heute Stoff für Filme, Romane und Erzählungen. Das Windmesserhäuschen von 1882 auf dem höchsten Punkt und das in die Gipfelfelsen hinein gebaute Observatoriumsgebäude von 1887 sind noch in ihrer ursprünglichen Form erhalten.

1956 erhielt der Säntis eine weitere Funktion, er wurde »Telekommunikationsberg«. Von eher zweifelhafter Ästhetik allerdings ist der im Jahr 2000 fertig gewordene neungeschossige Gebäudekomplex, in dem die Anlagen der Telekommunikation und die Bergstation der Seilbahn mit den überdimensionierten Einrichtungen für die Bahntouristen untergebracht sind. Bei klarer Sicht ist der 123 Meter hohe Sendemast vom nördlichen Bodenseeufer aus gut zu erkennen.

Mein Säntis

Es hat lange gedauert, bis ich mich zu einer Säntisbesteigung entschließen konnte. Man geht nicht auf Seilbahnberge, war die dogmatisch ablehnende Haltung in jungen Jahren. Aber die ließ sich bei diesem Berg auf Dauer nicht durchhalten, zu betörend war unzählige Male sein Anblick hinter der weiten Fläche des Obersees, zu provozierend schaute er ins tägliche Leben herein. Es musste nur noch ein Weg gefunden werden, die befürchtete Massenversammlung auf dem Gipfel zu vermeiden. Die Überlistung gelang glanzvoll, die gewählte Strategie ging auf: Anstieg an einem total verregneten Sonntag von Wasserauen zum Berggasthaus auf dem Rotsteinpass, Übernachtung dort als einzige Gäste, und mit der angekündigten Wetterbesserung am nächsten Morgen über den felsigen Lisengrat, dessen versicherter Steig bereits 1904 angelegt wurde, auf den Gipfel. Dort oben zwar die hässlichen Bauten für Seilbahn und Telekommunikation, aber weit und breit kein Mensch. Auch nichts zu sehen von der Welt, die in einem bauschigen Wattemeer versunken war. Der Bann war gebrochen.

Es folgten im Lauf der Jahre die Anstiege über den Schäfler [128], neben dessen Gipfel ein Berggasthaus in luftiger Aussichtslage steht, über die Meglisalp und von der Schwägalp, der Talstation der Säntisbahn, herauf. In Sichtweite der Luftseilbahn schlängelt sich der Steig durch den 1000 Meter hohen Felswall. Jeder Schritt bringt einen weiter über die Welt hinaus, immer unabsehbarer wird das flache Land im Norden. Auch auf diesem Anstieg muss man nicht hungern und dursten. Exakt an der schönsten Stelle, oben an der Kante, wo sich schlagartig der Blick nach Süden öffnet, steht das altehrwürdige Berggasthaus Tierwis (2085 m), das heute noch genauso aussieht wie auf Fotografien vor hundert Jahren. Man muss hier nicht unbedingt übernachten, den Gipfel erreicht man auch an einem Tag, aber man sollte es tun – wegen der friedlichen Abendstimmung, der Atmosphäre in der gemütlichen Gaststube, und um in so abgehobener Position dabei zu sein, wenn ein neuer Tag beginnt.

Eine Bergtour der besonderen Art war die lang ersehnte Winterbesteigung mit Skiern. Es muss Schnee liegen bis hinunter nach Wasserauen (868 m) und er muss von solider Beschaffenheit sein. Als endlich alles passte, es war ein Fastnachtsdienstag, konnte ich keinen Begleiter finden. So kam ich auf die närrische Idee, mir den Traum im Alleingang zu erfüllen, nicht ahnend, dass ich der einzige Mensch mit dieser Absicht an diesem Tag sein sollte. Es war ein großartiges, ernstes Bergerlebnis in kalter Einsamkeit. Die Schneebeschaffenheit zwang mich auf langen Strecken zur Verwendung der bremsenden Harscheisen und so brachte mich der sechsstündige Anstieg mit seinen anstrengenden Steilpassagen an den Rand der Erschöpfung. Da mir die Abfahrt in diesem Zustand in einen eisigen Winterabend

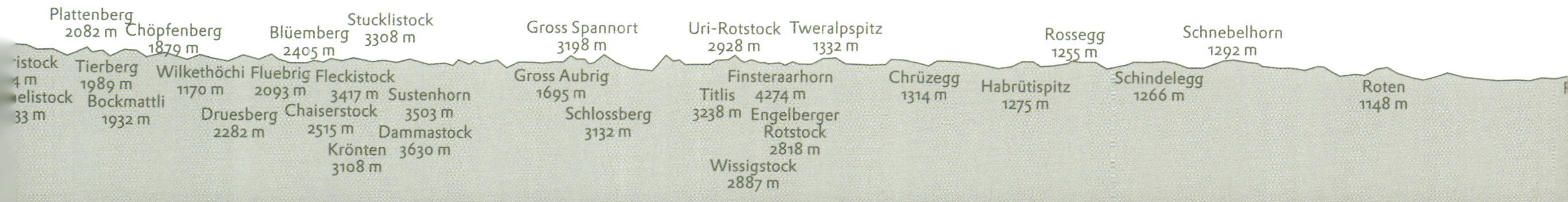

Das Berggasthaus Äscher

hinein zu riskant erschien, entschloss ich mich zu einem Stilbruch und verließ den Gipfel mit der Seilbahn. So kam ich zu meiner ersten Skitour ohne Abfahrt. Dieser Makel ändert indessen nichts an der Tatsache, dass ich mit dieser Winterbesteigung der langen Reihe meiner Säntiserlebnisse ein bedeutendes Glied hinzugefügt habe.

Mein außergewöhnlichstes Säntiserlebnis nahm seinen Anfang in der Gaststube des »Alten Säntis«, nachdem ich Anfang Juli auf der mir bis dahin unbekannten Route über die »Nasenlöcher« – mit anschließender Überschreitung des Hünerbergs im dichtesten Nebel – von der Schwägalp her auf den Säntis gestiegen war. Wie ich mich zum Gehen richten will, geht die Tür auf und mein Urfreund Hans aus der alten Gmünder Heimat steht mit ein paar Kolleginnen vor mir. Er ist seit drei Jahrzehnten der Gefährte auf vielen großen Bergfahrten. Wir sind fassungslos, keiner wusste etwas vom Anderen, seit Monaten hatten wir uns nicht gesehen. Dass wir uns hier begegnen, ist das Glanzlicht unserer alten Freundschaft und gewiss meine schönste Zufallsbegegnung. Ein Moment wie gemacht für eine Art Gelübde: die nächste Säntisbesteigung zelebrieren wir gemeinsam und bereichern sie um ein Element, das uns beiden noch fehlt – um die Übernachtung im Gipfelgasthaus.

Zu Fuß vom See auf den Säntis

Nicht nur die Nächtigung im »Alten Säntis« stand noch aus, noch mächtiger war mein Wunsch, endlich einmal vom See weg auf den Säntis zu gehen. Diese Wanderung musste einmal sein, die gewachsene Verbindung zu dem Berg auch auf diese elementare Art hergestellt werden. Es wurde zu einer Sternstunde unserer alpinen Umtriebe und zu einem Höhepunkt meiner Seeberge-Beziehung.

Mit der Fähre geht es von Friedrichshafen nach Romanshorn hinüber. Die Reise dort zu Fuß fortzusetzen ist, so banal dieser Umstand ist, so aufregend, dass sich ein Hochgefühl einstellt, das die ganzen drei Tage bis zur Ankunft auf dem Säntisgipfel anhält. Nach fünf Stunden Wanderung durch sanft ansteigendes, offenes Gelände, stets mit Rückblicken zum See, stehen wir vor der Stiftskirche in St. Gallen. Noch zwei heiße Stunden Marsch über die Schäflisegg mit dem merklich näher ge-

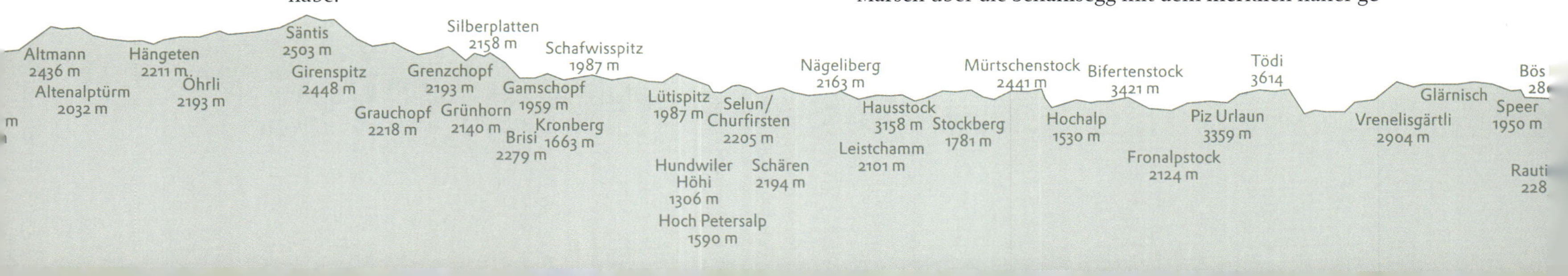

Churfirsten [147] und Glarner Alpen mit dem Tödi [158] vom Berggasthaus Säntis, bei Sonnenaufgang und zwei Stunden später.

kommenen Säntis im Vorblick nach Bühler. Im Gasthaus Sternen gibt es eine Dusche, ein Essen, Bier, Wein und ein Bett, allesamt Dinge, die nach so einem Tag in Glückseligkeit versetzen.

Es regnet die ganze Nacht durch, ab dem Morgen ist es trocken. Über Schlatt erreichen wir Appenzell. Nasse Wolken hängen schwer, vom Säntis ist nur der Sockel zu sehen. Beim Anstieg von Weissbad zum Wildkirchli verändert unsere Wanderung ihren Charakter, wird zur Bergtour. Das meiste an Entfernung haben wir, jetzt geht es vor allem hinauf. Geradezu feierlich ist die Ankunft unter der Felswand, an deren Fuß sich der Eingang zur Wildkirchlihöhle befindet. Sie erlangte Berühmtheit, weil hier neben den Knochen von Höhlenbären die ersten Spuren des Menschen im Bodenseeraum gefunden wurden. Die kleinere Höhle daneben beherbergt eine Kapelle, stimmungsvoll wie wenige und mit einem zierlichen roten Holztürmchen davor. Einst lebten Eremiten hier oben (siehe dazu auch Schäfler [128]). Nur wenige Meter entfernt und auf einem gesicherten Steig über Abgründen erreichbar, befindet sich unser Tagesziel, der Äscher (1454 m), gewiss eines der außergewöhnlichsten Berggasthäuser in den gesamten Alpen. Das jüngst stilvoll renovierte Haus, es hat die längste Bewirtungstradition im Alpstein, steht hoch und steil überm Tal und schmiegt sich an eine stark überhängende Felswand, die weit über das Haus hinausragt und die der Einfachheit halber dessen Rückwand bildet. Oft bin ich hier schon eingekehrt, heute übernachte ich zum ersten Mal.

Gipfeltag – und, doppelter Zufall, mein Geburtstag und meine zehnte Säntisbesteigung. Festtag also. Wunderschön ist der Anstieg mit einem Wirbel großartiger Hochgebirgsbilder: über den aussichtsreichen Schäfler mit seinem Gipfelwirtshaus, durch die abschüssigen Flanken der Altenalp in die Öhrligrueb, einem nach Norden offenen Bergkessel hoch über der Welt und dem herauf schimmernden See. Hinter dem Höch-Nideri-Sat-

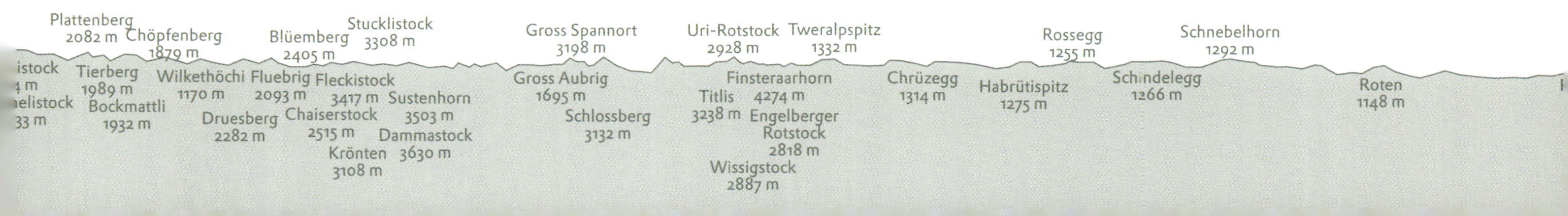

tel (2121m) beginnt die ernste Steinwüste der Rossegg. Über den Gipfel hereinziehende Wolken verschlucken schnell alles und schaffen eine dramatische Stimmung. Auf den bescheidenen Resten des immer kleiner werdenden Gletschers mit dem poetischen Namen Blauschnee an den steilen Gipfelaufbau heran und auf dem gesicherten Felssteig – nein, nicht zum Gipfel – sondern zu einer Tür, durch die man in die bedrohlich sich auftürmende moderne Riesenfestung eintritt. Man geht durch einen Tunnel, an dessen Ende man über Treppen Stockwerk um Stockwerk dem Gipfel näher kommt. Es ist ein als wahrhaft surrealistisch empfundenes Erlebnis nach den Stunden in wilder Natur. Wir sind dankbar, die letzten Meter zum höchsten Punkt wieder im Freien gehen zu dürfen.

Ein paar Meter nur reicht die berühmte Sicht, doch das ist uns in diesem Moment vollkommen gleichgültig, wir haben unser Ziel erreicht. Gegen Abend verschwinden die Seilbahnfahrer, der Gipfel gehört den wenigen Übernachtungsgästen im »Alten Säntis«. Der Vorhang zum großen Schauspiel wird während des Abendessens aufgezogen. Blitzschnell geht alles. Wie von Zauberhand gedrückt fallen die Wolken nach unten, eine erste filigrane Spitze schält sich heraus. Der Ringelspitz? Und da ganz im Süden der gotische Eisdom des Piz Palü. Und der Monte Disgrazia, der schon ganz in Italien steht. In Minutenschnelle, getaucht in zartrotes Abendlicht, das weite Meer des Hochgebirges mit all unseren Bekannten: Schesaplana, Tödi, Finsteraarhorn, Mönch … Der schönste Bildausschnitt aber in der Nähe, gleich über dem bereits dunklen, tief eingeschnittenen Toggenburg: Die Haifischzahnreihe der Churfirsten (siehe Selun [147]), eine der eigenwilligsten Bergketten der gesamten Alpen (und ein schönes Sammelobjekt). Es ist ein Panorama mit wahrhaft europäischen Dimensionen, man schaut in fünf Staaten hinein: Schweiz, Deutschland, Österreich, Italien und Frankreich. Maienfelder Blauburgunder ist das passende Getränk zur Feier des Groß- und Mehrfachereignisses.

Zum Sonnenaufgang stehen wir auf dem Gipfel. Die Inszenierung in umgekehrter Abfolge. Triumphal steigt die Sonne über die östlichen Bergketten. Der schwarze Dreieckschatten des Säntis liegt riesig über dem westlichen Gelände, im Norden glänzt matt unter feinem Dunst der See. Rot, rosa, orange, ocker … und bald jubelt alles im hellen Licht eines blauen Sommertages.

GIRENSPITZ 135

2448 m, Alpstein (CH, Urnäsch/Schwägalp, Appenzell/Wasserauen)

Entgegen dem Anschein befindet sich der Säntisgipfel nicht im Gratverlauf der nördlichen Alpsteinkette. Er hat dort allerdings einen Vorposten sitzen, den Girenspitz, den höchsten Punkt der gesamten Nordkette. Der Säntis selbst ist um knapp 400 Meter nach Süden versetzt. Zwischen beiden befindet sich der Girensattel, 2397 m, an dem sich die Säntiswege von der Schwägalp und vom Schäfler [128] treffen und wo der gesicherte Felsensteig zum Säntisgipfel, respektive zum Tunneleingang im Untergeschoss der monströsen Gipfelbauwerke beginnt. Von hier aus lässt sich der Girenspitz mit einem kurzen Abstecher besteigen. Das ist wegen des fantastischen Tiefblicks die Nordmauer hinab durchaus lohnenswert. Vom Säntis gesehen macht der Girenspitz als eleganter grauer Dreikant vor den grünen, endlos ausgebreiteten Tieflandbezirken eine prächtige Figur.

GRAUCHOPF 136

2218 m, Alpstein (CH, Urnäsch, Schwägalp, Wildhaus)

Wie hohe Wogen erheben sich im westlichen Teil der großen Alpsteinmauer mehrere Gipfel, die wegen des übermächtigen Säntis nur wenig Beachtung finden. Vom Säntis nach Westen sind es Grauchopf, Grenzchopf [137], Grünhorn [138] und Silberplatten [139]. Sie nach-

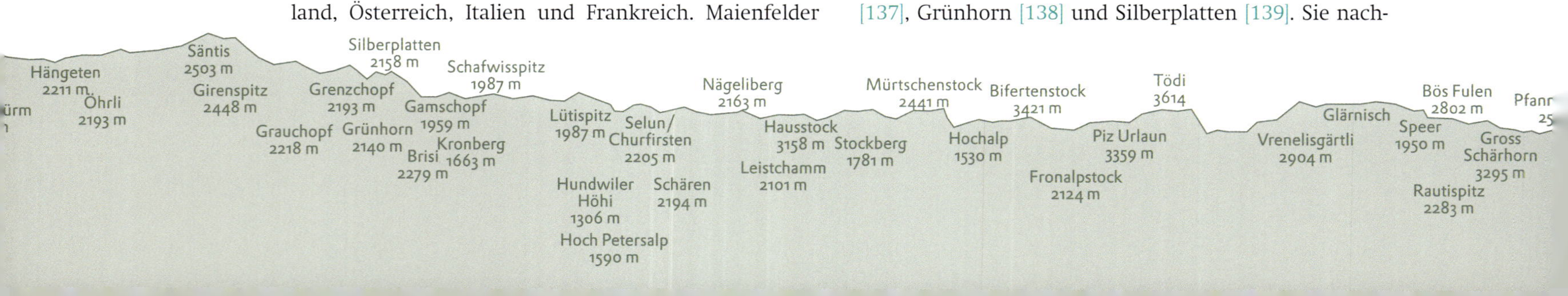

Das Berggasthaus Tierwies mit Grenzkopf [137], Grünhorn [138] und Silberplatten [139].

einander zu besuchen ist eine äußerst lohnende Unternehmung, die selten zur Ausführung kommt, weil alles dem Säntis zustrebt. Den Zugang vermittelt der Säntisweg ab der Schwägalp, der Talstation der Seilbahn. Der teilweise künstlich angelegte Steig leitet in großartiger Wegführung durch die Riesenwand. Oben auf der Kante, an der schönsten Stelle, wo sich schlagartig der Blick nach Süden öffnet, steht das altehrwürdige Berggasthaus Tierwis (2085 m), das heute noch genauso aussieht wie auf Fotografien vor hundert Jahren. Man muss hier nicht unbedingt übernachten, denn alle Gipfel einschließlich des Säntis erreicht man auch an einem Tag, aber man sollte es tun wegen der friedlichen Abendstimmung, der Atmosphäre in der gemütlichen Gaststube und um in so abgehobener Position dabei zu sein, wenn ein neuer Tag beginnt.

Den sich östlich über der Tierwis erhebenden Grauchopf erreicht man weglos über die zersägten und zerklüfteten Kalkfelsen, durch die auch der Weg zum Säntis führt. Diese sogenannten Karren (siehe auch Sulzfluh [87], Hoher Ifen [33] und Pfannenstock [164]) bilden eine eindrucksvolle, bizarre Felswüstenlandschaft, entstanden durch die Lösung des Kalks im versickernden Regenwasser.

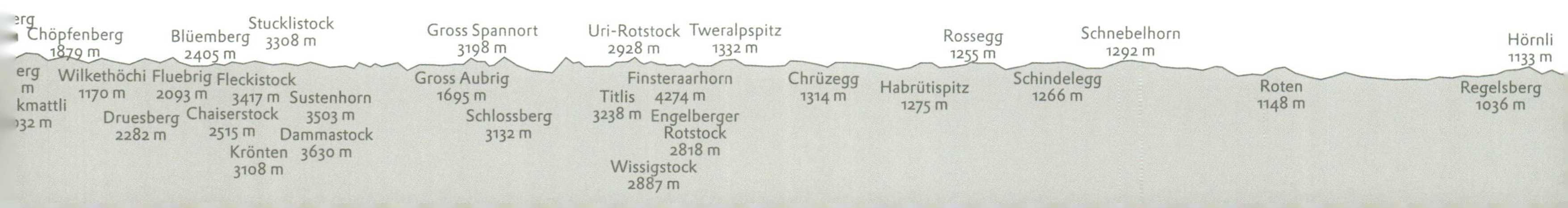

Grünhorn und Silberplatten vom Säntisweg. Am Horizont links der Tödi [158], mittig der Glärnisch, rechts die Urner und Berner Alpen.

GRENZCHOPF 137

2193 m, Alpstein (CH, Urnäsch, Schwägalp, Wildhaus)

Dieser Gipfel im Banne des Säntis westlich der Tierwis kann gratentlang weglos überschritten werden. Mit seiner steilen grünen Flanke und dem scharf geschnittenen Grat bildet er die eindrückliche Kulisse des wunderschön gelegenen Berggasthauses Tierwis. Bei der Überschreitung genießt man großartige Tiefblicke und Einblicke in den Bau des Alpsteins.

GRÜNHORN 138

2140 m, Alpstein (CH, Urnäsch/Schwägalp, Wildhaus)

Dieser nur selten bestiegene Säntisvasall im Verlauf der großen Mauer nach Westen steht zwischen dem Grenzchopf [137] und der Silberplatten [139]. Ein außergewöhnliches (Flug-) Erlebnis ist die Überschreitung zusammen mit den beiden letztgenannten Gipfeln, wobei man allerdings nicht auf Wege hoffen darf und Schwindelfreiheit mitbringen sollte.

SILBERPLATTEN 139

2158 m, Alpstein (CH, Urnäsch, Schwägalp, Wildhaus)

Seinen Namen verdankt der interessanteste der vier westlichen Säntistrabanten der riesigen, gegen Norden geneigten, glatt geschliffenen Kalkplatte, die bei entsprechender Sonneneinstrahlung einem Firnfeld ähnelt. Über sie führt hoch über den Abgründen der Riesenmauer die ungemein eindrucksvolle Schlussphase des Anstiegs. Der Gipfel schenkt ein wunderbares Panorama, in dem die Haifischzahnreihe der Churfirsten (siehe Selun [147]) eine Hauptrolle spielt.

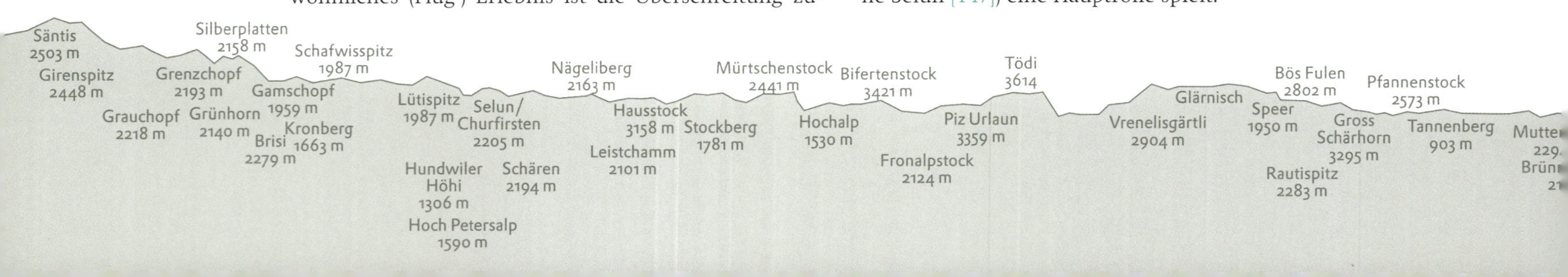

BRISI 140

2279 m, Churfirstenkette (CH, Alt St. Johann)

Von Panoramaplätzen im westlichen Bodenseeraum ist ein großer Teil der Haifischzahnreihe der Churfirsten zu sehen. Vom Standort Friedrichshafen beschränkt sich der Blick auf die Zacken vom Selun [147], dort auch Allgemeines zu den Churfirsten) nach Westen bis zum Eckpfeiler Leistchamm [150]. Ganz versteckt und nichts von seiner schroffen Eigenart verratend, entdeckt man bei günstigem Licht und viel gutem Willen rechts hinter der Silberplatten den obersten Zipfel der steilen Brisi-Nordabdachung. Über sie gelangt man, ausgehend von der zauberhaften, parkartigen Alphochfläche der Sellamatt, über eine endlose Reihe von Serpentinen zum höchsten Punkt im langen, horizontal verlaufenden Gipfelgrat. Senkrecht stürzen die Felswände zum Walensee hinab. Alles hat man unter sich gelassen auf diesem luftigen Posten; weit, weit ist man über der Welt.

Auf den ersten Blick ist der Brisi alles andere als ein Skiberg, zu abweisend wirkt die Nordflanke. Bei sicheren Schneeverhältnissen und sofern man über eine angemessene Skitechnik verfügt, darf man auch im Winter das Steildach hinaufsteigen und ein Skierlebnis mit Seltenheitswert einheimsen. Da tut es auch nichts zur Sache, dass die den Winden schutzlos ausgesetzte Flanke meist schlechten, verblasenen Schnee aufweist und ein eher zweifelhaftes Abfahrtsvergnügen gewährt.

GAMSCHOPF 141

1959 m, Alpstein, (CH, Urnäsch/Schwägalp, Alt St. Johann/Toggenburg)

Westlich des Lauchwissattels (1829 m) ist der 15 km lange Nordwestwall des Alpsteins, dessen Höchst- und Zentralpunkt der Säntis bildet, deutlich abgesenkt. Kein Gipfel erreicht mehr die Zweitausendmetermarke. Der Gamschopf erhebt sich direkt über dem Lauchwissattel, über den man auch die Gipfel in Richtung Säntis [134], beginnend mit der Silberplatten, und das Berggasthaus Tierwis erreicht. Die Besteigung des Gamschopfs über abenteuerlich steile Wiesenhänge und Schrofen ist aber eine Sache für Spezialisten.

KRONBERG 142

1663 m, Appenzeller Berge (CH, Appenzell, Urnäsch)

In einer langen Folge dunkler, grüner Wogen bewegt sich die Appenzeller Hügelzone vom Südufer des Bodensees mit immer höher werdenden Wellenkronen auf das Hochgebirge zu. Die letzte und am höchsten empor gehobene Welle ist der parallel zum Nordzug des Alpsteins mit dem Säntis verlaufende Höhenzug des Kronbergs. Mit unterwürfiger Geste sich an den Säntis anlehnend, nimmt er eine Art Vermittlerrolle zwischen dem voralpinen Hügelland und der hohen hellen Felswelt des Alpsteins ein.

Vom Chlosterspitz im Osten über Appenzell bis zur Hoch Petersalp [146] im Westen kann der gesamte Höhenrücken auf unschwierigen Wegen in einem langen, lustvollen Panoramaspaziergang begangen werden. Kulminationspunkt ist der Kronberggipfel, den man auch mit der Luftseilbahn von Jakobsbad erreicht. Der Anstieg von Jakobsbad ist im Winter eine gemütliche Skitour, die auch bei nicht ganz sicheren Verhältnissen riskiert werden darf. Natürlich verfügt der Kronberg auch über das Hauptcharakteristikum der Appenzeller Vorberge: Das Gasthaus auf dem Gipfel.

SCHAFWISSPITZ 143

1987 m, Alpstein (CH, Alt St. Johann/Toggenburg)

Die von Süden über steile Alpwiesen erreichbare Erhebung gehört zu den nach Südwesten streichenden Ausläufern der 15 km langen nördlichen Alpsteinkette. Sie wird am ehesten im Spätwinter und Frühjahr zur »Firnzeit« von Skibergsteigern besucht. Der Gipfel bietet eine fabelhafte Rundumschau.

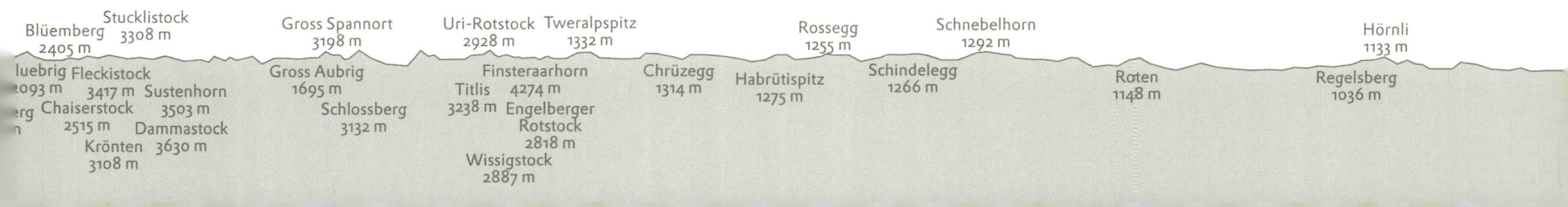

LÜTISPITZ 144

1987 m, Alpstein (CH, Urnäsch/Schwägalp, Alt St.Johann/ Toggenburg)

Ohne die Zweitausendmetermarke zu erreichen schwingt sich die 15 km lange nördliche Kette des Alpsteins kurz vor ihrem westlichen Ende noch einmal mächtig auf. Massig wie ein Verteidigungsbollwerk erhebt sich der Lütispitz mit seinem schrägen Gipfeldach über dem Windenpass (1630 m). Vom Pass führt der Weg über eine steile Grasflanke zum Gipfel. Großartig ist die Aussicht von hier oben, geradezu sensationell und einmalig in den Alpen ist der Blick auf die Haifischzahnreihe der Churfirsten im Süden über dem Toggenburg, s. Selun [147].

HUNDWILER HÖHI 145

1306 m, Appenzeller Berge, (CH, Appenzell, Hundwil, Gonten, Urnäsch)

Dieser unscheinbare kleine Berg ist im Alpenpanorama vom Bodensee ganz ohne Bedeutung. Um ihn überhaupt zu entdecken, bedarf es schon der genauen Kenntnis seiner Position. Er kauert bescheiden vor der übermächtigen Säntismauer, seine Höhen erreichen aus der Seeperspektive nirgends den Horizont. Doch genau diese Lage macht ihn und all die anderen Appenzeller Vorberge seiner Größenordnung (aufgebaut allesamt aus Nagelfluh, siehe dazu Hochgrat [12]) zu unvergleichlichen Aussichtskanzeln, hingestellt zwischen Hochgebirge und See. Den überragt der kleine Berg um erstaunliche 900 Meter, genug also, um ein Gefühl der Abgehobenheit zu vermitteln und um den gesamten See und das Land dahinter von hoher Warte zu überschauen. An klaren Wintertagen erkennt man, dem schwarzen Horizontstreifen des Schwarzwalds aufgesetzt, die weißen Kuppeln des Feldbergs und des Belchens.

Eine exklusive Appenzeller Spezialität sind die meist altehrwürdigen Berggasthäuser, mit denen das ganze Land in einer Dichte überzogen ist, wie wohl keine andere Alpengegend. Ein weitum berühmtes Prachtexemplar dieser Gattung steht seit dem Jahr 1900 auf der Hundwiler Höhi, nur wenige Meter unter dem Gipfel in offener Panoramalage. Seit 1971 bewirtschaftet von der legendären Marlies Schoch, bekannt in der gesamten Schweiz und mit dem Titel »Landesmutter« dekoriert, ist es ohne einen Ruhetag das ganze Jahr über geöffnet. Neben kräftigen kulinarischen Genüssen bietet es auch Übernachtungsmöglichkeiten. Da man, wenn man einmal oben war, ohnehin immer wieder kommen muss, sieht man im Jahreswechsel die unterschiedlichsten Naturbilder, erlebt an den Abenden und früh morgens unfassbare Farb- und Lichtstimmungen und drinnen auch noch allerhand Unnennbares.

Einen besonderen Reiz entfaltet das Gipfelpanorama im späten Herbst, wenn sich der erste Schnee in die kräftigen Farben hinein mischt, das Land unterm Nebel versunken liegt und das Hochgebirge mit dem alles beherrschenden Säntis direkt gegenüber abweisend und unerreichbar dasteht. Dann ist man von der Welt und den Menschen so weit weg, wie sonst nur auf den ganz großen Gipfeln.

Dank solcher Vorzüge ist es dem kleinen Berg gelungen, sich in der exklusiven Liste meiner Lieblingsberge einzureihen. Auf keinen anderen Berg bin ich so oft gestiegen wie auf die Höhi. Dabei ist meine Bilanz im Vergleich zu den »Rekordinhabern« stümperhaft und muss geheim bleiben. Ein älterer Herr erzählte mir oben im Gasthaus, er sei gerade das 1820. Mal heraufgekommen. Die Wirtin Marlies wies ihn mit dem Hinweis in die Schranken, dass es einer gar auf über 2000 Besteigungen respektive Gasthausbesuche gebracht habe.

Rings um die Höhi wohnen Menschen, meist in wunderschönen Häusern. Die Appenzeller Architektur ist einer der schönsten ländlichen Baustile in Europa. Sie lässt sich in den Orten und an den Hängen des grünen Berges trefflich studieren. Wie ausgestreut verteilen

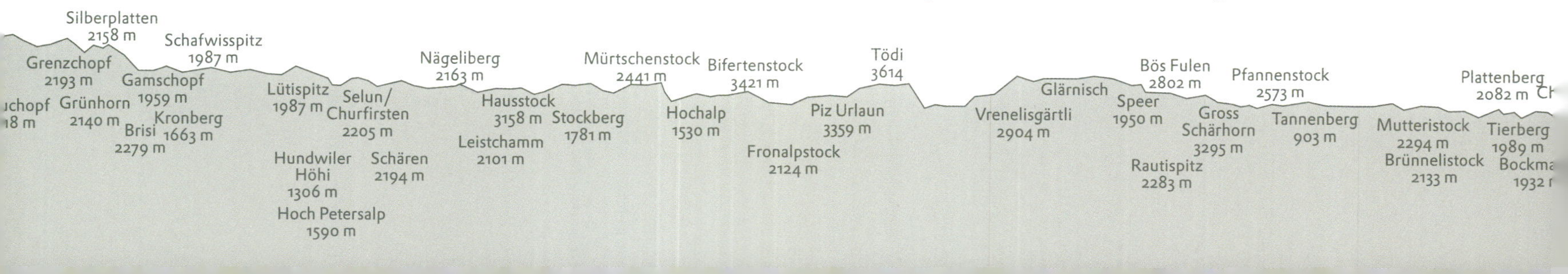

Wintermorgen auf der Hundwiler Höhi. Rechts das Berggasthaus, der Blick geht nach Südwesten.

sich die Bauernhäuser über das hügelige Gelände. Geradezu verspielt muten sie an und lassen nichts vom schweren Leben ihrer Bewohner erkennen. Wählt man Urnäsch als Ausgangspunkt für eine Wanderung auf die Hundwiler Höhi (stilvoll erreichbar mit der Fähre Friedrichshafen – Romanshorn und der Bahn via St. Gallen und Herisau), sollte man dem Dorfplatz einen Besuch abstatten. Die prächtige Häuserreihe mit den farbigen, getäfelten Fassaden geht auf das 17. und 18. Jahrhundert zurück. Eine viel fotografierte, internationale Berühmtheit ist die Häuserzeile in der Hauptgasse von Appenzell, doch auch Hundwil und Gonten bieten schöne Dorfbilder.

Von all diesen Orten führen ein- bis zweistündige Wege auf die Höhi. Am schönsten ist die Überschreitung des Berges seiner ganzen Länge nach von der Zürchersmühle (Bahnstation mit »Halt auf Verlangen« bei Urnäsch) nach Appenzell, die gemütlich an einem Tag zu bewältigen ist. Beim Aufstieg hat man nur 500 Höhenmeter zu überwinden, wobei mit jedem Meter die Aussicht weiter wird. Der anschließende Höhengang auf dem geschwungenen Bergrücken Richtung Appenzell ist unbeschwertes Lustwandeln hoch über der Welt.

Man kann auch den Weg nachgehen, auf dem der Dichter Robert Walser (1878–1956) mit seinem Vormund Carl Seelig am 17. Juli 1946 von Herisau über Hundwil auf die Höhi wanderte. Seelig erzählt von dieser und vielen anderen langen Fußreisen im Raum zwischen Bodensee und Säntis in seinem Buch »Wanderungen mit Robert Walser«, das man auch ganz praktisch als Wanderführer verwenden kann. Der zu seinen Lebzeiten weitgehend unbeachtete Schweizer Schriftsteller wird heute zu den Großen des 20. Jahrhunderts gerechnet. Walser verbrachte seine letzten 23 Lebensjahre völlig

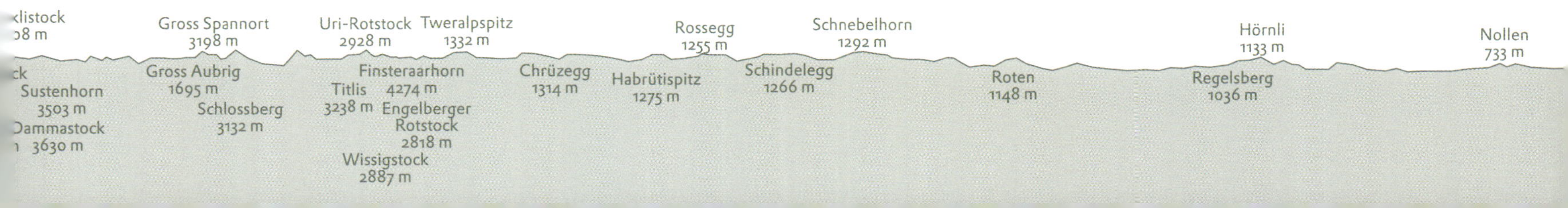

Blick vom Selun Richtung Sargans.

zurückgezogen als Bewohner der psychiatrischen kantonalen Heil- und Pflegeanstalt Herisau, stets mit dem Blick zur Hundwiler Höhi.

Diese Bergspaziergänge kann man mit einer Übernachtung im Berggasthaus mutwillig in die Länge ziehen. Das praktizieren wir in bereits ritualisierter Form alljährlich zum Adventsauftakt eingedenk der Erkenntnis des großen Schweizer Historikers Jakob Burkhardt, dass »in guter Gesellschaft noch nichts besseres erfunden wurde als Hockenbleiben«. Doch man muss wenigstens einmal aufstehen und hinausgehen, um die Bergnacht zu erleben und um die Namen der hell erleuchteten Orte in der Lichterkette am heimischen Seeufer aufzusagen.

HOCH PETERSALP 146

1590 m, Appenzeller Berge (CH, Urnäsch, Schwägalp)

Die großzügige Längsüberschreitung des Kronbergrückens [142] von Appenzell nach Urnäsch zählt zu den schönsten (und längsten) voralpinen Wanderungen im Bodenseeraum. Die Hoch Petersalp ist ein offenes Wiesengelände über den zerklüfteten Nagelfluh-Abbrüchen (zur Nagelfluh siehe Hochgrat [12]), das bis zum höchsten Punkt im westlichen Kronbergkamm hinauf zieht. Immer oben auf der Kante verläuft der aussichtsreiche Weg, dem man bis zum Spitzli (1520 m) am Westende folgen kann.

SELUN / CHURFIRSTEN 147

2205 m, Churfirstenkette (CH, Starkenbach und Alt St.Johann im Toggenburg)

Schaut man vom Säntis nach Süden, blickt man staunend auf eine Reihe bizarrer Spitzen, die eine neben der anderen aufgereiht dastehen und an die scharfen Zähne in einem Haifischmaul erinnern. Sie geben in ihrer Einheitlichkeit ein Bild ab, wie es in den Alpen kein zweites gibt. Kinder malen Berge so. Churfirsten ist der Name dieser außergewöhnlichen Kette und in der offiziellen Zählweise werden sieben Gipfel mit höchst eigenwilligen Namen aufgeführt: Chäserrugg, Hinterrug, Schibenstoll, Zuestollen, Brisi [140], Frümsel und Selun. Die sich westlich anschließenden Berge Schären [148], Nägeliberg [149], und Leistchamm [150] zählen unberechtigter Weise nicht mehr dazu. Der Name hat übrigens nichts mit den sieben Kurfürsten zu tun, sondern hat seinen Ursprung vermutlich in der Stellung der Berge als Grenzfirste gegen das ehemalige Churrätien.

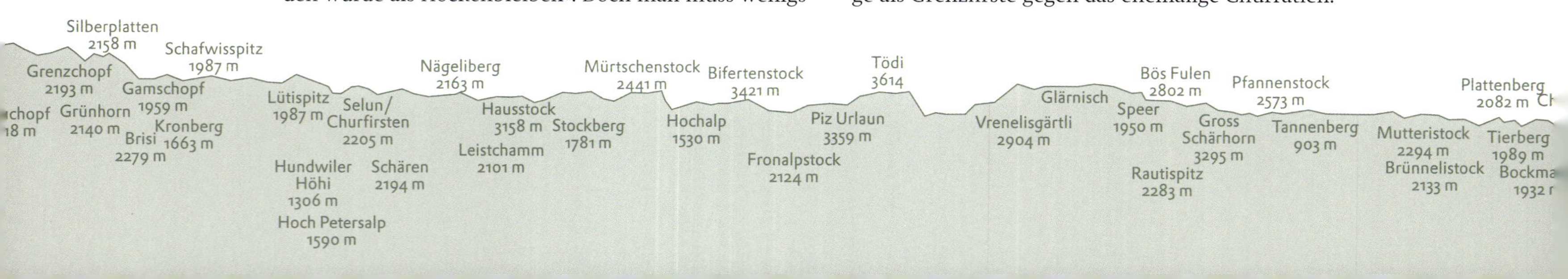

Während von Friedrichshafen nur der Selun, ein Stück vom Brisi [140] und die drei letztgenannten Gipfel zu sehen sind, zeigt sich von Panoramastandorten weiter im Westen die gesamte Kette. Eine herrliche, weitläufige Hochterrasse über dem Toggenburg, dem Tal der oberen Thur, bildet den Sockel für die in Reih und Glied stehenden hohen Dreiecke der Churfirsten mit ihren steilen, überwiegend begrünten Hängen. Über sie verlaufen die einfachsten Anstiege. Nach Süden bilden sie gemeinsam eine gigantische, senkrecht abbrechende Felsmauer mit aufgesetzten Zinnen, deren Spitzen den Walensee um nahezu 2000 m überragen. Es ist das Bild einer ungemein eindrucksvollen Berglandschaft.

Mit ihrer verblüffenden Andersartigkeit leisten die Churfirsten einen spektakulären Beitrag zur Vielfalt der Berglandschaften in Sichtweite des Bodensees. Natürlich sind sie ein bergsteigerisches Sammelobjekt. Man wird erst Ruhe geben, wenn man auf allen gestanden hat.

Der Selun ist über den Nordrücken ein dankbares, leicht zu erreichendes Ziel im Sommer und Winter. Der Gipfel vermittelt ein ausgeprägtes Gefühl der Abgehobenheit und offeriert wie seine Nachbarn eine grandiose Schau mit atemberaubenden Tiefblicken auf den Walensee, auf die unzähligen Berge ringsum und hinaus ins offene Land, wo am Horizont der Schwarzwald als gewellter dunkler Streifen den Abschluss bildet.

SCHÄREN 148

2194 m, Churfirstenkette (CH, Starkenbach/Toggenburg, Amden)

An eine Schere erinnert die Form der beiden Gipfel dieses Berges im westlichen Bereich der Churfirstenkette. Weil er nur weglos, wenn auch ohne Schwierigkeiten, bestiegen werden kann, erhält er im Gegensatz zu seinen Nachbarn Selun und Leistchamm [150] nur wenig Besuch.

Auf dem Leistchamm. Tief unten der Walensee.

NÄGELIBERG 149

2163 m, Churfirstenkette (CH, Starkenbach/Toggenburg, Amden)

Es ist nicht schwierig, den Gipfel des Nägelibergs im westlichen Bereich der Churfirstenkette zu erreichen und dort oben die großartige Aussicht aus abgehobener Position zu genießen. Doch man muss abseits der Wege über steiles, felsdurchsetztes Wiesengelände und einen herrlich luftigen, aber einfachen Grat ansteigen. Man erlangt dabei das Privileg, die Freuden dieses Berges allein erleben zu dürfen.

LEISTCHAMM 150

2101 m, Churfirstenkette (CH, Amden, Starkenbach/Toggenburg)

Weil der westliche Eckpfeiler der Churfirstenkette von Amden, der Höhensiedlung über dem westlichen Walensee, auf einem einfachen Steig bestiegen werden kann und weil sein Gipfel eine großartige Aussicht bietet, ist er ein beliebtes Ziel der Bergfreunde aus dem Raum Zü-

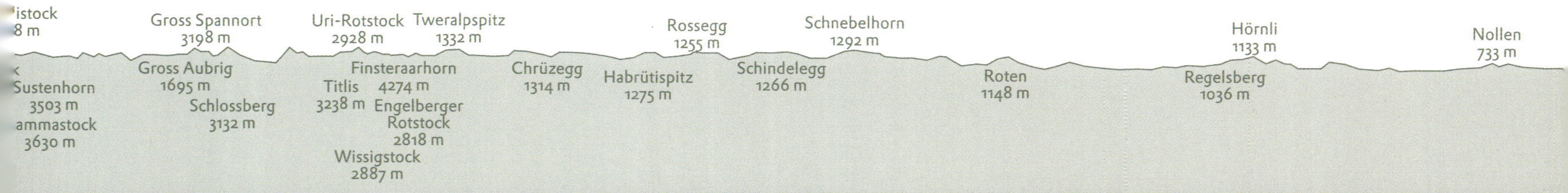

rich. Man hat das Gefühl zu fliegen, wenn man auf den 1700 m tiefer gelegenen Walensee hinabschaut, dessen Nordufer weniger als 2 km entfernt ist. Da unten liegt Quinten, die einzige Dauersiedlung der Schweiz, die nur mit dem Schiff und zu Fuß erreichbar ist.

HAUSSTOCK 151

3158 m, Glarner Alpen (CH, Elm/Glarus, Pigniu/Vorderrheintal)

Vor dem Bau der modernen Straßen war der Panixerpass (2407 m) ein bedeutender Übergang aus dem Glarnerland nach Süden. Historische Berühmtheit erlangte er durch den unsäglich mühevollen und verlustreichen Marsch eines russischen Heeres am 6. Oktober 1799 während des Zweiten Koalitionskrieges, den sogenannten Suworowzug. Mehr als 200 Soldaten überlebten die Stapazen im frisch gefallenen Schnee nicht. Heute ist der Pass nur noch ein Ziel alpiner Wanderer. Von der Passhöhe erblicken sie im Westen die Pyramide des Hausstocks, die mit dem faltenreichen weißen Umhang des Glatscher da Mer einen großartigen Anblick bietet. Leicht erreichbar ist der stolze Gipfel von keiner Seite. Spektakulär ist der lange Gratgang vom Ruchi (3107 m) herüber, der stets in einer Höhe um 3000 m verläuft und eine Aufgabe für erfahrene Bergsteiger darstellt.

STOCKBERG 152

1781 m, Alpstein (CH, Urnäsch/Schwägalp, Nesslau und Stein/Toggenburg)

Dank seiner eigenwilligen Form ist der Stockberg trotz seiner bescheidenen Höhe eine auffällige Gestalt im Panorama vom See. Er bildet einen regelmäßig geformten Pyramidenstumpf mit einem 300 m langen, nahezu horizontal verlaufenden Gipfelfirst, dessen Linie sich in den parallel angeordneten Schichtlinien des Berges fortsetzt. Das gibt ihm besonders bei geringer Schneelage das exotische Aussehen eines gestreiften Berges.

Hoch über dem weiten voralpinen Wellenland stehend und in Distanz zum Hochgebirge hat man vom Gipfel eine prächtige, aus vielen Elementen zusammengesetzte Aussicht. Die Besteigung erfolgt über den Risipass (1450 m) und die gleichmäßig steile Südflanke, die bei sicheren Verhältnissen im Winter mit Ski begangen wird und, erwischt man den richtigen Augenblick, eine herrliche Firnabfahrt bietet.

MÜRTSCHENSTOCK 153

2441 m, Glarner Alpen (CH, Mühlehorn am Walensee)

Während die Churfirsten (siehe Selun [147]) südseits mit senkrechten Wänden und steilsten Flanken zum Walensee abbrechen und damit dessen Nordufer ein dramatisches, ungemein eindrucksvolles Gepräge verleihen, haben die Berge über dem südlichen Ufer mit ihren flacher geneigten Hängen eher voralpinen Charakter. Umso mächtiger wirkt das wilde Felsmassiv des Mürtschenstocks, das diesen Höhenzügen als oberstes Stockwerk aufgesetzt ist. Isoliert stehend überragt der Bergstock mit den drei Gipfeln Stock, Fulen und Ruchen seine Umgebung, ist jedoch aus keinem der bewohnten Täler der Nachbarschaft zu sehen. Mürtschen bedeutet morsch, eine treffende Bezeichnung für das zerklüftete kleine Gebirge. Die riesigen Schuttfelder am Fuß der Felsflanken sind eindeutige Indizien für die zweifelhafte Felsqualität. Während die Besteigung eine ungemütliche Sache für Steinschlagexperten ist, sind die Höhenwanderungen rund um den Mürtschenstock ungemein lohnende Oberweltspaziergänge.

HOCHALP 154

1530 m, Appenzeller Berge (CH, Urnäsch, Schwägalp)

Die Hochalp (mit Betonung auf der zweiten Silbe) ist ein typischer Vertreter der voralpinen Appenzeller Berge, respektive Hügel, wie man hier zu sagen pflegt: Weiche Linienführung, aber unverkennbar in der Form und

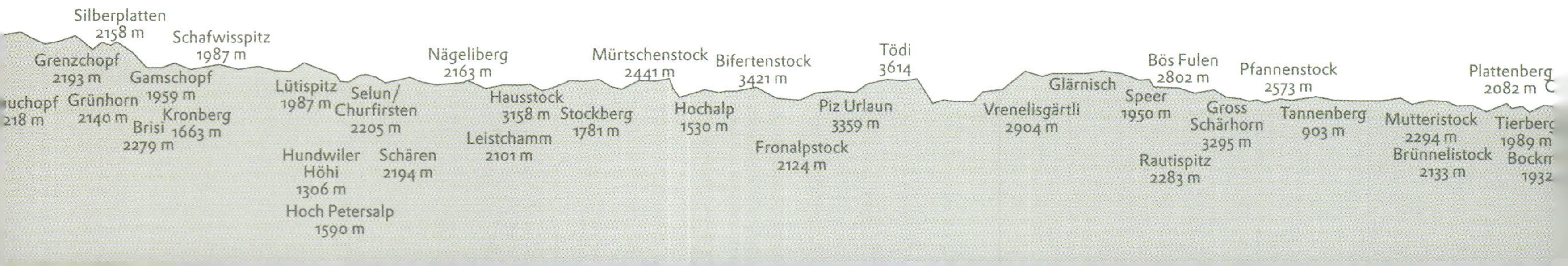

Mürtschenstock von Süden. Im Hintergrund die Churfirsten [147], rechts der Säntis [134].

ganz oben, wie könnte es anders sein, ein Berggasthaus. Der weitläufige offene Gipfelbereich wird von der Alp eingenommen, die dem Berg den Namen gegeben hat. Vom Frühjahr bis zum späten Herbst kann man im Hauptgebäude der Alp einkehren und logieren.

Wir taten das vor Jahren an Allerheiligen und waren die einzigen Übernachtungsgäste. Nordseitig hatte sich bereits der Winter eingenistet. Die Welt ging in einem Nebelmeer unter, das ans Gebirge brandete und aus dem einzelne Vorberge wie Atolle ragten. Auf unserer eigenen Himmelsinsel durften wir eine große Inszenierung miterleben: Gleichzeitig mit dem Versinken der Sonne im westlichen Meer ging exakt auf einer Linie im Osten der Vollmond auf und tauchte Meer und Berge in ein märchenhaftes Silberlicht, das selbst in der Ferne noch Einzelheiten erkennen ließ. In der Nacht standen wir mit dem Senn und Wirt Hans Mock vor dem Haus und staunten über die Reihe großer Lichtflecken auf dem Nebelmeer. Es hatte den Anschein, als wären auf dem Meeresgrund installierte riesige Scheinwerfer nach oben gerichtet. Hans Mock zählte auf: Langenargen, Friedrichshafen, Immenstaad, bis hinüber nach Überlingen. Als Zehnjähriger hätte er 1944 hier oben die Bombardierung von Friedrichshafen beobachtet: »A grusigs Schauspiel«.

Der aussichtsreiche, wildromantische Höhengang hinüber zum Spicher (1520 m) und weiter zur Schwägalp (Talstation der Säntisbahn, Betonung auch auf der zweiten Silbe) sollte sich der Besteigung der Hochalp anschließen. Die Kulisse mit dunklen Waldschluchten, dem gebänderten Stockberg [152] und dem gewaltigen Felswall des Säntis [134] könnte auch die Freunde amerikanischer Nationalparks in Entzückung versetzen, doch die Hochalp dürfte ihnen nicht weit genug weg sein.

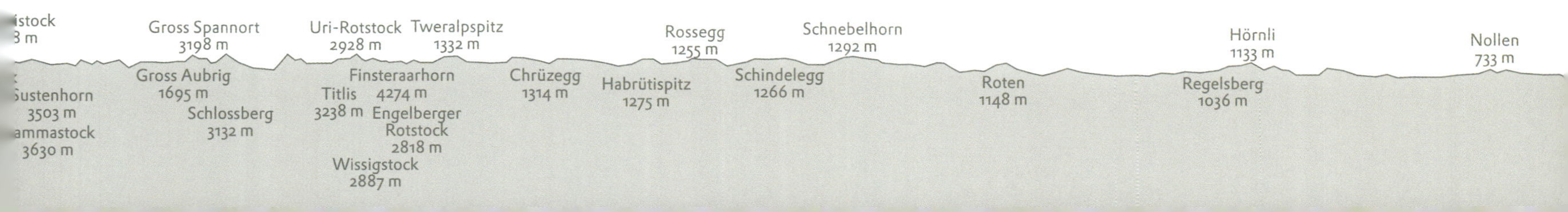

Der Bifertenstock vom Bifertenfirn, kurz unter dem Gipfel des Tödi [158].

BIFERTENSTOCK 155

3421 m, Glarner Alpen (CH, Brigels im Vorderrheintal, Linthal)

Mit wilden Eiskaskaden fließt der Bifertenfirn vom Tödi [158] herab in einen Bergkessel hinein, der zu den großartigsten der Alpen gehört. Mittendrin steht in unvergleichlicher Postition die Fridolinshütte der SAC-Sektion Tödi. Im Westen steht die Riesenmasse des Tödi, im Süden formen Selbsanft, Bifertenstock und Piz Urlaun [157] eine gigantische Felsenmauer, zerklüftet und durchzogen von nahezu senkrechten Eisrinnen, in die herabschießende Felstrümmer tiefe Bahnen hineingefräst haben. Es ist ungebändigte Landschaftsdramatik. Wer es sehen will, muss vom Tierfehd im hintersten Glarnerland fünf Stunden hinaufsteigen. So bleibt es zwangsläufig ruhig hier oben. Weil die Felsen brüchig und gefährlich sind, fehlen auch die Kletterer.

Nach dem Tödi ist der Bifertenstock der zweithöchste Berg der Glarner Alpen und einer der höchsten, die vom Bodenseeufer zu sehen sind. Dennoch bekommt er wenig Besuch, denn die Besteigung auf dem sogenannten Normalweg von Süden über gefährliche, ungemein ausgesetzte Felsbänder bleibt erfahrenen und nervenstarken Alpinisten vorbehalten.

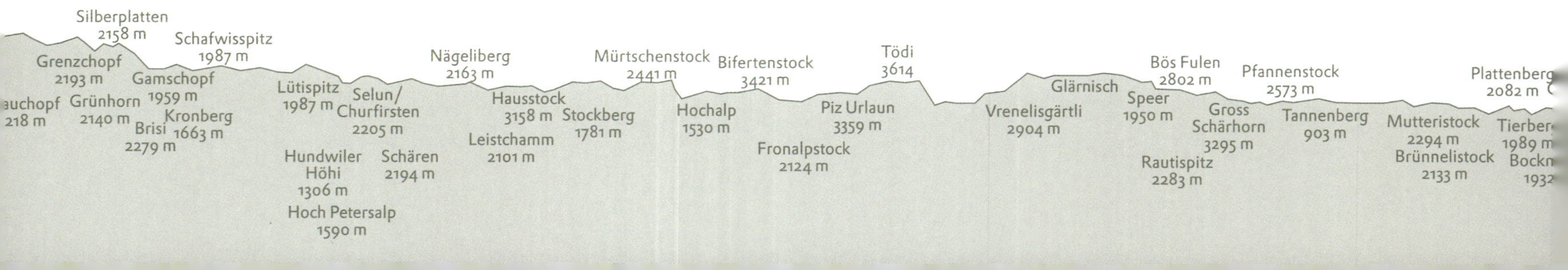

FRONALPSTOCK 156

2124 m, Glarner Alpen (CH, Glarus, Filzbach/Kerenzerberg)

Über dem ebenen Talboden des Glarner Unterlands zwischen Näfels und der Kantonshauptstadt Glarus steht westseitig die Riesenmauer des Rautispitz [161] und, um noch ein Stockwerk erhöht, der alles beherrschende Glärnisch [159], eine Felsenwelt, wie mit roher Gewalt hingeklotzt. Es ist ein Landschaftsbild, für das es wenig Vergleiche gibt; kaum irgendwo gibt es ein so unmittelbares Aufeinandertreffen von ungezähmter Natur und städtisch geprägter Zivilisation. Etwas gemäßigter sind die Verhältnisse über der östlichen Talseite. Hier dominiert der Fronalpstock das Bild, doch er tut das nicht wie die Berge gegenüber mit Masse, er lässt die Eleganz seiner Form spielen, indem er eine schön geschwungene Dreikantpyramide bildet. Wegen seiner vorgeschobenen Lage ist er ein vorzüglicher Aussichtsberg, auf den wunderschöne Wege führen. Insbesondere der nordseitige Anstieg vom Kerenzerberg, vorbei an zwei Seen und unter den zerfurchten Felsflanken des Mürtschenstocks [153] ist von großem Reiz.

PIZ URLAUN 157

3359 m, Glarner Alpen (CH, Trun/Vorderrheintal)

Als Mauer aus Fels und Eis steht der Piz Urlaun südlich über dem Bifertenfern, der als Eisstrom vom Tödi [158] herabfließt. Die Namen verraten, dass hier die Sprach- und Siedlungsgrenze zwischen den Alemannen der Deutschschweiz und den Rätoromanen der bündnerischen Surselva (Vorderrheintal) verläuft. Der Piz Urlaun (Schneehuhnberg) ist der einzige »Piz«, der vom Bodenseeufer zu sehen ist. Er ist damit ein Verbindungsglied zu einem anderen Kulturraum, zum Süden und zu Italien.

Bergsteiger mit hochalpiner Erfahrung können ihn aus der Surselva ohne größere Schwierigkeiten besteigen. Sützpunkt ist die Puntegliashütte des SAC (2311 m). Doch nur wenige Alpinisten aus dem deutschen Raum nehmen den weiten Weg auf sich und so ist die Südseite der Glarner Alpen ein stiller, ursprünglicher Bergraum voll wilder Schönheit geblieben.

Die heute übliche Route auf den Piz Urlaun benutzte bereits der legendäre Erstbesteiger Plazidus Spescha (1752–1833) im Jahr 1793. Der aus einfachen bäuerlichen Verhältnissen stammende Pater des Benediktinerklosters St. Martin in Disentis ist eine der herausragenden Gestalten in der Geschichte des Bergsteigens. Seine bedeutenden Erstbesteigungen liegen zeitlich ein halbes Jahrhundert vor dem Beginn des modernen Alpinismus. Völlig auf sich gestellt und mit erbärmlicher Ausrüstung bestieg er als erster viele große Berge seiner Heimat, darunter das Rheinwaldhorn (1789) und den Oberalpstock (um 1793). Nur der Tödi [158], sein großes Ziel, blieb ihm versagt. Als Naturforscher dokumentierte er seine Beobachtungen und Erlebnisse, unter anderem in einer »Beschreibung der Alpen, vorzüglich der höchsten«, entstanden 1823. Er war Historiker, Volkskundler, Erzieher und Sprachwissenschaftler – ein autodidaktisch gebildeter Universalgelehrter in einem versteckten Alpental, weit weg von den geistigen Zentren seiner Zeit.

Verstehst du, was für neue Lebenskraft
Mir dieser Wandel in der Öde schafft?
Goethe, Faust I

TÖDI 158

3614 m, Glarner Alpen (CH, Linthal im Kanton Glarus)

Auch wenn der Säntis [134] der herausragende Berg im Alpenpanorama des nördlichen Bodenseeufers ist, der höchste ist er bei weitem nicht. Etwas weiter westlich zeigt sich an klaren Tagen in größerer Entfernung ein auch im Sommer weiß glänzendes Gletscherdach, das einem massigen Vierkant schräg aufgesetzt ist. Das ist der Tödi in den Glarner Alpen, 104 km Luftlinie vom

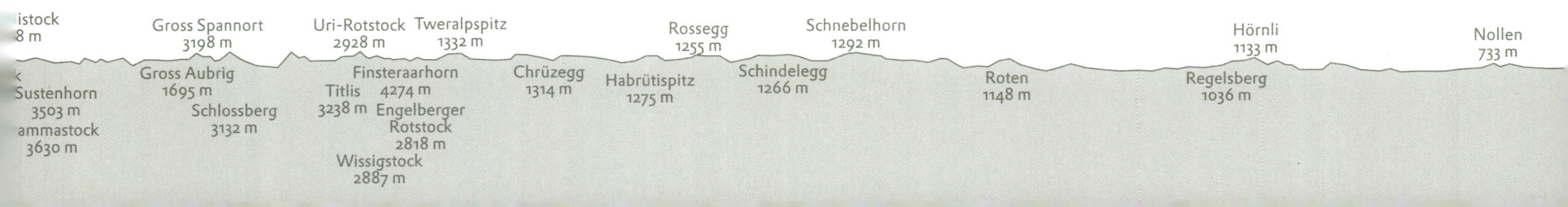

Auf dem Tödi. Nur die Bernina im Südosten schaut aus dem Wolkenmeer heraus.

Friedrichshafener Ufer entfernt und 1100 Meter (!) höher als der Säntis. Er ist einer der ganz großen Berge der Alpen, auch wenn er nicht zu den allerhöchsten gehört. 3000 Meter erhebt er sich über dem Talboden des Kantons Glarus. Das ist ein Wert, den nur ganz wenige Alpengipfel erreichen. Fährt man von der Kantonshauptstadt weiter ins Tal der Linth hinein, sieht man plötzlich den Riesen mit seiner seltsam gedrungenen Gestalt im Talhintergrund stehen und erfasst sofort, wer hier der Herrscher ist.

Hinten im Tierfed, auf nur 800 m Höhe, hört die Straße auf. Der Talkessel ist umstellt von gigantischen, geradezu erdrückenden Felswänden. Hier schrieb während des Ersten Weltkriegs der sprachgewaltige Wiener Dichter Karl Kraus an seinem düsteren Drama »Die letzten Tage der Menschheit« und hier entstand 1916 sein Gedicht »Landschaft« mit den vier »T« in der ersten Zeile des Schlussverses:

Du Tal des Tödi bist vom Tod der Traum.
Hier ist das Ende.
Die Berge stehen vor der Ewigkeit
wie Wände.
Das Leben löst sich von dem Fluch der Zeit
und hat nur Raum, nur diesen letzten Raum.

Der etwas unpassend erscheinende und verniedlichend klingende Name des Berges leitet sich ganz prosaisch aus dem Begriff Öde ab, stammt also aus einer Zeit, in der man die Berge hauptsächlich nach ihrem ökonomi-

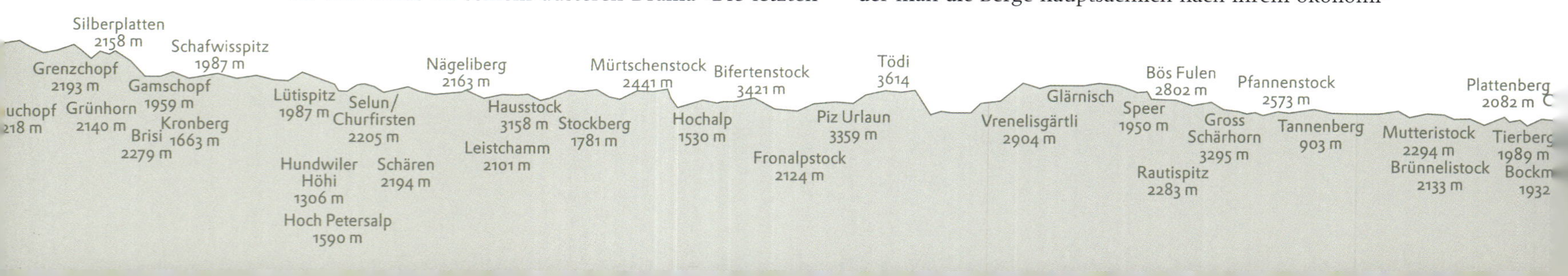

schen Nutzwert bemaß. Das änderte sich fundamental im Zeitalter der Aufklärung, als deren Propheten erstmals die Schönheit der Alpenwelt besangen und in der Folge die nutzenfreie Besteigung von Bergen in Mode kam, einfach deshalb, weil sie da sind, wie es der Everestpionier George Mallory formulierte. Einer der großen, doch eher unbekannt gebliebenen Bergsteiger der ersten Erschließungsphase war der naturforschende und bergsteigende Pater Placidus Spescha (1752–1833) aus dem Kloster Disentis im Vorderrheintal südlich des Tödi. Ihm gelangen eine Reihe bedeutender Erstbesteigungen, die er oft im Alleingang durchführte, darunter die des Rheinwaldhorns im Revolutionsjahr 1789 (näheres siehe beim Piz Urlaun [157]). Lange Jahre kreiste er um den Tödi, den höchsten Berg seiner Heimat, doch trotz mehrerer Anläufe blieb ihm der Erfolg versagt. Die erste Besteigung glückte am 1. September 1824 zwei jungen Einheimischen, immerhin auf Geheiß und unter Anleitung des älter gewordenen Klosterherrn.

Im Panorama vom See hat der Tödi einen ganz besonderen Rang, denn er ist der höchste Gipfel, der vom unmittelbaren Seeufer aus zu sehen ist. Die noch höheren Bergriesen des Berner Oberlands zeigen sich erst von höheren Standorten. Seine Umgebung überragt er so dominant, dass man seine Firnhaube von allen hohen Bergen zwischen Zugspitze, Ortler und Matterhorn sieht.

Der Tödi ist mein Berg. Er wurde das im Verlauf einer langjährigen, gewissermaßen doppelten Annäherung vom See her und von vielen Gipfeln zwischen Bodensee und Bernina, zwischen Ötztaler und Walliser Alpen. Nur auf die Frage, wie die Besteigung zu zelebrieren sei, fand ich lange keine angemessene Antwort, bis mein alpiner Urfreund Hans die entscheidende Idee hatte: »Zum Tödi reisen wir mit dem Fahrrad«.

Bei der Abreise sind wir aufgeregt, als würden wir zu einer Expedition aufbrechen. Das Aussehen der vollbepackten und eispickelbewehrten Räder passt zu dieser

Der Tödi von Norden. Links der Piz Urlaun [157].

Vorstellung. Dritter Mann ist Willi (»Paule«), der »Seebergefreund«, der mich vor 30 Jahren ins winterliche Hochgebirge einführte. Die 110 km lange, etwas »unebene« Fahrt von Romanshorn über Bischofszell, Wattwil und den Rickenpass kostet Kraft, ist aber eine unvergleichliche Art der Annäherung ans Gebirge. 2800

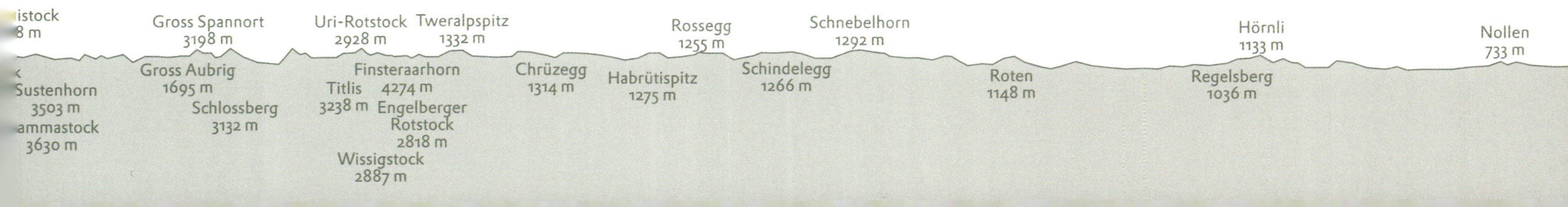

Höhenmeter trennen uns bei der Endstation für die Räder im Tierfeld vom Tödigipfel. Gewiss einer der eindrücklichsten Hüttenanstiege, wenn auch einer der längeren, ist der Weg zur Fridolinshütte (2111 m). Himmelstürmendes Gewänd umsteht die ebenen Alpböden von Vorder- und Hintersand. Erst auf den letzten Metern zur Hütte offenbart sich der Kessel in seiner ganzen Herrlichkeit: Die ungeheure Wandflucht vom Selbsanft zum Bifertenstock, die geborstenen Eisfälle des Bifertenfirns, die sich bis zur Höhe der Hütte herabwälzen und schließlich riesig und ernst der Tödi mit seinen Eisbalkonen. Mittendrin, auf einer begrünten Anhöhe steht die Fridolinshütte der Sektion Tödi des SAC an einem der schönsten Hüttenstandorte der Alpen.

Der große Tag beginnt mit nächtlicher Moränenstackserei im Schein der Stirnlampen. Zunächst kommen wir an einem winzigen Baudenkmal vorbei. Es ist die Grünhornhütte, die bescheidene erste alpine Unterkunft des Schweizer Alpenclubs, erbaut 1863. Gerade wie wir uns an den kurzen Abstieg zum Gletscher machen, löst sich eine hausgroße Eismasse aus dem Bruch gegenüber, stürzt über eine Felsstufe und zerschellt in tausend Fetzen – Tödis einschüchternder Gruß. Doch friedlich vollzieht sich der weitere Anstieg (eine Gletschertour für erfahrene Hochtouristen mit entsprechender Ausrüstung) über den spaltenreichen Bifertenfirn. Die Kulisse ist grandios, eindrücklicher als auf dem Weg zu manchem Viertausender. Der feierliche Ernst des Hochgebirges, die aufs Äußerste reduzierte Welt, Schnee, Fels, Himmel. Spektakulär und passend zum aufgewühlten Innern ist die Begrüßung auf dem Gipfelgrat: Eine eisige Sturmböe wirft mich in den Schnee. Wir stehen über einem grenzenlosen Wolkenmeer, nur die ganz hohen Bergherrschaften sind zu sehen, Bernina, Finsteraarhorn [189], Dom, Monte Rosa. Der Bodensee ist irgendwo da draußen versunken. Ich bin auf meinem Tödi, das Ziel ist erreicht.

Weil wir den Weg am Berg um den Weg zum Berg bereicherten, war es die perfekte Bergreise, ein Hauptereignis meines Bergsteigerlebens. Darum werde ich auch nicht mehr auf den Tödi steigen. Seine Nähe werde ich aber weiterhin suchen und ich werde ihn weiter bewundern.

GLÄRNISCH/VRENELISGÄRTLI 159

2904 m, Glarner Alpen (CH, Glarus)

Zu den eindrucksvollsten Berggestalten im Alpenpanorama vom Bodensee gehört das riesige Felskastell des Glärnisch, eines der mächtigsten Bergmassive der Alpen. Seine Besteigung ist ein ordentliches Stück Arbeit, doch wer die Mühen auf sich nimmt, der wird ein herausragendes und ungemein vielseitiges Erlebnis von einem Berg mitbringen, der zu den außergewöhnlichsten der Alpen zählt.

Die Fahrt zum Glärnisch lohnt sich aber auch, wenn man sich die Besteigung, eine anspruchsvolle Gletscherhochtour, nicht zutraut, denn die landschafliche Szenerie um den Klöntaler See ist atemberaubend. Einem Fjord vergleichbar zieht sich der 5 km lange See unter der zerklüfteten, prächtig gebänderten Zyklopenmauer des Glärnisch hin: 2000 m Fels aufeinander getürmt in breiter Front. Ganz oben, fast schwebend, sieht man eine fein gezogene weiße Linie, einen filigranen Firngrat, der zum Hauptgipfel und östlichen Eckpunkt des Massivs hinüberleitet. Es ist der Schwander Grat, der den Zugang zum Vrenelisgärtli vermittelt. Seinen Ursprung hat dieser zärtlich und verniedlichend klingende Name in der Sage, die von der »übermütigen Jungfere« Vreneli berichtet. Sie wollte trotz vieler Warnungen dort oben einen Garten anlegen und stieg mit ihrem Käsekessel hinauf. Zur Strafe für ihre Dreistigkeit ließ sie der Herrgott mitsamt ihrem sperrigen Gefäß einschneien und noch heute bezeichnet »a chlis viereggets Schneefeld«, das bis Zürich hinaus glänzt, den Ort des Frevels.

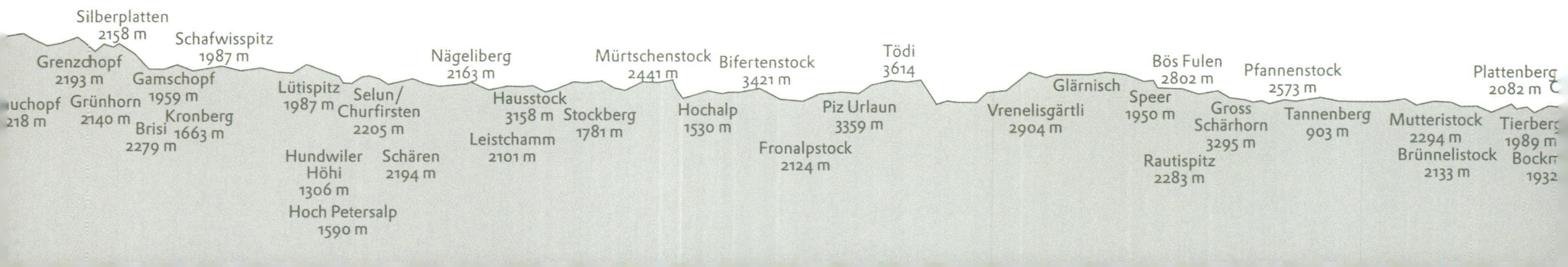

Das Glärnischmassiv von Osten. Links der Bös Fulen [162].

Die Besteigung des Vrenelisgärtlis gehört gewiss zu den schönsten Bergunternehmungen im Bereich der Seeberge. Es ist eine Begegnung mit allem, was Bergschönheit ausmacht. Da ist der Klöntaler See mit seiner gewaltigen Felskulisse, das Rossmatt, ein Tal der fallenden Wasser und Wiesen mit unzähligen Feuerlilien, durch das der Anstieg zur Glärnischhütte des SAC (1990 m) führt, das Gletscherbecken, ein sanft umgrenzter hoher Bergraum, den man durchschreitet bis zur Abbruchkante, wo sich unvermittelt die Welt öffnet zu endlosen Weiten und in unfassbare Tiefen. Es folgt der schmale Schwander Grat, zu dem man am Vortag zweifelnd hochgestaunt hat. 2000 m stürzt das Gelände links und rechts der Schneide ab, man wandelt in großartiger Ausgesetztheit und Einsamkeit zwischen Himmel und Erde. Eine leichte Kletterei führt vollends zum Gipfel des Vrenelisgärtli hinauf.

Für uns war die Ankunft auf diesem exklusiven Hochposten ein bewegender Moment, denn wir wurden empfangen vom Sonntagsgeläute der Schwander Kirchenglocken, deren Klang 2400 m zu uns heraufstieg. Die Aussicht ist grenzenlos und von seltener Schönheit. Sie bietet große Hochgebirgsbilder, spektakuläre Tiefblicke und den weiten Blick hinaus ins Alpenvorland, wenn man Glück hat sogar auf den Bodensee. Besonders instruktiv zeigen sich die anderen Felskastelle der Glarner Alpen, allen voran – wie könnte es anders sein – der alles überragende Vierkant des Tödi.

Selten ausgeführt wird die Besteigung des südlich abgesetzten Bächistocks, der mit 2914 m den Höchstpunkt des Gärnischmassivs markiert. Einfacher ist die Besteigung des Ruchen (2901 m), die sich an die Tour aufs Vreneslisgärtli anschließen lässt. Vom Ruchen hat man einen eindrucksvollen Tiefblick zum Klöntaler See.

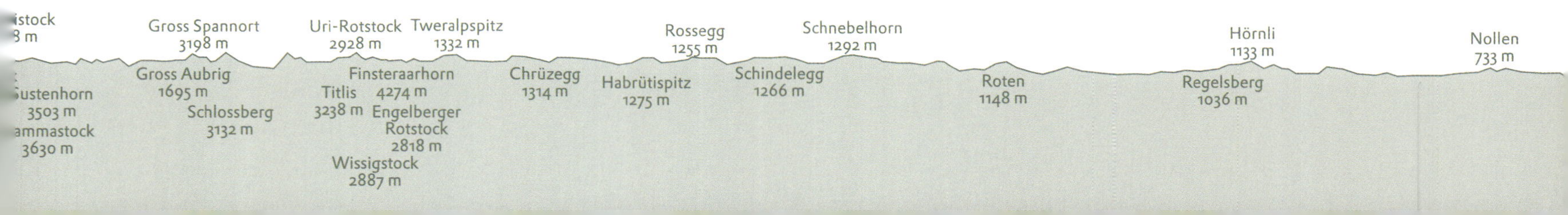

Spätherbst auf der Hochalp [154]. Rechts der Speer, hinten Tödi [158] und Glärnisch [159].

SPEER 160

1950 m, Toggenburger Berge, (CH, Krummenau, Nesslau, Amden)

Um seine Qualitäten als Aussichtsberg zu würdigen, hat man ihm den Ehrentitel »Rigi der Ostschweiz« verliehen. Doch auch seiner Form wegen übt er eine große Anziehungskraft aus. Er bildet einen hochgestellten spitzigen Dreikant, der an eine Speerspitze erinnert. Doch der Name wird ganz unpoetisch aus dem lateinischen Wort cippus für Baumstumpf abgeleitet. Neben edler Gestalt und großer Gipfelschau hat der Speer einen weiteren Superlativ aufzuweisen: Er ist der höchste Nagelfluhberg der Alpen (Näheres zu diesem Gesteinsgemisch siehe Hochgrat [12]).

Mit dem PKW muss man vom Nordufer des Bodensees eine lange und komplizierte Anreise in Kauf nehmen. Ungleich schöner, und dennoch kaum praktiziert, ist die Fahrt mit der Fähre über den See nach Romanshorn, wo man direkten Anschluss an den Voralpenexpress hat. Diese wunderschöne Bahnlinie nach Luzern erschließt eine große Zahl von Tourenmöglichkeiten in der gesamten Nordostschweiz, so auch eine zweitägige Überschreitung des Höhenzugs, der das Obertoggenburg im Süden begleitet. Man verlässt den Zug in Wattwil und wandert gemütlich und stets mit großartigen Ausblicken über den Regelstein (1315 m) zum Tanzboden (1443 m). Der hat seinen Namen von dem kleinen offenen Gipfelplateau, auf dem in allerschönster Aussichtslage das urige kleine Gipfelgasthaus steht, das ganzjährig geöffnet ist und die Möglichkeit zur Übernachtung bietet. So kann man den Kammweg anderntags in die nächste Etage hinauf fortsetzen bis zur Spitze und auf einem der vielen Wege nach Nesslau hinab steigen, wo die Toggenburger Bahnlinie endet.

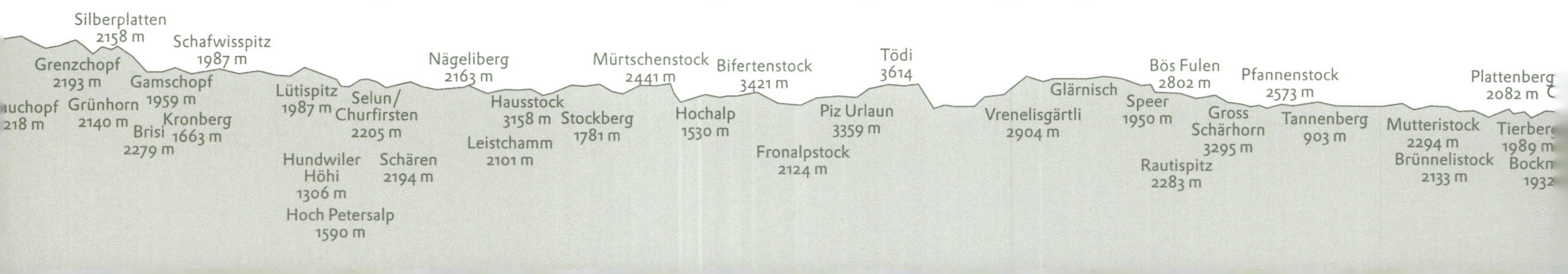

RAUTISPITZ 161

2283 m, Glarner Alpen, (CH, Näfels, Glarus)

Weil sie sich neben dem höheren Glärnisch [159] kaum in Szene setzen, sind der Rautispitz und der Wiggis im Friedrichshafener Panorama nur schwer zu identifizieren. Dabei bildet das Gipfelpaar ein eigenständiges Bergmassiv, dessen nahezu senkrechten Abbrüche 1800 m ins dicht besiedelte und hoch industrialisierte Glarner Haupttal um die Kantonshauptstadt Glarus hinabstürzen und vom topfebenen Talboden gewaltig Eindruck machen (siehe dazu auch Fronalpstock [156]). Das gilt speziell für den Winter, wenn hoch über den Gassen die riesigen Schneewechten des Gipfelkamms hängen.

Als »außerordentliches Ausflugsziel« bezeichnet Werner Straub den Rautispitz im Alpinführer Glarner Alpen. Das sollte man nicht allzu wörtlich nehmen, es sei denn, man lässt für einen vierstündigen Anstieg mit der Bewältigung von 1300 Höhenmetern ab dem wunderschön gelegenen Obersee als Ausgangspunkt noch die Kategorie »Ausflug« gelten. Auch die Skibesteigung ist mehr als ein Winterspaziergang. Die Abfahrt ist alles andere als ideal, wir haben dafür den Begriff »Abgang« eingeführt. Doch es ist eine bergsteigerisch großartige Unternehmung, einsam und in einer fantastischen Hochgebirgslandschaft. Ein atemberaubender Moment ist die Ankunft auf dem Gipfelgrat nach dem langen Gang durch die geschlossene, schattige Geländekammer der Rautialp, bei dem man immer das hell in der Sonne glänzende Ziel vor Augen hat. Weit in die Täler hinein greifen die Arme des Nebelmeers, in das unser Berg und der Vorderglärnisch hinabstürzen. Inseln, Riffe, Landzungen, umflossen vom weißen Meer. Große Stille, Menschenferne und das Gefühl äußerster Abgehobenheit prägen die Stunde auf dem Gipfel. Es ist wieder der Moment für meinen etwas anmaßenden Satz: »Das alles gehört mir«, ergänzt um den relativierenden Zusatz: »Und mir ist völlig gleich, wer das sonst noch behauptet.«

BÖS FULEN 162

2802 m, Glarner Alpen (CH, Braunwald)

Keinen einladenden Namen hat man dem abweisenden Felsklotz südwestlich des Gärnischmassivs am Rand der Steinwüste um den Pfannenstock [164] gegeben. Der Name kommt nicht von ungefähr (»Ful« steht für die Qualität des Gesteins), keiner der Anstiege kann reine Bergfreuden vermitteln, wenngleich sehr elementare Erlebnisse in einer ungebändigten wilden Felslandschaft. So bekommt der Bös Fulen, obwohl er den höchsten Punkt des Kantons Schwyz markiert, nur gelegentlich Besuch.

GROSS SCHÄRHORN 163

3295 m, Glarner Alpen (CH, Klausenpass)

Ein mächtiger Wall über 3000 m hoher formschöner Berge begrenzt südseits die Klausenpassroute. Neben dem Clariden (3267 m) mit seiner Riesenkuppel über der Nordwand, deren Eismantel von Jahr zu Jahr kleiner wird, macht der charakteristische Doppelgipfel des Schärhorns (Groß und Klein Schärhorn) mit seiner tatsächlich an eine Schere erinnernden Form den größten Eindruck auf die Passfahrer. Von der Straße ist allerdings nicht erkennbar, dass sich hinter dem Gipfel ein riesiges Gletscherplateau mit wahrhaft arktischen Ausmaßen erstreckt. Die Weststaulage mit 3000 mm Jahresniederschlag (zum Vergleich: Friedrichshafen 1000 mm) sorgt für die Anhäufung so großer Schnee- und Eismassen, die den verniedlichend klingenden Namen Hüfifirn tragen.

Steigt man von der Klausenpasshöhe über das »Iswandli« hinauf, öffnet sich am Chammlijoch (3031 m) der Blick in diese eisige Welt. Hinter den weiten Gletscherflächen steht in einsamer und abweisender Größe der dunkle Vierkant des Tödi [158]. Davor thront auf einer Felsinsel inmitten der Eiswüste die Planurahütte des SAC (2947 m) an einem der exklusivsten und weltfernsten Hüttenstandorte der Alpen. Auffälligste Gestalt in

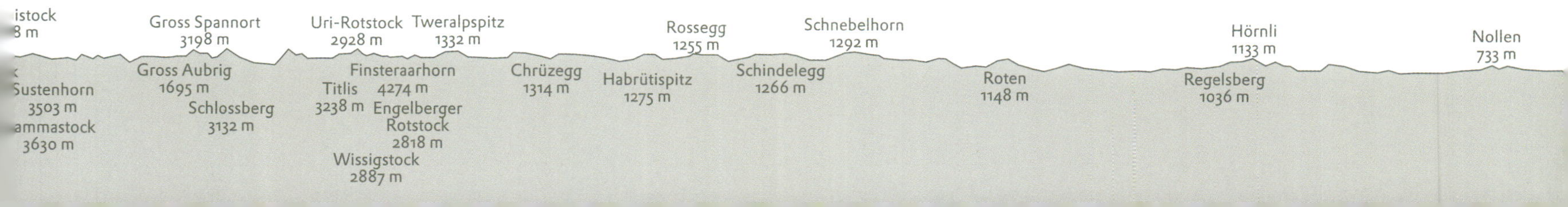

Planurahütte, Hüfifirn und Groß Schärhorn [163]

dieser aus Schnee, Eis, Fels und Himmel zusammengesetzten Hochwelt ist das Groß Schärhorn, das mit dem eleganten Schwung seiner Grate die nordwestliche Begrenzung des Beckens bildet. Besteigt man den schönen Berg von der Planurahütte, durchmisst man das »Inlandeis« in einem weiten Bogen und verschafft sich so einen Begriff von der Dimension dieser großen und ernsten hochalpinen Landschaft. Erfahrung, Seil, Pickel, Steigeisen und die Gesellschaft von Freunden, auf die man sich verlassen kann, sind zwingende Voraussetzungen für solche Unternehmungen, für die man den schönen Begriff Hochtour verwendet. Die Besteigung des Schärhorns gehört zu den einfacheren und besonders lohnenden dieser Gattung. Hat man Tags zuvor mit der Überschreitung des Clariden den nobelsten Zugang zur Planurahütte gewählt, darf man die »grönländischste« und zivilisationsfernste Unternehmung im Bereich der Seeberge seinem Tourenschatz zurechnen.

PFANNENSTOCK 164

2573 m, Glarner Alpen, (CH, Braunwald, Muotathal)

Zu den eigenartigsten Landschaften der Alpen gehören die hohen Kalksteinwüsten mit ihren ausgedehnten, zernagten und durchlöcherten Plateaus. Ein elegischer Zauber liegt über ihnen, ein unerbittlicher Ernst, dem sich der Wanderer nicht entziehen kann. Das Gottesackerplateau beim Hohen Ifen [33], die Karrenfelder der Sulzfluh [87] und das Felsenland des Mutteristocks [166] sind bedeutende Beispiele für diesen außergewöhnlichen Landschaftstyp. Deutlich übertroffen an Ausdehnung und damit auch an Eindrücklichkeit werden sie von den Karrenfeldern zwischen dem Glärnischmassiv

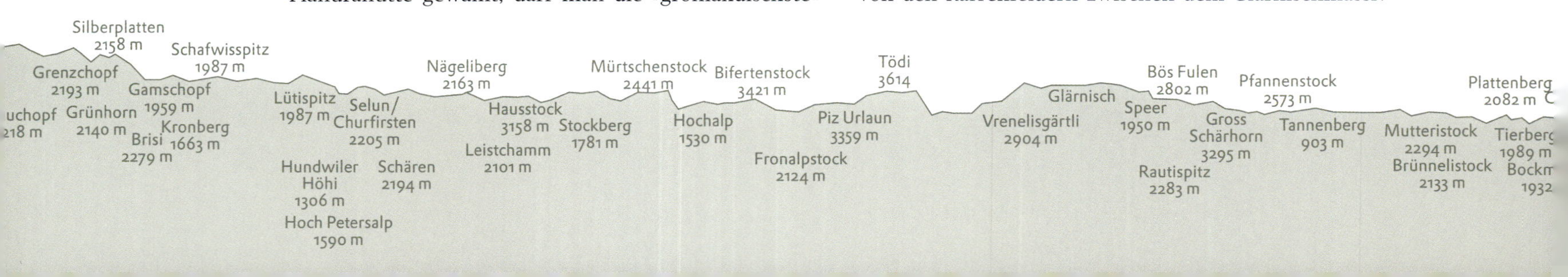

Magniaest pro dunditovit

[159] und dem Klausenpass. Man kann hier stundenlange Felswüstenwanderungen machen, ohne einem Hauch freundlicher Natur oder gar Spuren menschlicher Einwirkung zu begegnen. Doch man sollte nur bei stabiler Wetterlage unterwegs sein, denn bei Nebel findet man im gleichförmigen, zerklüfteten Felsgelände keinerlei Anhaltspunkte für eine Orientierung.

Zwei ganz unterschiedliche Berge prägen diese herrliche Einöde: Die Silberen, eine sanft hochgewölbte Riesenkuppel (im Winter verschenkt sie ein arktisches Skiwandererlebnis und einen nordseitigen Abfahrts-Pulver-Rausch) und der Pfannenstock, eine schön geschwungene Pyramide im Zentrum der Wüste. Er ist nur auf langen Wegen zu erreichen, auf denen man sich weit von der Zivilisation entfernt.

> *Es lehren die Berge heil'ge Gesetze dich.*
> Aus der Ode »Unter den Alpen gesungen«
> Friedrich Hölderlin, entstanden 1801 in Hauptwil

TANNENBERG 165

903 m, Fürstenland, (CH, St. Gallen, Bischofszell)

Den bewaldeten Höhenzug könnte man als Bruder des Gehrenbergs über Markdorf bezeichnen, denn er ist sein Pendant südlich des Sees. Gleich ihm schwingt er sich sanft und mit bescheidener Geste über seine hügelige Umgebung, das Fürstenland westlich von St. Gallen, hinaus. Wegen seiner geringen Höhe und der unscheinbaren Gestalt findet er bei den Betrachtern des Panoramas am Nordufer keinerlei Beachtung, ohne seine Existenz wahrzunehmen geht der Blick über ihn hinweg zu den Alpengipfeln dahinter.

Die aussichtsreiche Wanderung über den Tannenberg von der schönen alten Stadt Bischofszell nach St. Gallen lässt sich wunderbar in einen Ausflug mit Schiff und Bahn integrieren. Bevor es zum Tannenberg hinaufgeht kommt man durch Hauptwil, wo Friedrich Hölderlin 1801 im heute noch stehenden Haus des Fabrikanten Anton von Gonzenbach drei Monate lang als Erzieher tätig war – und wieder einmal scheiterte. Er war überwältigt von den nahen Alpen. In einem Brief an seine Schwester schrieb er: *»Du würdest auch so betroffen, wie ich, vor diesen glänzenden, ewigen Gebirgen stehn, und wenn der Gott der Macht einen Thron hat auf der Erde, so ist es über diesen herrlichen Gipfeln.«* Und zur selben Zeit an seinen Freund Christian Landauer: *»Vor den Alpen, die in der Entfernung von einigen Stunden hieherum sind, stehe ich immer noch betroffen, ich habe wirklich einen solchen Eindruk nie erfahren, sie sind, wie eine wunderbare Sage aus der Heldenjugend unserer Mutter Erde, und mahnen an das alte bildende Chaos, indeß sie niedersehn in ihrer Ruhe, und über ihrem Schnee in hellerem Blau die Sonne und die Sterne bei Tag und Nacht erglänzen.«*

MUTTERISTOCK 166

2294 m, Glarner Alpen (CH, Wägital/Innerthal)

Die westliche Kette der Glarner Voralpen (siehe auch Bockmattli [170], Brünnelistock [167] und Chöpfenberg [171]) kulminiert im Mutteristock. Wegen des langen Aufstiegs – 1300 m Höhendifferenz sind vom Wägitaler See zu überwinden – wird der außergewöhnliche Berg eher selten besucht. Dabei ist diese Tour im Sommer wie im Winter ein großartiges Erlebnis. In der schneefreien Zeit schaffen die öden, weitläufigen Karrenfelder (siehe Hoher Ifen [33], Sulzfluh [87] und Pfannenstock [164]) das Bild einer hochalpinen Wüstenlandschaft, im Winter beeindrucken die von hellen Felswänden umstandenen Geländekammern. In beiden Fällen ist es ein großer Moment, den Grat über den senkrechten Südabbrüchen zu betreten. Grenzenlos ist die Schau vom exponierten Gipfel. Der Blick streicht die Nordwestfront der Alpen entlang und verliert sich draußen im Alpenvorland. Ganz nahe im Südosten beherrscht der ungeheure Felswall des Glärnisch [159] das Bild.

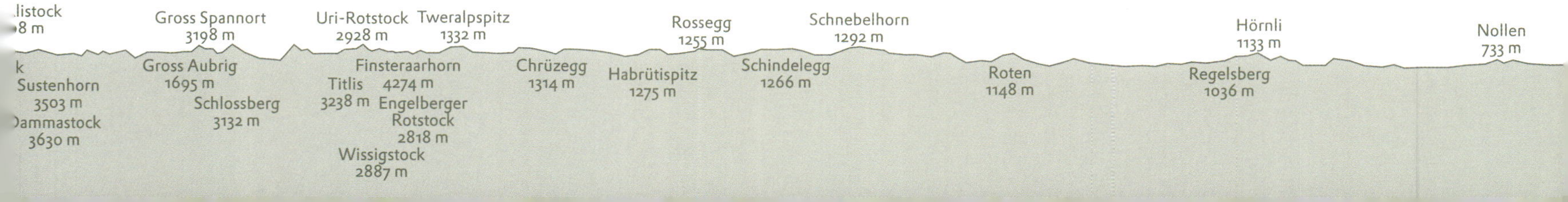

Im Winter auf dem Mutteristock [166]. Rechts oben das Vrenelisgärtli [159].

BRÜNNELISTOCK 167

2133 m, Glarner Alpen (CH, Näfels/Obersee, Wägital/Innerthal)

Die Bergkette zwischen dem dicht besiedelten Tal der Linth und dem stillen Wägital besteht aus formenreichen Felsbergen, deren Zentrum der keilförmig nach Osten vorgeschobene Brünnelistock bildet. Wie ein riesiger Schiffsbug ragt er in das stille Oberseetal hinein und spiegelt sich im gleichnamigen See. Das ist einer der Glanzpunkte der Glarner Alpen, einem unglaublich vielgestaltigen und formenreichen Gebirge, das jenseits der Schweizer Grenze nur wenig bekannt und entsprechend ruhig geblieben ist. Die einzige einfachere Route zum Gipfel, der prächtige Fernblicke und einen Nahblick auf den riesigen Felswall des Glärnisch [159] gewährt, hat ihren Ausgangspunkt am Wägitaler See. Die Nähe der Nachbargipfel und die meist begehbaren Verbindungsgrate ermöglichen wunderschöne Überschreitungen.

PLATTENBERG 168

2082 m, Glarner Alpen (CH, Näfels/Obersee, Wägital/Innerthal)

Zusammen mit Brünnelistock [167], Schiberg, Bockmattli [170] und Tierberg [169] bildet der Plattenberg die wilde Umrahmung des Talschlusses von Ahornen über dem Obersee. Er ist ein schöner Aussichtspunkt, doch wegen der benachbarten »Konkurrenz« erhält er selten Besuch.

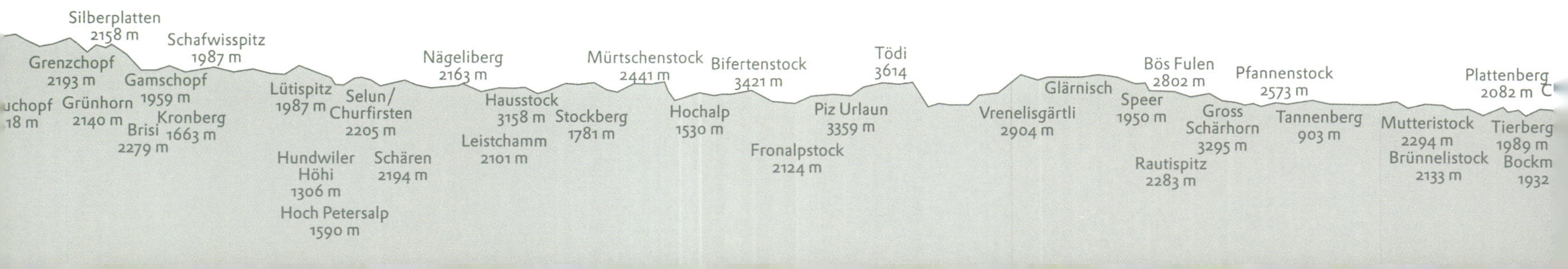

Unterwegs auf dem wilden Wiesengrat vom Tierberg zum Bockmattli.

TIERBERG 169

1989 m, Glarner Alpen (CH, Näfels/Obersee)

Die geringe absolute Höhe der Glarner Berge in der vorderen Reihe sagt nichts über ihren Charakter aus. Es sind allesamt wilde und kantige Gestalten mit mächtigen Felswänden und unfassbar steilen Wiesenhängen. Der Tierberg ist der Höchstpunkt der dritten quer gestellten Kette. Er bildet einen schmalen, von Westen nach Osten verlaufenden Kamm mit nahezu senkrechten Abbrüchen nach Norden und abenteuerlich steilen Wiesen auf der Südseite. Will man den Berg überschreiten, und das sollte man tun, muss man auf schmalem Steig dort hinauf, zuletzt mit Hilfe eines herunterhängenden Drahtseils. Der Gang auf dem schmalen Westgrat, der als grüne Himmelsleiter steil nach oben führt, ist ein spezielles Abenteuer, in seiner Art einmalig. Der Normalanstieg auf den Tierberg von Osten ist völlig problemlos.

BOCKMATTLI 170

1932 m, Glarner Alpen, (CH, Näfels/Obersee, Wägital/Innerthal)

Berühmt ist der Berg bei Kletterern, die seinen festen Fels schätzen. Für geübte Wanderer ist der Gipfel über die beim Tierberg erwähnten Steilwiesen und aus dem Wägital erreichbar. Wunderschön ist die Kombination mit dem Tierberg. Davor sollte man den kurzen Abstecher zum Bockmattli machen.

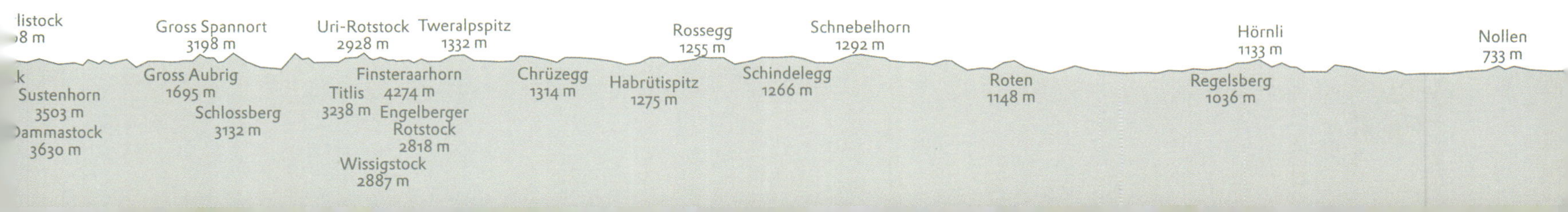

Auf dem Gulmen. Unten der Walensee, hinten von links Tödi [158], Glärnisch [159], mittig Rautispitz [161], rechts der Chöpfenberg.

CHÖPFENBERG 171

1879 m, Glarner Alpen (CH, Näfels, Wägital/Innerthal)

Stufe um Stufe, dabei mehrere hintereinander stehende Querriegel bildend, bauen sich die westlichen Glarner Alpen aus der Ebene zwischen Walensee und Zürichsee zum Glärnisch [159] hin auf. Von großem Reiz sind die stillen Quertäler dazwischen, speziell das Oberseetal zwischen dem dritten und vierten Riegel (siehe auch Bockmattli [170], Brünnelistock [167], und Rautispitz [161]. Die zweite Kette mit den berühmten Kletterbergen Wageten und Brüggler kulminiert im Chöpfenberg, dessen aussichtsreichen Gipfel man auf anspruchsvollen Wanderanstiegen erreicht.

WILKETHÖCHI 172

1170 m, Toggenburger/Appenzeller Berge (CH, Brunnadern, Degersheim)

Kaum zu entziffern ist das Gewirr der Höhenzüge südlich der Linie Rorschach-St. Gallen-Gossau-Wil. Es hilft nur, immer wieder hinzugehen und das ungemein abwechslungsreiche Gelände zu durchstreifen, um sich so nach und nach einen lebendigen Begriff von dem reizvollen Durcheinander zu verschaffen. Die Wilkethöchi bildet den Kulminationspunkt zwischen Brunnadern im Neckertal und dem appenzellischen Waldstatt. Die lange Höhenwanderung, meist lustwandelt man auf aussichtsreichen Bergrücken, ist eine erlesen schöne voralpine Unternehmung. Nützt man dafür die vorzüg-

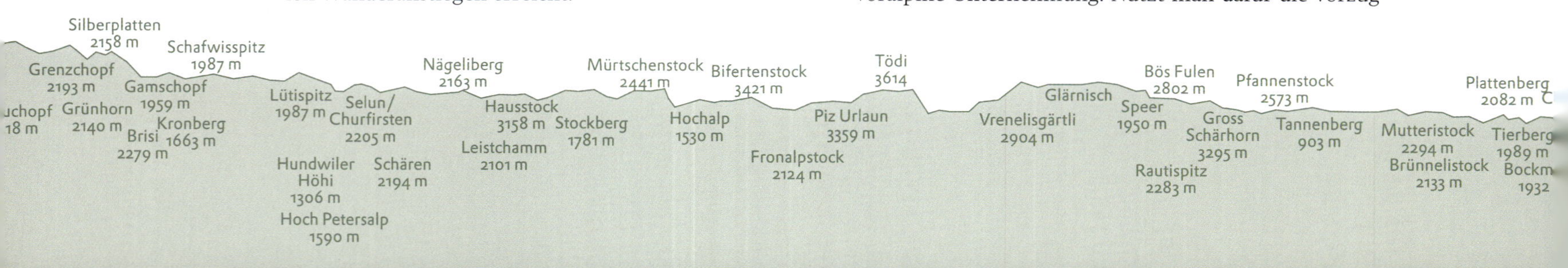

Mit Ski unterwegs zum Mutteristock [166]. Links der Fluebrig, rechts der Groß Aubrig [182].

lichen Bahnverbindungen vom Bodensee und gar noch eine der Schiffsverbindungen, um ihn zu überqueren, erweitert man die Unternehmung zu einem exquisiten Ausflug.

DRUESBERG 173

2282 m, Zentralschweizerische Voralpen
(CH, Einsiedeln/Ybrig)

Südlich des berühmten Wallfahrtsorts Einsiedeln im Kanton Schwyz erstreckt sich das Bergland der Schwyzer Voralpen, deren südlichste Kette hochalpine Formen aufweist. Ihr höchster Gipfel ist der Druesberg, der zusammen mit seinem Nachbarn Forstberg ein attraktives Gipfelpaar bildet. Die gemütliche Druesberghütte (1581 m) im weitläufigen Alpgelände ist der optimale Stützpunkt für die Besteigung einer Reihe stiller Berge und des Druesberg, der eine großartige Umschau über die voralpine Bergwelt und auf das als mächtiger Wall aufgestellte Hochgebirge gewährt. Deutschen Bergfreunden wird man hier kaum begegnen, es sind die Hausberge der Züricher.

FLUEBRIG 174

2093 m, Zentralschweizerische Voralpen (CH, Wägital/Innerthal, Sihltal/Studen)

Als nördlicher Vorposten des Hochgebirges bildet das reich gegliederte, viergipflige Massiv des Fluebrig die eindrucksvolle Kulisse der beiden großen Stauseen Sihl-

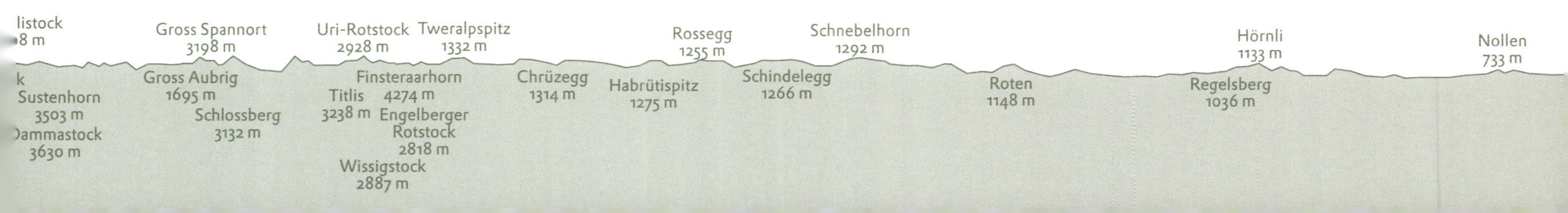

Im Herzen der Schweiz. Kurz bevor man auf dem langen, aber einmalig schönen Anstieg vom Rütli herauf den Gipfel des Niederbauen Chulm erreicht, durchsteigt man diesen natürlichen Felstunnel. Am Horizont von links Glärnisch [159], Pfannenstock [164], Blüemberg [175] und Chaiserstock [176].

see und Wägitaler See in den gleichnamigen Tälern zu seinen Füßen. Der bei den Zürichern auch wegen der vorzüglichen Aussicht vom Gipfel gern bestiegene Berg erhält von deutschen Bergfreunden ebenso selten Besuch wie die Nachbarberge Druesberg [173], Mutteristock [166] und Brünnelistock [167].

BLÜEMBERG 175

2405 m, Urner Alpen, (CH, Muotathal, Sisikon, Flüelen)

Der dem Chaiserstock [176] benachbarte Blüemberg ist laut SAC-Skitourenführer »das Juwel unter den Skibergen der Zentralschweiz«. Für mich hat sich diese Auszeichnung bezüglich des Anstiegs und der fantastischen Kulisse eindrucksvoll bestätigt. Die lange Abfahrt nach Muotathal allerdings – 1800 Höhenmeter – war eine endlose Abfolge aller denkbaren Arten von kaum fahrbarem Bruch- und Pressschnee, eine zermürbende und ungemein strapaziöse Arbeit, die geeignet war, den Satz, Abfahren sei in jedem Fall besser als Absteigen, elementar zu erschüttern.

CHAISERSTOCK 176

2515 m, Urner Alpen (CH, Sisikon, Flüelen, Muotathal)

Der stolze Chaiserstock ist der höchste und namengebende Berg für die Kette formschöner, eleganter Kalkgipfel, die im rechten Winkel vom Ostufer des Urner Sees (Vierwaldstätter See) nach Osten streicht. Die Lidernenhütte des SAC (1727 m) erschließt dieses kleinräumige Gebirge, das auf engem Raum eine Flut schönster Szenerien bietet. Das gilt für Sommer und Winter gleichermaßen, denn einige der hohen Gipfel sind auch mit Ski zugänglich. Am schönsten und stilvollsten erreicht man diese und andere Berge der Zentralschweiz mit dem Voralpenexpress, der im Stundentakt Romanshorn und Luzern am Vierwaldstätter See verbindet. Es ist sicher die schönste Bahnlinie in der Umgebung des Bodensees.

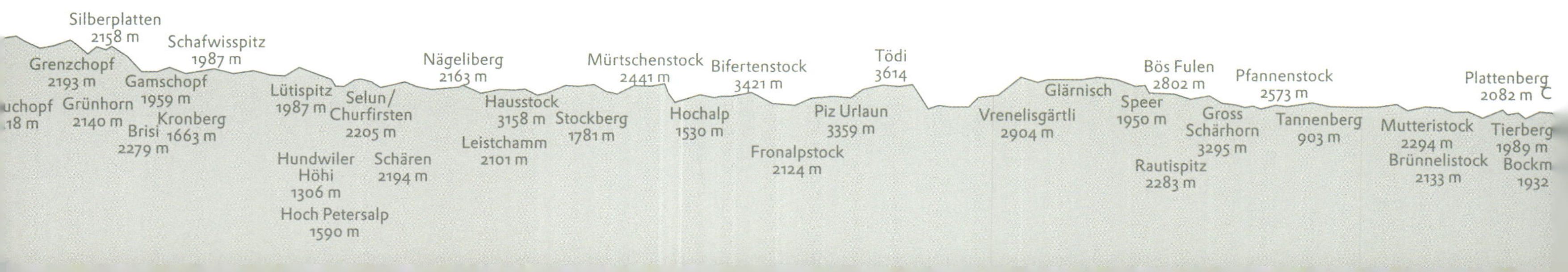

FLECKISTOCK 177

3417 m, Urner Alpen (CH, Wassen, Göschenen)

Verlässt man die Gotthardroute bei Wassen, um durch das Meiental zum Sustenpass hoch zu fahren (siehe auch Sustenhorn [181]), schaut man staunend zu der Kette wilder Felsberge über der südlichen Talseite hinauf, die von steilen, zerrissenen Gletschern ummantelt sind. Der höchste Gipfel in der Mitte der Reihe ist der Fleckistock, dessen Besteigung Kletterern mit hochalpinen Kenntnissen vorbehalten ist.

KRÖNTEN 178

3108 m, Urner Alpen (CH, Erstfeld, Engelberg)

Zusammen mit seinen Nachbarn Groß Spannort [183] und Schlossberg [184] bildet der Krönten die eindrucksvolle Umrahmung des Glatt Firn. Bei den Schweizer Bergfreunden ist die Besteigung ab der Kröntenhütte des SAC (1903 m) eine beliebte einfachere Gletschertour (nur mit Gletscherausrüstung!).

DAMMASTOCK 179

3630 m, Urner Alpen (CH, Göschenen, Furkapass)

Ein ganz klarer Tag und besonders günstiges Licht sind die Voraussetzungen, um in dem Gewirr ganz ferner Spitzen im Südwesten eine gewisse Ordnung herstellen zu können. Schon bei einem kleinen Standortwechsel ist die Anordnung nicht mehr dieselbe. Eine Überraschung im Moleturmpanorama war die »Entdeckung« des Dammastocks, die nur noch von der des Finsteraarhorns [189] im Berner Oberland übertroffen wird. Der Dammastock bildet den Mittel- und Höchstpunkt einer von Norden nach Süden verlaufenden Kette mächtiger Granitberge, von denen riesige Gletscherströme herabfließen. Die westseitigen Abhänge bilden das Nährgebiet des berühmten Rhônegletschers, dessen Schmelzwasser den Ursprung des Flusses bilden, der in Südfrankreich westlich von Marseille ins Mittelmeer mündet. Dieser Umstand verleiht dem Dammastock eine Sonderstellung im Alpenpanorama vom Bodensee: Er ist neben den Viertausendern der Berner Alpen der einzige Berg, von dem das Wasser nicht nur über den Rhein in den Atlantik, sondern auch ins Mittelmeer fließt und der damit einen visuellen Bezug zum europäischen Süden herstellt.

STUCKLISTOCK 180

3308 m, Urner Alpen (CH, Sustenpass, Göschenen)

Der etwas niedrigere, doch genau so wilde Nachbar des Fleckistocks [177] ist ein Blickfang auf der Fahrt durch das Meiental zum Sustenpass. Seine Besteigung ist eine Sache für erfahrene Hochalpinisten.

SUSTENHORN 181

3503 m, Urner Alpen (CH, Sustenpass)

Weil die Gletschergipfel der Zentralschweiz zwischen Sustenpass und Furkapass deutlich unter der magischen Viertausendmetermarke bleiben (Höchstpunkt ist der Dammastock mit 3630 m) werden sie von deutschen Alpinisten eher selten besucht. Walliser, Berner Alpen und Mont Blanc sind die bevorzugten Ziele und dem Bergwanderer ist keiner der von Gletschern umflossenen, wilden Berge zugänglich. Das gilt auch für das Sustenhorn, dessen Normalanstieg geeignet ist, einen Neuling in die Hochregion einzuführen. Die Route vom Sustenpass über die auf einer Felsinsel inmitten von Eiskaskaden platzierte Tierberglihütte des SAC (2795 m) ist im Sommer wie im Winter mit Skiern eine klassische, »einfache« Hochtour.

GROSS AUBRIG 182

1695 m, Zentralschweizerische Voralpen (CH, Wägital/ Innerthal)

Kaum schafft es der runde Gipfelkopf dieses feinen Voralpenberges hinter den Toggenburger Höhen hervorzu-

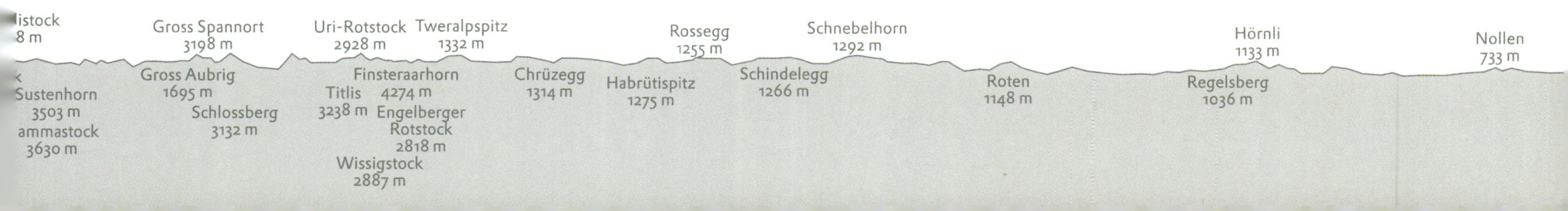

Auf dem Groß Aubrig. Links der Säntis [134], in der Mitte der Chöpfenberg [171], rechts Tierberg [169] und Bockmattli [170].

lugen. Er ist ein Ziel für die Übergangszeiten, speziell für die späten Herbsttage, wenn schon ein wenig Schnee liegt und die hohen Berge nicht mehr zugänglich sind. Der einfache Anstieg von der Staumauer des Wägitaler Sees bereitet keinerlei Probleme. Die Aussicht auf das auch im November noch in Herbstfarben getauchte Voralpenland und das schon in winterlicher Kälte erstarrte Hochgebirge ist eine der subtilen voralpinen Bergsteigerfreuden, die vielen verschlossen bleiben, weil sie in diesen Zwischenzeiten nicht in die Berge gehen – sehr zur Freude derer, die es dennoch tun.

GROSS SPANNORT 183

3198 m, Urner Alpen (CH, Engelberg)

Stolze 120 km Luftlinie beträgt die Distanz zwischen Friedrichshafen und dem Groß Spannort. Doch selbst aus dieser Entfernung ist zu erkennen, dass es ein ungewöhnlicher Berg ist, eine bizarre Felsenburg mit Zinnen und Türmen. Dieser Eindruck verfestigt sich, je näher man ihm kommt, wobei auch deutlich wird, dass er sich in einem etwas ruinösen Zustand befindet, angenagt vom Zahn der Zeit. Er ist das Wahrzeichen des Hochtals von Engelberg südlich über dem Vierwaldstätter See im Herzland der Schweiz. Engelberg, einst berühmt wegen seiner 900 Jahre alten Benediktinerabtei, ist heute ein alpiner Ferienort mit allen entsprechenden Einrichtungen.

Wie ein unzugängliches Zauberschloss entragt das Groß Spannort den Gletschern, die es rings umgeben. Die Besteigung ist eine hochalpine Unternehmung in großartig wilder Umgebung, für die Gletscherausrüstung zwingend erforderlich ist. Auch bei der nicht schwieri-

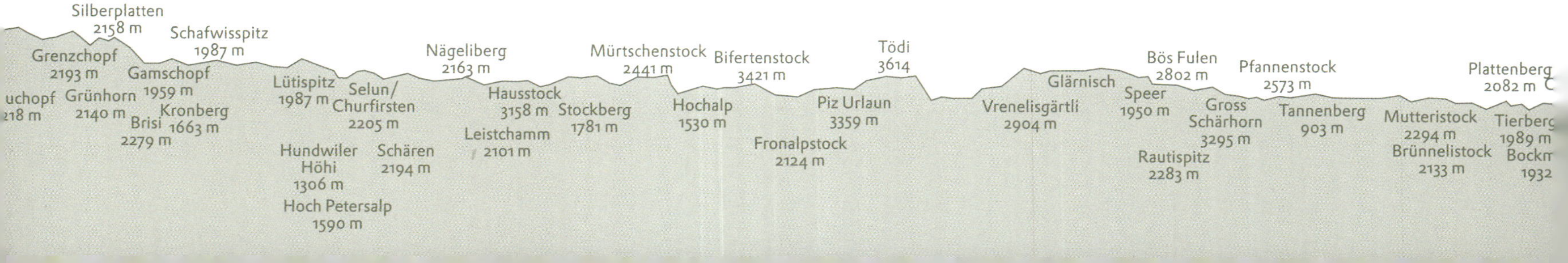

Die Türme und Zinnen der Felsenburg des Groß Spannort.

gen, doch ausgesetzten Kletterei zum Gipfel hinauf ist man über das Seil froh. Stützpunkt ist die Spannorthütte des SAC (1956 m), ein herrlich einfacher kleiner Steinbau unter der Riesenmauer des Schlossbergs [184].

Um dem Spannort die gebührende Referenz zu erweisen, gestalteten wir die Besteigung als »vollmechanische« Unternehmung ab Haustüre und reisten mit dem Fahrrad zum Berg. Was für den Tödi [158] als höchsten vom Ufer zu sehenden Berg recht war, schien uns für einen der am weitesten entfernten billig. Glanzvoll gelang uns die Reise auf den Gipfel und zurück, wenngleich wir erneut erleben durften, dass ein mit Berg- und Campingausrüstung bestücktes Fahrrad ein etwas schwerfälliges Gefährt ist, wenn es gilt, an einem Tag (bis nach Brunnen am Vierwaldstätter See) 130 km und in der Summe 1100 Höhenmeter zu bewältigen. Nach Überwindung weiterer 600 m Höhendistanz am nächsten Morgen nach Engelberg hoch war der Wechsel zum Fußgängerstatus trotz des irrsinnig steilen Hüttenwegs geradezu eine Erlösung.

Am dritten Tag schließlich mit dem Bewusstsein auf dem Gipfel zu stehen, ihn ab Haustüre aus eigener Kraft erreicht zu haben, versetzte in einen Zustand gehobener Euphorie. Und selten schmeckte ein Bier besser als das unten auf der Spannorthütte. Eine weitere exklusive Komponente dieser Reise war die Überquerung dreier Seen, die des Bodensees und des Vierwaldstätter Sees mit dem Schiff und dazwischen die des Zürichsees mit dem Rad auf einer eigens für Radler und Fußgänger gebauten Brücke. Wie anders schaut man in der Folge Berge an, mit denen einen solche Erlebnisse verbinden.

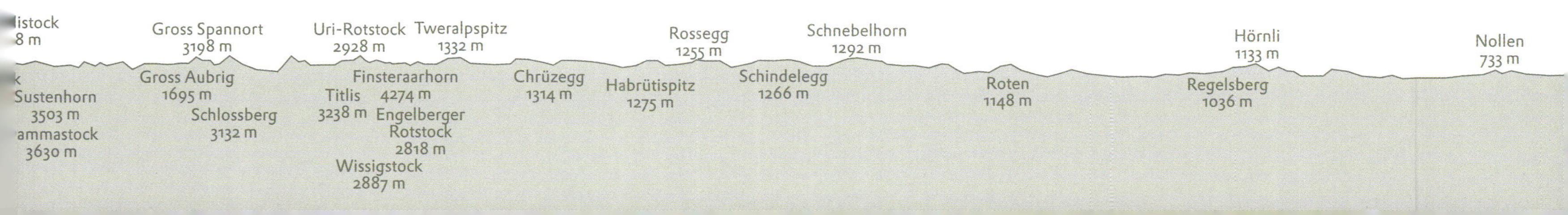

Das Uri-Rotstock-Massiv über dem Urner See, dem südöstlichen Arm des Vierwaldstätter Sees, gesehen von Brunnen.

SCHLOSSBERG 184

3132 m, Urner Alpen (CH, Engelberg, Erstfeld)

Vom Bodensee gesehen erscheint dieser ferne Zentralschweizer Berg jenseits des Vierwaldstätter Sees und rechts neben dem Groß Spannort als Pyramide. Aus der Nähe erweist sich, dass sein Name die Realität beschönigt – Burgberg wäre treffender. Die kilometerlange Felsmauer, die nach allen Richtungen hin wild und abweisend wirkt, zeigt nirgends eine freundliche Geste.

BRUNNISTOCK 185

2952 m, Urner Alpen (CH, Engelberg, Altdorf/Isenthal)

Der berühmte Name Uri-Rotstock [187] steht für den gesamten riesigen Bergstock, der den südöstlichen Arm des Vierwaldstätter Sees, den Urner See, so eindrucksvoll um 2500 m überragt. Höchster Gipfel des Massivs ist allerdings der Brunnistock, erreichbar über das hohe weiße Dach des Blüemlisalpfirns, eine Sache also für entsprechend ausgerüstete Bergsteiger.

TITLIS 186

3238 m, Urner Alpen (CH, Engelberg)

Eine Distanz von 125 km liegt zwischen dem Bodenseeufer bei Friedrichshafen und diesem berühmten Zentralschweizer Berg. Er ist ein riesiger Felskoloss, dessen Nordseite von einem prächtigen Gletschermantel überzogen ist. Der hat ihm zur zweifelhaften Ehre verholfen, Standort eines Sommerskigebietes zu sein mit all den unerfreulichen Nebenerscheinungen und einer Bergbahn bis auf den Nebengipfel des Klein Titlis.

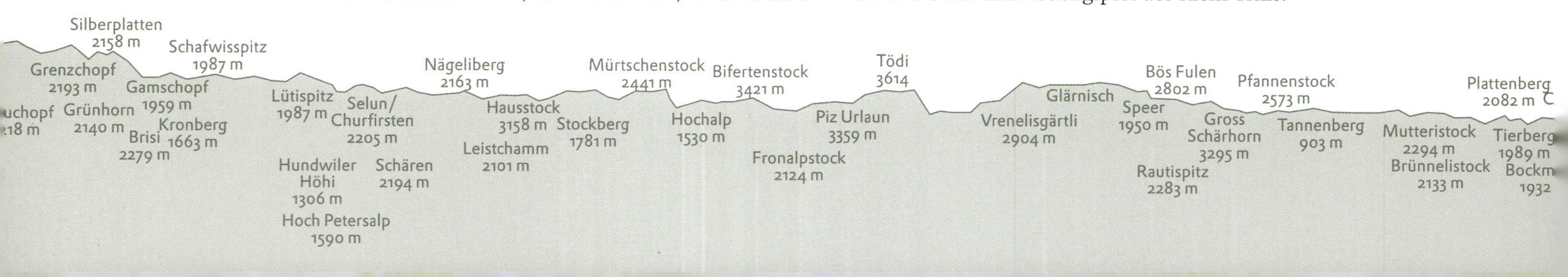

URI-ROTSTOCK 187

2928 m, Urner Alpen (CH, Engelberg, Altdorf/Isenthal)

Der Blick von Norden über den Urner See, den südöstlichen Arm des Vierwaldstätter Sees, ist eines der großen und berühmten Landschaftsbilder der Alpen. Über dem schmalen Seearm steht, 2500 Meter aufsteigend, das riesige Felsmassiv des Uri-Rotstock, ein atemberaubender Anblick. Hier schlägt das Herz der Schweiz, denn nach der Überlieferung, die Friedrich Schiller seinem »Wilhelm Tell« zugrunde legte, soll es um das Jahr 1300 am Ufer des Urner Sees beim Rütli zu dem (historisch nicht gesicherten) Schwur gekommen sein, der den legendären Anfang der Schweiz als selbständiger Staat markiert: »Wir wollen sein ein einig Volk von Brüdern«. Die Kulisse dafür könnte dramatischer nicht sein.

Völlig anders zeigt sich der Bergstock, wenn man von Engelberg aufsteigend bei der Schlossstocklücke (2665 m) die weite Fläche des Blüemlisalpfirns betritt und sich den höchsten Gipfeln des Massivs nähert (siehe auch Brunnistock [185]). Das ist einer der Zugänge zum Uri-Rotstock, der andere führt mit der Überwindung eines großen Höhenunterschieds aus dem Großtal und damit vom Urner See herauf.

WISSIGSTOCK 188

2887 m, Urner Alpen (CH, Engelberg)

Der Engelberger Rotstock [190] und der höhere und darum auch aussichtsreichere Wissigstock sind die Hausberge der Rugghubelhütte des SAC hoch über Engelberg. Ganz ohne Eisberührung erreicht man auf dem für erfahrene Wanderer unproblematischen Anstieg die Gletscherregion.

FINSTERAARHORN 189

4274 m, Berner Alpen (CH, Grindelwald, Grimselpass, Fiesch)

Die Identifizierung des Finsteraarhorns im Moleturmpanorama war für mich eine aufregende späte Entdeckung. Dieser Gipfel nimmt im Bodenseepanorama einen besonderen Rang ein, denn es ist der höchste Berg in unserem Blickfeld. Unmittelbar vom Seeufer aus ist es nicht zu sehen, man muss zu den höheren Panoramastandorten hinaufgehen. Dort lassen sich an besonders klaren Tagen auch die anderen Riesen des Berner Oberlandes identifizieren: Die Weltberühmtheiten Jungfrau, Mönch und Eiger, dazu Schreckhorn, Lauteraarhorn und Wetterhorn. An Höhe werden sie allesamt vom Finsteraarhorn übertroffen.

Rast im Hugisattel (4088 m) am Nordwestgrat des Finsteraarhorns. Im Hintergrund das Schreckhorn (4078 m).

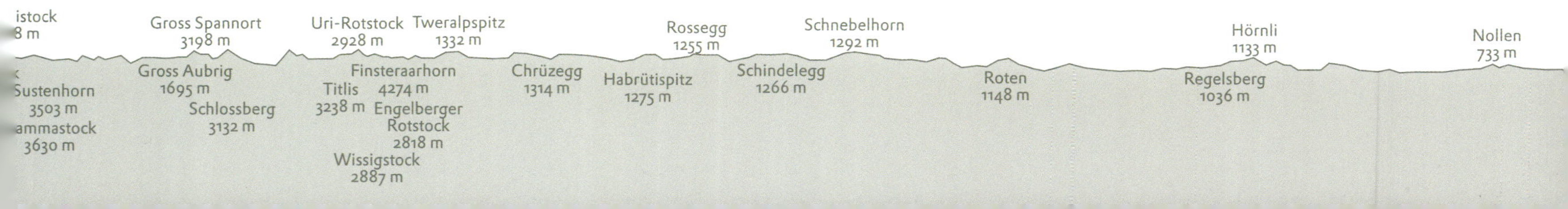

Einen Talort im engeren Sinn für das Finsteraarhorn gibt es nicht. Zu weit steht es von den Menschensiedlungen entfernt im Zentrum der Berner Alpen, des Gebiets mit der größten Vergletscherung Europas. Umflossen ist die Riesenpyramide von den mächtigsten Eisströmen der Alpen. Die riesige Entfernung, 160 km vom Moleturm und damit weiter entfernt als alle anderen Berge im Panorama, lässt die tatsächlichen Größenverhältnisse nicht erkennen. Man schaut auf den oberen Teil der 1200 m hohen Nordostwand, die im Gegensatz zur Westseite unvergletschert ist. Der Blick von Süden und Norden dagegen zeigt eine nahezu irreal wirkende Riesennadel.

Die ungewöhnlich frühe und in der Folge häufig angezweifelte Erstbesteigung erfolgte am 16. August 1812. Der Normalanstieg von der Finsteraarhornhütte des SAC (3048 m), die großartig an einem der menschenfernsten Plätze der Alpen liegt, ist eine ernste Hochtour für erfahrene Bergsteiger. Über steile Gletscherhänge erreicht man den Hugisattel (4094 m) und turnt dann in fantastischer Ausgesetztheit die Felsschneide über den senkrechten Abstürzen der Nordostwand zur Spitze hinauf. Mir war es im Gegensatz zur Verfassung bei der Besteigung von manch anderem Viertausender vergönnt, diesen letzten Abschnitt trotz dünner Luft und höchster Konzentration in einem ganz eigentümlich beflügelten, rauschhaften Zustand und mit einem Gefühlsausbruch bei der Ankunft am Gipfel zu erleben.

ENGELBERGER ROTSTOCK 190

2818 m, Urner Alpen (CH, Engelberg)

Zusammen mit dem Wissigstock [188] bildet der Engelberger Rotstock die westliche Umrahmung des Gletscherbeckens, das im Osten vom berühmten Uri-Rotstock [187] und vom Brunnistock [185] begrenzt wird. Von der Rugghubelhütte des SAC (2294 m) führt ein unschwieriger Anstieg auf die aussichts- und schuttreiche Pyramide.

TWERALPSPITZ 191

1332 m, Toggenburger Berge (CH, Wattwil)

Im Südwesten bildet eine Ansammlung hingeduckter dunkler Hügelkuppen, aufgestellt in Reih und Glied, den Abschluss des Bergpanoramas vom Seeufer. Es ist eine eigenwillige, rhythmisch aufgestellte Parade rundlicher Buckel, aus der Ferne gesehen einer dem anderen gleich. Erst aus der Nähe gesehen werden sie zu richtigen Bergen, in Form und Höhe etwa vergleichbar den höchsten Schwarzwaldbergen. Zwischen dem Tweralpspitz, der südlichsten Kuppe und dem Roten [197] am Ende des nach Norden verlaufenden Höhenzugs sind acht Erhebungen namentlich benannt.

Auf den ersten Blick lässt sich erkennen, was man hier zu tun hat. Die Aneinanderreihung der Berge in der Hauptkette und in mehreren Seitenkämmen zwingt Überschreitungen geradezu auf. Doch »überseeische« Wanderer sind hier kaum unterwegs, es ist das »Operationsgebiet« der Bergfreunde zwischen St. Gallen und Zürich. Dabei lässt sich eine wunderschöne Bergreise zelebrieren, wenn man mit der Fähre über den See nach Romanshorn fährt, in den Voralpenexpress umsteigt und in Wattwil im Toggenburg losgeht. Ideale Zeiten für Streifzüge über die Höhenrücken sind der späte Herbst und der frühe Winter mit dem intensiven Licht und den unbegrenzten Fernsichten (Näheres dazu siehe Schnebelhorn [196]).

In einem der kurzen Toggenburger Seitentäler unter der Bergkette, direkt oberhalb von Wattwil auf dem Hof Dreischlatt, verbrachte der Schriftsteller Ulrich Bräker (1735–1798) seine Kindheit in ärmlichsten Verhältnissen. Er selbst bezeichnete sich als »ungepflegt wildgewachsenen Dichter«. Seine Erinnerungen mit dem Titel »Lebensgeschichte und natürliche Ebentheuer des Armen Mannes im Tockenburg« sind ein faszinierendes Dokument einer untergegangenen Zeit, Pflichtlektüre für Freunde der Toggenburger Berge. Die Kleinausgabe

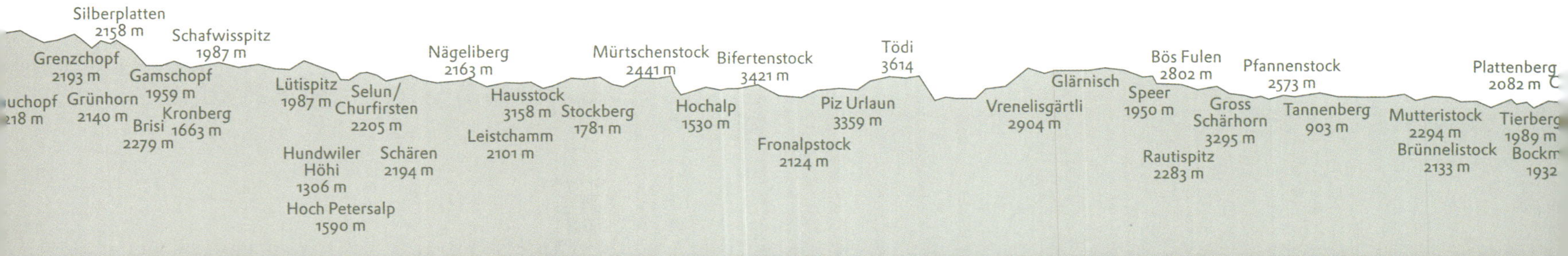

Auf dem Kamm der Toggenburger Berge nach dem ersten Schneefall.

der Reclam Universal-Bibliothek findet leicht im Rucksack Platz. Das Loblied auf seine Heimat sei hier zitiert: »*So reizende Abwechslungen findt man nicht überall in der Welt, von Berg und Tal, Vieh und Ackerland, wo die nötigsten Lebensmittel im Überfluss wachsen, auf den Bergen die schönsten Aussichten und die trefflichsten Wiesen und Weiden – dann die anmutigsten Tälchen, mit Flüssen durchschlängelt. Nirgends kommt die Sonne schöner hinter den Bergen hervor, nirgends sieht der Himmel so hübsch blau aus, nirgends walzt der Mond anmutiger durch die Stille der Nacht, nirgends funkeln die Sterne schöner, nirgends ist Luft und Wasser so erfrischend, gesünder, reiner als hier, wo ich wohne. Du lachst?*« Nein, Bräker, du hast ja recht.

CHRÜZEGG 192

1314 m, Toggenburger Berge (CH, Wattwil, Libingen)

In der offenen Senke zwischen den beiden gleich hohen Kuppen der Chrüzegg steht in idealer Panoramaposition das gleichnamige Berggasthaus (1265 m). Es ist die optimale Einkehrstätte bei der großartigen Überschreitung der Toggenburger Rundbuckel zwischen Schnebelhorn [196] und Tweralpspitz.

HABRÜTISPITZ 193

1275 m, Toggenburger Berge (CH, Wattwil, Libingen, Wald/ZH)

Dieser »Spitz« (die Schweizer verwenden den männlichen Artikel) ist eine der dunklen Bergkuppen im Höhenzug über dem Tal der Thur westlich von Wattwil.

ROSSEGG 194

1255 m, Toggenburger Berge (CH, Wattwil, Libingen, Wald/ZH)

Die dunkle Bergkuppe westlich von Wattwil gehört zum Höhenzug über dem Tal der Thur (näheres dazu beim Tweralpspitz [191]).

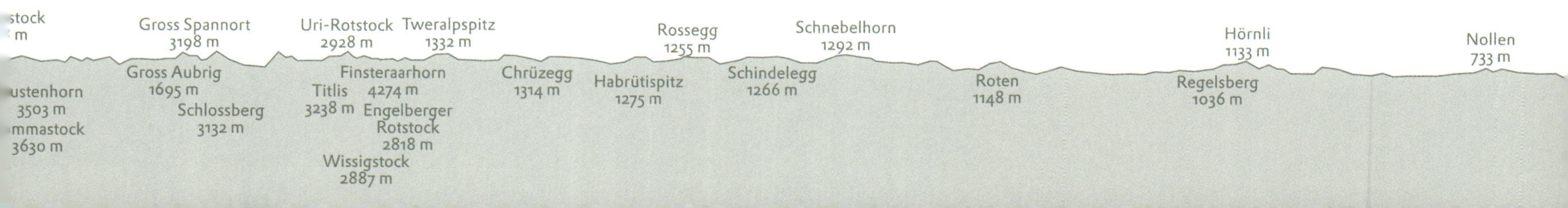

Auf dem Schnebelhorn. Am südwestlichen Horizont die Urner und Berner Alpen.

SCHINDELEGG 195

1266 m, Toggenburger Berge (CH, Wattwil, Libingen, Wald/ZH)

Die dunkle Bergkuppe steht im Höhenzug über dem Tal der Thur westlich von Wattwil (näheres siehe beim Tweralpspitz [191]).

SCHNEBELHORN 196

1292 m, Toggenburger Berge (CH, Wattwil, Libingen, Steg)

Das Schnebelhorn ähnelt den anderen runden Buckeln in der langen Reihe zwischen Tweralpspitz [191] (allgemeines zur gesamten Kette siehe dort) und Hörnli [199]. Weil es die Nachbarkuppen jedoch leicht überragt und der Gipfelbereich nicht zugewachsen ist, bietet das Schnebelhorn eine fantastische Fernsicht. Wir durften sie einmal im November nach einem heftigen ersten Wintereinbruch genießen, als Lohn für eine stundenlange anstrengende Schneestapferei, immer begleitet von der bangen Frage, ob es uns gelingen wird, die zähe Nebeldecke zu durchstoßen. Schließlich blaut es von oben hell und verheißungsvoll in den grauen Brei hinein und kurz unter dem Gipfel stoßen wir in die weißblau verzauberte Oberwelt hinein. Die besteht aus kleinen Inseln und Landzungen, die ins Meer hinausgreifen, und aus der langen Reihe der Alpengipfel im Süden, die wir vom Hochgrat [12] im Allgäu bis zur Jungfrau im Berner Oberland überschauen.

ROTEN 197

1148 m, Toggenburger Berge (CH, Bütschwil, Steg)

Die erste höhere Kuppe des eigenwilligen Höhenzugs zwischen dem Passeinschnitt der Hulftegg (953 m) und dem Rickenpass (794 m) über Wattwil ist vollständig bewaldet (allgemeines zu diesen Bergen siehe Tweralpspitz [191]). Nur notorische Gipfelsammler, wie ich selbst, dürften sich auf dem kaum erkennbaren Steig den höchsten Punkt ertrotzen.

REGELSBERG 198

1036 m, Toggenburger Berge (CH, Mühlrüti, Fischingen)

Eine wilde Gliederung mit einer Unzahl enger, kleiner und bewaldeter Täler und Tobel kennzeichnet die Landschaft zwischen den Flüssen Thur und Töss. Auf den langen, geschwungenen Höhenrücken darüber verlaufen allesamt Wege, die sich zu ausgedehnten Panoramawanderungen kombinieren lassen. Es ist eine Lust, hier an einem klaren Tag zu spazieren und unbeschwert die Welt von oben zu betrachten. Unweit des wegen seiner Aussicht berühmten Hörnli [199] erhebt sich inmitten einer parkartigen Alplandschaft wie modelliert die ebenmäßige Wiesenkuppe des Regelsbergs. Der Weg führt darunter vorbei. Wenn die Kühe im Herbst wieder im Tal sind, kann man über die grünen Hänge zu der freien Gipfelwiese hinaufsteigen und in größter Ruhe die fantastische Aussicht genießen. Im Gegensatz zum Hörnli hat man sie ganz für sich allein.

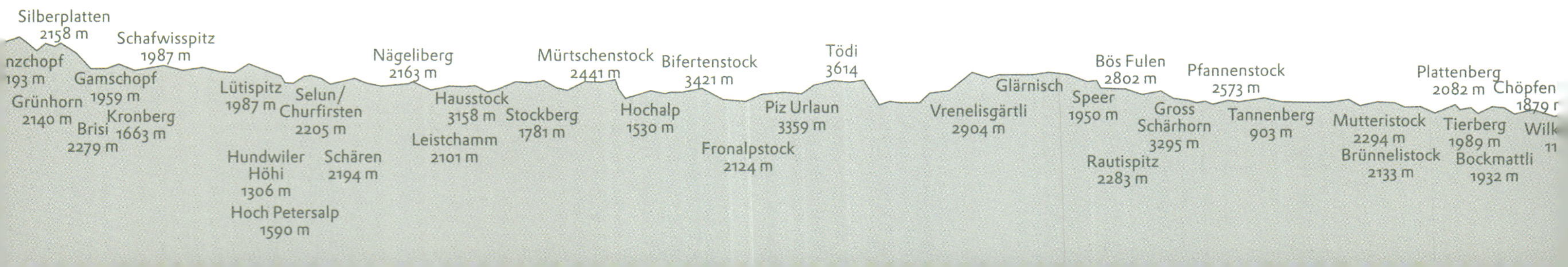

HÖRNLI 199

1133 m, Toggenburger Berge, (CH, Fischingen, Steg)

Etwas abgesetzt von der langen Buckelparade der Toggenburger Berge (siehe Tweralpspitz [191]) setzt eine letzte, das Kuppenprinzip nicht mehr konsequent fortsetzende Erhebung den Schlusspunkt des Bergpanoramas vom Moleturm. Es ist das Hörnli, auch genannt Zürcher Hörnli, weil es, wenn auch nicht den höchsten, so doch den besten Aussichtspunkt des Kantons Zürich darstellt.

Das Panorama umfasst ein ähnliches Spektrum wie von den Höhen um den Bodensee, ergänzt um den Schweizer Jura. Über die Hörnlihöhen führte früher der »Schwabenweg«, der Weg der Pilger von Konstanz über das Kloster Fischingen (nördlich unter dem Hörnli) nach Einsiedeln – und weiter bis nach Santiago de Compostela. Wie es sich für einen berühmten Schweizer Aussichtsberg gehört, steht ganz oben eine altehrwürdige Bergwirtschaft mit »Massenlager«, wie es in der Schweiz so einladend heißt. Sie steht am Schnittpunkt eines Netzes markierter Wanderwege.

In zwei Tagen kann man vom Bodensee-Südufer, etwa von Romanshorn oder Kreuzlingen mit Tagesetappen von ca. 25 km zum Hörnli wandern und oben übernachten. Die erste Nacht kann man auf dem aussichtsreichen Nollen [200] (733 m) verbringen. Beim Hörnlianstieg von Fischingen mit seinem großen barocken Kloster kann man einen Berg mit dem eigenwilligen und doch vielsagenden Namen Grat (996 m) überschreiten. Es ist der höchste Punkt des Kantons Thurgau und ein fabelhafter Aussichtspunkt.

Am dritten Tag der Fußreise erreicht man Rapperswil am Zürichsee, hinsichtlich Lage und Stadtgestalt ein enger Verwandter von Meersburg, von wo man mit dem Voralpenexpress an den Bodensee zurückfahren kann – oder man hängt noch zwei Tage an, um zum Vierwaldstätter See weiterzugehen.

Gipfelgespräch auf dem Hörnli angesichts des Glärnisch [159].

NOLLEN 200

733 m, Thurgau (CH, Zuzwil, Wuppenau)

Vom Nordufer des Bodensees ist der Nollen nur bei genauem Hinschauen auszumachen, zu gering ist seine Höhe, zu unauffällig seine Form. Auf der deutschen Seeseite ist er nahezu unbekannt, doch im Thurgau ist er als Ausflugsziel und Panoramastandort eine regionale Berühmtheit, geadelt mit dem Attribut »Thurgauischer Rigi«. Oben steht das Hotel Nollen, zu dem man auf schönen Wanderwegen, aber auch mit dem Auto gelangt. Bei einer mehrtägigen Wanderung vom Bodensee an den Zürichsee oder weiter zum Vierwaldstätter See ist das Hotel auf dem Nollen der ideale Übernachtungsplatz. Von Romanshorn oder Kreuzlingen ist es in einer Tagesetappe gut erreichbar. Am nächsten Tag ist das Hörnli [199] mit seinem berühmten Panorama die vorgegebene Nächtigungsstation.

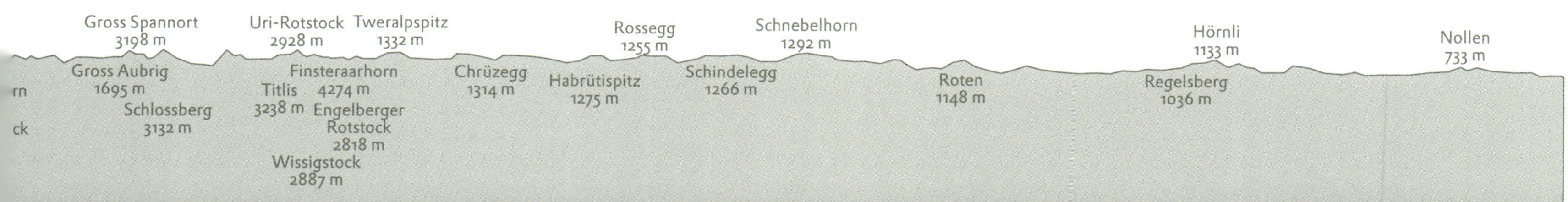

Sechs Tage Panoramawandern am Bodensee

Der Kreuzweiher im Hinterland von Tettnang (1. Etappe des Jubiläumsweges). Hinten in der Bildmitte der Altmann [130] und Säntis [134], rechts Glärnisch [159] und Speer [160].

Der Jubiläumsweg Bodenseekreis – Ein 111 Kilometer langer »Umweg«

»Hinauszugehn in die vielversprechende Ferne« drängte es Friedrich Hölderlin, als er 1801 am Hafen in Lindau stand, an »einer der gastlichen Pforten des Landes«. In seinem Gedicht »Heimkunft« nennt er zwei sich anbietende Möglichkeiten: Entweder »dort hinein, durchs helle Gebirg, nach Como zu wandern, oder hinab, wie der Tag wandelt, den offenen See.« Auch wenn man heutzutage unter »Ferne« etwas grundlegend anderes versteht, oder gerade deshalb, kann eine längere Fußreise in der »Nähe« eine überraschend erlebnisreiche, wenn nicht sogar exotische Unternehmung sein. Greift man dabei auf Hölderlins Empfehlung zurück und wandelt »den offenen See hinab«, wird man reich mit den Wundern der Nähe beschenkt.

Der Jubiläumsweg Bodenseekreis bietet sich dafür an, eine 111 Kilometer lange, herrlich zeitraubende Alternative zum Bodensee-Uferweg, um von Kressbronn nach Überlingen zu gelangen. Bliebe man am Ufer, hätte man nur 50 Kilometer zu gehen und wäre zwei Tage unterwegs. Für den »Umweg« durch das Hinterland benötigt man dagegen sechs Wandertage mit Etappen von knapp 20 Kilometern und einigem Auf und Ab. Eingerichtet wurde der Weg 1998 zum 25-jährigen Bestehen des Bodenseekreises. Er führt durch alle Landschaftstypen des nördlichen Bodenseeraumes und an vielen, weniger bekannten kunsthistorischen Sehenswürdigkeiten vorbei. Was ihn unter den Gesichtspunkten dieses Buches besonders auszeichnet ist der Umstand, dass er auf jeder Etappe mehrere besonders schöne Aussichtspunkte berührt, die einen Blick auf den See und die Alpen gewähren. Ich unterlasse den Versuch, eine Auflistung der schönsten Panoramaplätze vorzunehmen. Die abgebildeten Panoramen von unterschiedlichen Standorten, die Beschreibungen des Pfänders [32], des Rorschacherbergs [110] und der anderen Höhen östlich und südlich überm See sollen stellvertretend für die vielen nicht erwähnten Aussichtsplätze stehen.

Bei der Festlegung der Wegtrasse für den Jubiläumsweg ging es seinerzeit nicht darum, möglichst schnell durch den Bodenseekreis zu kommen, sondern auf die schönstmögliche Art. Zudem sollte der Weg ein kleiner Beitrag dazu sein, der Fixierung des touristischen Interesses auf den unmittelbaren Seebereich entgegenzuwirken. Für die meisten Besucher reduziert sich die Bodenseelandschaft auf den Uferstreifen, was die Landschaft hinterm See gewiss nicht verdient hat, denn sie ist eine Art Kaleidoskop unterschiedlicher mitteleuropäischer Landschaftstypen, aneinander gereiht auf engstem Raum.

Die Wegführung

Der Jubiläumsweg führt zunächst durch das Westallgäuer Hügelland, das aus dem Chaos entstanden ist, welches die Eiszeitgletscher bei ihrem letzten Rückzug vor gerade mal 13 000 Jahren hinterlassen haben. Das ist ein wunderbares, kleinräumiges Gemisch aus Hügeln, Wäldern, kleinen Seen und Mooren mit einer irritierenden

Im Tettnanger Hopfenland. Von der Brünnensweiler Höhe (2. Etappe) geht der Blick zum Rätikon mit dem mächtig herausgehobenen Schesaplanamassiv [94]. Rechts Falknis [109] und die Drei Schwestern [108], ganz rechts außen die Calanda bei Chur.

Strukturlosigkeit, in die sich der Mensch trefflich hinein gemischt hat mit kleinen Dörfern, Höfen, Hopfengärten, Obstplantagen und Wiesen. Nach Westen folgt das Schussenbecken, eine Landschaft mit großen Linien und weiten Horizonten, begrenzt vom Gehrenberg und vom Höchsten, die mit behäbigem Schwung dunkel aus der Ebene steigen. Der Gehrenberg bildet den Auftakt der bewegten Linzgaulandschaft, die vom See in mehreren Stufen bis über 800 Meter ansteigt und wegen der Weichheit der Molassegesteine immer wieder von engen, wilden Schluchten durchschnitten wird. Der Blick vom Aussichtsturm auf dem Gehrenberg ist der umfassendste und vielleicht auch der schönste im schwäbischen Land. Einen letzten Höhepunkt bietet das westliche Ende des Kreises mit dem schmalen Arm des Überlinger Sees, der von steilen, dunklen Berghängen flankiert wird und den Eindruck einer Fjordlandschaft macht.

Die Kapelle auf dem Ailinger Haldenberg bei Friedrichshafen (3. Etappe). Am Horizont der Alpstein mit dem Säntis [134].

Mit einer abwechslungsreichen Wegführung leitet der Jubiläumsweg durch all diese Landschaftstypen. Mal geht es durch offenes Gelände, mal durch Wälder, mal schreitet man über Höhenzüge, durchquert romantische Schluchten, die man hier Tobel nennt. Doch die Erlebnisse beschränken sich nicht auf die Natur. Immer wieder stößt man auf kunsthistorische Sehenswürdigkeiten, die sich dadurch auszeichnen, dass sie in harmonischem Einklang mit der Landschaft stehen. Sie sind prächtige Beispiele für ein gelungenes Zusammenwirken von Mensch und Natur. Nur ein paar seien erwähnt: Die fast klischeehaft idyllisch gelegene Marienkapelle am Schleinsee; die beim Waldaustritt überraschend auftauchende Kirche von Krumbach; die einen Hügel krönende Ailinger Haldenbergkapelle mit ihrem großen Panorama; die bezaubernde Wallfahrtskirche in Betenbrunn und das intakte ländliche Ortsbild; vielleicht als Höhepunkte der Blick vom Bellevueplatz auf das Heiligenberger Schloss vor gewaltiger Kulisse; die wildromantische, an steiler Felswand angelehnte Wallfahrtstätte Maria im Stein und zuletzt die Goldbacher Kapelle direkt am See mit ihren einmaligen Freskenresten aus dem 9. Jahrhundert.

Die Etappen sind zwischen 17 und 20 km lang, man hat also jeweils vier bis fünf Stunden Gehzeit zu veranschlagen. Tatsächlichen Schwierigkeiten begegnet man nirgends, allenfalls bei Nässe wird man an einigen Stellen etwas aufpassen müssen. Nennenswerte Höhenunterschiede hat man lediglich auf der vierten Etappe zwischen Markdorf und Heiligenberg zu überwinden. Mit 600 Höhenmetern, verteilt auf zwei Anstiege, hat dieser Abschnitt einen beinahe alpinen Anstrich. Dafür bietet er die umfassendsten und abwechslungsreichsten Aussichten. Die Anfangs- und Endpunkte der Etappen befinden sich in Ortschaften, die Übernachtungsmöglichkeiten bieten und mit öffentlichen Verkehrsmitteln erreichbar sind. Wer am Ende des Jubiläumswegs noch Zeit und Lust zum Wandern hat, kann in zwei oder drei Tagen am See entlang auf dem Bodensee-Rundwanderweg nach Kressbronn zurückkehren. Im Literaturhinweis ist das eigens für diesen Jubiläumsweg erschienene Buch aufgeführt.

Der Weg lässt sich das ganze Jahr über begehen. Im Frühjahr schreitet man durch blühendes Land, über dem fremd und kalt die noch winterlich glänzende Alpenkette steht. Zu keiner anderen Jahreszeit wird der Gegensatz zwischen dem Hochgebirge und dem Seeland deutlicher. Im Sommer ist es selten so heiß, dass das Wandern zur Belastungsprobe wird und schließlich sorgen die häufigen Waldpassagen für angenehme Kühlung. Ganz sagenhaft schön kann der Herbst sein, wenn die Wälder ihr buntscheckiges Farbenkleid angelegt haben, über dem See der Nebel liegt und über den Höhen ein Licht, das mit seiner Schärfe und Tiefe ganz verrückt macht. Geradezu verkannt ist der Winter am Bodensee. Das letzte Kapitel dieses Buches ist der Versuch einer Ehrenrettung. Wohl keine andere Jahreszeit zeigt so viele Facetten und so viele glanzübergossene Tage mit grenzenloser Fernsicht. Man muss sich wärmer anziehen, aber dafür wird man bei seinem Treiben kaum einer Menschenseele begegnen.

Größere Menschenmengen sind allerdings das ganze Jahr durch auf diesen Wegen nicht unterwegs, auch dann nicht, wenn die Seegemeinden im Sommer vor Urlaubern schier aus allen Nähten platzen. Nur wenige der vielen Gäste beziehen das Hinterland in ihre Aktivitäten ein. Dabei wurden in den letzten Jahren sämtliche Wanderwege rund um den Bodensee bis weit ins Hinterland hinein vorbildlich mit einem einheitlichen Konzept ausgeschildert. In dieses System ist auch der Jubiläumsweg integriert. Das Wappen des Bodenseekreises dient dem Weg als Symbol und ziert die Wegweiser.

Viele Seebesucher ahnen nicht, was ihnen entgeht, wenn sie am Ufer kleben bleiben. Schon nahe am vielerorts turbulenten Treiben gibt es unzählige, ganz ruhig gebliebene Plätze in schönster Landschaft, oft mit großartigen Blicken auf den See und die Berge. Zu vielen von ihnen führt der Jubiläumsweg. Wer den Weg nach »hinten hinaus« findet, wird kaum darüber klagen, dass er seine Erlebnisse nicht mit Heerscharen von Zeitgenossen teilen muss.

Das Wappen des Bodenseekreises ist das Logo des Jubiläumsweges. Die gesamte Wanderroute ist mit diesen Wegweisern ausgeschildert.

Die Aussichtsplätze am Weg

Alle Etappen berühren mindestens zwei herausragende Aussichtspunkte. Jeder dieser südoffenen Balkone hat seinen eigenen Charakter, von jedem zeigt sich die Landschaft in einer anderen Zusammenfügung. Gemeinsam ist ihnen der Blick über den Bodenseeraum, in dem so gegensätzliche Elemente wie das Wasser und die Berge eine so unvergleichliche Einheit schaffen. Wenigstens ein paar herausragend schöne Panoramaplätze seien erwähnt. Auf der ersten Etappe ist es der Nunzenberg über Kressbronn, die namenlose Höhe über dem Schleinsee mit dem einmaligen Blick über zwei Seen zu den Alpen, und der Wiesenhügel überm Naturschutzgebiet Kreuzweiher. Höhepunkt der zweiten Etappe ist die Brünnensweiler Höhe (587 m), der kleine, mit einer Kapelle geschmückte Hausberg der Tettnanger. Noch bescheidener, und doch einen noch umfassenderen Rundumblick bietend, ist der Ailinger Haldenberg auf der dritten Etappe, nur 479 m hoch und ebenfalls von einer Kapelle gekrönt.

Berühmt ist der Blick vom Aussichtsturm auf dem Gehrenberg im Verlauf der vierten Etappe. Es ist eine geradezu klassische Streitfrage unter Kennern: Welcher der vielen Aussichtsplätze um den Bodensee bietet das schönste Panorama? Die Schau vom Gehrenbergturm hat besonders viele Anhänger – und sie können gute Gründe anführen. Vom hundertjährigen Aussichtssturm offenbart die Bodenseelandschaft wie von wenigen anderen Plätzen ihre Vielgestaltigkeit und den großartigen Zusammenklang der Elemente, aus denen sie zusammengefügt ist: die weit gespannte Fläche des Sees, das sanfte Gewoge der offenen Landschaft und der gewaltige Wall des Hochgebirges. Seine besondere Qualität als Aussichtsberg verdankt der Gehrenberg dem Umstand, dass er als südlichster Vorposten des Oberschwäbischen Hügellandes ins Bodenseebecken hineingestellt ist, dessen Wasserspiegel er bei einer Entfernung von 8 km um immerhin 350 Meter überragt.

Man sollte schwindelfrei sein, wenn man die 150 Stufen auf den 30 Meter hohen Aussichtsturm hinaufsteigt, denn man hat viel Luft um und unter sich. Das architektonische Vorbild des in Eisenskelettbauweise erstellten Turms war, wie unschwer zu erkennen ist, der zehn Mal höhere Eiffelturm in Paris. Eingeweiht wurde er am 12. Juli 1903. Heute ist er als Kulturdenkmal geschützt.

Die Klärung der stets auf dem Turm zu hörenden Fragen nach der Position bestimmter Alpengipfel oder wo man den Konstanzer Münsterturm zu suchen hat, erleichtert eine in Metall geätzte 7,5 Meter lange Panoramazeichnung. Eckpunkte der Alpenkette sind im Osten die Zugspitze und im Südwesten die Jungfrau im Berner Oberland. Dabei ist die Zugspitze 125 km vom Gehrenbergturm entfernt, die Jungfrau sogar 172 km. Heiligenberg bietet gleich zwei Aussichtsplätze, ganz unterschiedlich in ihrer Art: Kurz vor dem Ende der vierten Etappe die Kuppe der Amalienhöhe (787 m) und zu Beginn der fünften Etappe der Bellevueplatz an der Hangkante, wo das Linzgauer Bergland zum Bodenseebecken abbricht. Der Name ist Botschaft, denn für den Blick zum Schloss Heiligenberg auf dem bewaldeten Bergsporn, über die weite Seelandschaft und auf die Alpen gibt es im ganzen Land keinen Vergleich.

Einen weiteren Aussichtsturm bietet die fünfte Etappe, allerdings von ganz anderer Art als der Gehrenbergturm. Es ist der runde, wegen seines weißen Anstrichs weithin sichtbare Bergfried der ehemaligen Burg Hohenbodman (673 m), dessen überdachte Aussichtsplattform eine grenzenlose Rundumschau gewährt.

Stellvertretend für den Bilderwirbel auf der sechsten Etappe zwischen den Höhen des Sipplinger Bergs (706 m) und Überlingen sei der Haldenhof erwähnt, steil und hoch über Sipplingen gelegen. Der Blick geht über den schmalen, von dunklen Bergzügen eingeschlossenen Arm des Überlinger Sees hinaus zum Obersee, dessen weite Wasserfläche draußen im Südosten zu erkennen ist. Dahinter steht die Parade der Alpengipfel.

Der Aussichtsturm auf dem Gehrenberg (4. Etappe) offeriert den umfassendsten Blick auf den Bodensee und die Alpen. Im Hintergrund die Bregenzerwaldberge.

Albert Steudel

DER ALTMEISTER DES ALPENPANORAMAS AM BODENSEE

Blick vom Aussichtsturm auf dem Gehrenberg über den Bodensee auf die Viertausender der Berner Alpen. Halblinks als dunkles Dreieck das Finsteraarhorn [189], nach rechts Schreckhorn, Wetterhorn und das weltberühmte Dreigestirn Eiger, Mönch und Jungfrau. Ganz rechts außen die Rigi über dem Vierwaldstätter See.

Albert Steudel
(Entstehungsjahr unbekannt)

Von den Einwohnern der Stadt weitgehend ignoriert und ihren Besuchern völlig unbekannt, fristet der Alte Friedhof in Friedrichshafen ein stilles Dasein. Nicht weit vom Stadtzentrum, aber gut versteckt zwischen den Bahngleisen der Seelinie und den Häusern von Hofen, ist das ummauerte Geviert eine grüne Oase mit schönem altem Baumbestand. Weil der nahe See mit seinen Uferanlagen die Flaneure und Müßiggänger allesamt anzieht, ist es auf dem zu einer kleinen Parkanlage umgestalteten Alten Friedhof ruhig. Angelegt wurde er im Jahr 1634 und ab 1812 war er Friedhof für die damals noch kleine Gesamtstadt Friedrichshafen. 1956 fand die letzte Beisetzung statt und schon 10 Jahre später erfolgte eine Entrümpelungsaktion, die nur 90 der bis dahin verbliebenen 548 Grabsteine übrig ließ. Die stehen noch immer in willkürlicher Positionierung über das Gelände verstreut. Einer von ihnen, eine unscheinbare, schmucklose Bodenplatte trägt die Aufschrift: »Albert Steudel, Professor in Ravensburg, geb. 31. Aug. 1822, gest. 28. Nov. 1890.«

Dieser Mann, dessen Name heute kaum mehr jemand kennt, verbrachte lediglich seine zwei letzten Lebensjahre in Friedrichshafen. Er war der Stadt aber unter einem speziellen Gesichtspunkt schon lange vorher eng verbunden, wobei das Wort »Gesichtspunkt« ganz wörtlich zu nehmen ist. Was Steudel immer wieder hierher zog und ihn schließlich veranlasste, 1888 nach seiner Pensionierung mit seiner Ehefrau von Ravensburg nach Friedrichshafen zu ziehen, war der Blick über den Bodensee auf die Alpenkette, zu der er ein ganz spezielles Verhältnis hatte. Leider war es ein kurzer »Ruheabend, den er sich bereiten wollte an den Ufern seines geliebten Sees im Angesicht seiner Bergesfreunde«, wie es Stadtpfarrer Pezold in seiner Grabrede formulierte.

Albert Steudel war nicht nur bewundernder Betrachter der Alpengipfel, er beschäftigte sich vielmehr jahrzehntelang aktiv mit deren Identifizierung, mit ihrer Beschreibung und vor allem mit ihrer bildlichen Darstellung. Er zeichnete eine große Zahl von breitformatigen Alpenpanoramen, die bis zu vier Meter Länge erreichen konnten. Dafür wählte er ganz unterschiedliche Standorte, überwiegend im Schwä-

Verkleinerter Ausschnitt aus Steudels Panorama von der Ravensburger Veitsburg, erschienen 1883.

bischen Oberland und am Bodensee. Aber nur den Blick von Friedrichshafen hielt er in vier verschiedenen Ansichten fest, wobei eine von ihnen eine gefaltete, vier Meter lange Beilage in seiner einzigen eigenständigen Buchpublikation war, die den bezeichnenden Titel »Alpenschau« trug und deren erste Auflage 1864 ausschließlich den Blick von Friedrichshafen auf das Gebirge zum Inhalt hatte. Die zweite Auflage 1874 ergänzte er um die Beschreibung der Aussicht von anderen oberschwäbischen Panoramaplätzen. Kern des Buches blieben aber neben der »kurzen Beschreibung von 150 Bergen, welche vom nördlichen Bodenseeufer gesehen werden« die Häfler Aussicht und die Panoramabeilage der ersten Auflage. Seine Konzentration auf den Blick vom Friedrichshafener Ufer begründete er im Vorwort, in dem er die Ankunft in der Seestadt nach der Fahrt mit der »württembergischen Eisenbahn« von Ulm her beschrieb: *»Man ist am Ziele. Nur wenige Schritte vom Bahnhof sind erforderlich, um von der Promenade der Neustadt aus im Schatten der Bäume den großartigsten Anblick zu genießen, der innerhalb der Grenzen des schwäbischen Landes möglich ist.«* Daran hat sich bis heute nichts Wesentliches geändert.

Steudels Lebensweg

Geboren wurde Albert Steudel am 31. August 1822 in Winzerhausen, gelegen zwischen Ludwigsburg und Heilbronn. Sein Vater Joseph Steudel, der dort evangelischer Pfarrer war, starb, als Albert 12 Jahre alt war. Während er bei seiner Mutter blieb, wurde sein um sieben Jahre jüngerer Bruder Wilhelm vom befreundeten und kinderlosen schwäbischen Dichter und frühen demokratischen Politiker Ludwig Uhland und dessen Frau Emilie als Pflegesohn aufgenommen. Albert absolvierte den klassischen württembergischen Bildungsweg, den ein guter Teil der evangelischen geistigen Elite Schwabens ebenfalls ging; Hölderlin, Hegel und Mörike seien als berühmte

Der Alte Friedhof in Friedrichshafen, heute eine stilvolle Parkanlage. Albert Steudels Grabstein ist einer der wenigen noch erhaltenen.

Beispiele genannt. Nachdem er 1836 das Lyceum in Tübingen mit dem Landexamen abgeschlossen hatte, besuchte er bis 1840 das Evangelische Seminar in Schönthal, um danach am Evangelischen Stift Tübingen bis 1844 Philosophie und Theologie zu studieren. Bevor Steudel 1854 nach Ravensburg kam, durchlief er mehrere Stationen. Zunächst war er zwei Jahre lang Hauslehrer in Bolbec in der Normandie, wo er französischen und englischen Zöglingen Sprachunterricht erteilte. In seine Rückkehr integrierte er eine Reise nach England und Holland. Ende 1846 hatte er ein kurzes Intermezzo als Hilfsgeistlicher am Kreisgefängnis Schwäbisch Hall und war dann sieben Jahre lang Lehrer an der Höheren Töchterschule in Heilbronn und Geistlicher am dortigen Gefängnis. 1849 heiratete er Amalie Capoll, mit der er zwei Söhne hatte. 1854 endete Steudels Odyssee mit dem Antritt einer Stelle als Geistlicher an der evangelischen Gemeinde in Ravensburg. Dazu kam ein Jahr später eine Lehrertätigkeit an der Realanstalt, die er bis zu seiner Pensionierung 1888 ausübte.

Ein Blick auf die vielfältigen Aktivitäten, die er neben seinen beruflichen Aufgaben entwickelte, lässt erkennen, dass sein Hauptaugenmerk der Natur und ihrer Erforschung sowie der regionalen Geschichte galt. Das vermögen allein seine Mitgliedschaften im Deutschen Alpenverein, im Oberschwäbischen Zweigverein des Vereins für Vaterländische Naturkunde (Gründungsmitglied!), im Verein für Geschichte des Bodensees und in der Ravensburger Museumsgesellschaft, deren Bibliothekar er

25 Jahre lang war, zu dokumentieren. Die Ergebnisse seiner Forschungsarbeit publizierte er in den Jahresheften des Vereins für Vaterländische Naturkunde und in den Heften des Vereins für Geschichte des Bodensees (die bis zum heutigen Tag in jährlicher Folge erscheinen). Seine Beiträge befassten sich mit so unterschiedlichen Themen wie den Bodenseepfahlbauten, der Ausdehnung des Bodensees in vorgeschichtlicher Zeit, der Seegfrörne von 1880 oder den »erratischen Erscheinungen in der Bodenseegegend«, der damals noch nicht definitiv beantworteten Frage also, auf welche Art die unzweifelhaft aus den Alpen stammenden Gesteine, die man auch als Findlinge bezeichnet, in den Bodenseeraum gelangten. Steudel wurde zu einem Wegbereiter der Erkenntnis, dass sie von den Gletschern in der jüngsten Eiszeit ins Alpenvorland transportiert wurden. Aus Steudels Feder stammt auch eine »Chronik der Stadt Ravensburg aus gedruckten und ungedruckten Quellen«, die 1864 erschien. Neben mehreren Orden und Auszeichnungen wurde Steudel 1876 für seine Leistungen der Professorentitel verliehen.

Zeitgenossen charakterisierten Albert Steudel als »immer heiteren, anregenden Gesellschafter« und schätzten an ihm »das Übersprudelnde und Anziehende seines Vortrags« sowie den »unerschöpflichen Schatz seiner Kenntnisse« und »die Treue seines Gedächtnisses«. Er galt auch als »bewährter Patriot«, dessen kaisertreue Gesinnung in der langjährigen, durch fast 300 Briefe dokumentierten Freundschaft mit dem Fürsten Karl Anton von Hohenzollern-Sigmaringen, dem er auch das Buch »Alpenschau« gewidmet hatte, ihren konkreten Ausdruck fand.

Albert Heim (1849–1937), der große Schweizer Geologe und Panoramazeichner.

Kleine Geschichte der Alpenpanoramen

Schwerpunkt von Steudels nebenberuflichem Wirken und unzweifelhaft auch sein Hauptvergnügen war das Zeichnen von Alpenpanoramen. Eine von ihm selbst zusammengestellte Übersicht enthält 25 gedruckte Panoramen von 18 verschiedenen Standorten, 10 ungedruckte und 8 Orientierungstafeln. Er wählte dafür Standorte direkt am See, wie Überlingen, Meersburg, Friedrichshafen, erhöhte Punkte in Oberschwaben und im Allgäu, wie Heiligenberg, die Waldburg oder den Pfänder.

Steudel war im Bodenseeraum der Hauptrepräsentant einer Gattung, die im 19. Jahrhundert im gesamten Alpenraum verbreitet war und eine kaum überschaubare Zahl von Panoramadarstellungen hervorbrachte. Die Aufklärung mit ihrer neuen Sicht auf die Natur bildete die geistige Grundlage für die Erschließung und »Eroberung« der Alpen, die vom Bildungsbürgertum getragen wurde. Dabei vermischten sich wissenschaftlicher Drang zu Erkenntnis und Bestimmung mit der Begeisterung für die Schönheiten der Gebirgsnatur. Das Panorama erwies sich als ideales Medium, diese beiden Komponenten in Einklang zu bringen. Steudel führt dazu im Vorwort zu seinem Buch »Alpenschau« aus: *»Die Gebirgskenntniß, zu deren Verbreitung der Verf. in den folgenden Blättern einen Beitrag geben möchte, hat ihren besonderen Reiz nicht etwa blos für den*

Geographen, sondern für jeden gebildeten Menschen. Sie dient nicht etwa zur Befriedigung einer müßigen Neugierde, sondern sie macht auf tausend Wunder und Merkwürdigkeiten der Schöpfung aufmerksam, welche dem flüchtigen Blick entgehen. Sie gibt einen leitenden Faden in dem verworrenen Labyrinth der Ketten und Gestalten und spornt zu wiederholter Betrachtung. Denn an keinem Tage erscheint das Alpengebirge wie am anderen.«

Wichtigster Pionier war der Züricher Staatsmann und Gelehrte Hans Conrad Escher von der Linth (1767–1823), dessen erste Panoramen noch in den 90er-Jahren des 18. Jahrhunderts entstanden. Massenauflagen erreichten ab etwa 1870 Panoramen, die den Jahrbüchern der immer größer werdenden alpinen Vereine beigelegt waren. Albert Heim (1849–1937), bedeutender Schweizer Geologe und selbst Panoramenzeichner (von ihm stammt ein immer wieder aufgelegtes und noch heute erhältliches Säntispanorama, das in seiner Genauigkeit, um nicht zu sagen Detailbesessenheit, im Bodenseeraum einmalig sein dürfte) wies noch auf zwei weitere Aspekte hin, die für den wachsenden touristischen Markt wesentlich waren. Die Käufer wollen *»in einem Panorama auch einen guten Anhaltspunkt für die Erinnerung an die vergangenen Genüsse haben, und mehr: die Wirthe wollen von nahe gelegenen Aussichtspunkten Panoramen zu dem Zwecke, die Touristen zum Gang auf diese Höhe zu ermuntern – aus Wirthschaftsinteressen – wer wollte ihnen das verargen?«*

Die meist meterlangen Darstellungen wurden im handlichen Format als Faltpanoramen mit einladend gestalteten Umschlägen zum Verkauf angeboten. Die aufkommende Fotografie, die zunehmende Verbreitung von aussagekräftigeren Wanderkarten und die wachsende Beliebtheit billiger Reiseandenken und Bildpostkarten führten genauso zum Niedergang wie die Entwicklung zum Massentourismus. Denn mit der Wende zum 20. Jahrhundert veränderte sich auch die Motivation für den Besuch der Alpen grundlegend. Nicht mehr der Drang nach exakter Beobachtung und Erschließung leitet die Menschen, sondern eine Kombination aus Erholungsbedürfnis, Drang nach Bewegung, sportlicher Leistung und Landschaftsgenuss.

Moderne Reisende begnügen sich meist mit der Feststellung, dass der Ausblick auf eine Landschaft schön ist, ohne detailliert zu hinterfragen, was man denn genau sieht. Panoramadarstellungen neueren Datums haben folgerichtig Seltenheitswert. Es gibt jedoch Ausnahmen: Erwähnenswert im Bodenseeraum sind diesbezüglich Edwin Knoblauchs gezeichnete Panoramen vom Turm der Konstanzer Jugendherberge und vom Gehrenbergturm über Markdorf, entstanden 1993 und 1995 sowie das 2010 erschienene Panorama vom Gehrenbergturm, fotografiert von Gerhard Kolb (siehe Literaturhinweise). Das erste Alpenpanorama aus dem Bodenseeraum dürfte der Züricher Heinrich Keller (1778–1862), ein seinerzeit weithin bekannter Meister seines Fachs, gezeichnet haben. Es trägt den Titel »Ansicht der Alpenkette und des Bodensees gezeichnet auf Heiligenberg in Schwaben (sic!) von Heinrich Keller« und erschien 1821 in Zürich bei Füessli.

Der erste, der den Blick über den See nach Süden umfassend schriftlich fixierte, war Gustav Schwab (1792–1850) in seinem 1827 bei Cotta erschienenen Buch »Der

Das Renaissanceschloss Heiligenberg in Panoramalage über dem Bodensee. Etwas links über dem Schloss die Hochkünzelspitze [53], nach rechts Kanisfluh [54], Braunarlspitze [55], Dornbirner First [67] und darüber die Rote Wand [66].

Bodensee«. Es war das erste dem Bodenseeraum gewidmete »Handbuch für Reisende« überhaupt. Auch er wählte dafür den Standort Heiligenberg und verwendete fünf Seiten für die Beschreibung des Blicks aus den nach Süden gerichteten Fenstern des sogenannten Rittersaals im Heiligenberger Schloss, das im 19. Jahrhundert der bevorzugte Panoramaplatz im Bodenseeraum gewesen sein dürfte. Ebenfalls bei Füessli in Zürich erschien 1865 ein weiteres »Panorama vom Fürstlich Fürstenbergischen Schlosse Heiligenberg in Schwaben, nach der Natur gezeichnet und gestochen von Rud. Ringger in Küsnach b/Zürich« (2. Auflage 1867).

Albert Steudel wirkte um 1880 bei der Herausgabe einer weiteren »Aussicht vom Fürstlich-Fürstenberg'schen Schlosse Heiligenberg« mit, die vom bereits erwähnten Heinrich Keller »aufgenommen« und von Kellers Sohn und Steudel »revidirt« wurde. Wie sich die Anteile der drei Herren an dieser sehr genauen und zeichnerisch vorzüglichen Darstellung verteilen, ist nicht festzustellen. Ein Faximile dieser Fassung konnte der Verfasser 1999 zusammen mit einem 38-seitigen Begleittext herausgeben. Ein weiteres Steudel-Panorama ist seinem Friedrichshafener Wanderbuch von 2002 beigelegt. Dabei wurden 200 von Friedrichshafen aus zu sehende Alpengipfel neu lokalisiert und benannt.

Von der »Wahrheit« der Panoramen

Das in künstlerischer Hinsicht schönste aller im Bodenseeraum gezeichneten Panoramen wurde »nach der Natur gezeichnet von H. C. Obach« in Stuttgart und zeigt den Blick vom Kirchplatz in Berg hinter Friedrichshafen (ohne Datum, vermutlich zwischen 1860 und 1870 erschienen). Steudel nannte es »schön, aber phantasiereich« und wies damit auf eine entscheidende Schwäche hin. So mancher bekannte Berg in der Alpenkette fehlt, dafür erfreut sich der eine oder andere nicht existierende einer akribisch genauen Darstellung. Ein unverzeihlicher Fehler angesichts der hohen Ansprüche, die an ein Panorama bezüglich der Übereinstimmung mit der Wirklichkeit gestellt wurden und werden.

Weil wirklich klare Tage eher selten sind und das Licht mit seinen dauernden Veränderungen dem Zeichner optische Streiche zu spielen vermag, war das Panoramazeichnen eine schwierige, viel Geduld erfordernde Aufgabe. Leider ist von Albert Steudel keine Beschreibung des Arbeitsvorgangs und der dabei auftretenden Probleme und Nöte bekannt. Die Schilderung der Umstände beim Zeichnen seines Panoramas auf dem Säntisgipfel durch den bereits erwähnten Albert Heim vermögen einen lebendigen Eindruck von der Arbeit eines Panoramazeichners zu geben: *»Im Oktober des gleichen Jahres [1870] weilte ich auf dem Säntis … Die Witterung war teilweise sehr gut. Ich zeichnete nach freiem Auge, sehr viel durch den Feldstecher, leider aber damals noch ohne eigentliche Vermessung, nur nach »Augenmass«. Keine Viertelstunde ließ ich unbenützt. Oft konnte ich nur stückweise durch Nebellücken zeichnen. In den ersten Tagen November war ich zu etwa zwei Drittel vorangerückt. … Erst im Juli 1871 konnte ich meine Arbeit wieder aufnehmen. In einigen Tagen war ich mit den Alpen fertig. Viel größere Schwierigkeiten als das Gebirge bot das vorliegende Hügelland hinaus zum Bodensee und bis zu Schwarzwald und Jura. … Es galt, an diesem Tage alles noch Fehlende von Lindau bis gegen den Hoherhohnen fertig zu zeichnen, denn so günstig würde die Sicht vielleicht das ganze Jahr nicht mehr. Ich hatte nicht Zeit zum Essen. Man schob mir hie und da einen Bissen in den Mund. Es fing an zu dunkeln. Regenwolken zeigten sich. Ich zeichnete so schnell als möglich und wurde eben noch fertig.«*

Wie schwierig es war, dem Wahrheitsanspruch an ein Panorama gerecht zu werden, beschreibt Albert Steudel in seinem Buch »Alpenschau« im Abschnitt über das Berner Oberland: *»Es ist eine häufig discutirte Streitfrage, ob das Berner Oberland, speciell die Jungfrau, in Friedrichshafen sichtbar sei. Auf dem schönen, aber phantasiereichen Obach'schen Panorama sind die meisten Hauptrepräsentanten der Berner Alpen, selbst die Blümlisalp und das Doldenhorn eingezeichnet. Auch der Verf. hat früher ein kleines Panorama herausgegeben, auf dem er das Berner Oberland, so, wie er es von der Veitsburg aus schon oft gesehen hat, aufnahm. Denn, dachte er, den Satz von der Sichtbarkeit vorausgesetzt, muß das Berner Oberland sich in Friedrichshafen ungefähr auf dieselbe Weise präsentieren, wie auf der Veitsburg, da diese drei Partieen in einer geraden Linie liegen. Allein er ist von diesem seinem Irrthum schon längst abgekommen und er hat die Genugthuung, dass einer der heftigsten Verfechter der Ansicht, dass das Berner Oberland in Friedrichshafen sichtbar sei, der leider verst. Dr. Kammerer aus Stuttgart, bei seinem letzten Aufenthalt in Friedrichshafen jenen Irrtum eingestanden hat. Es ist rich-*

Fern im Südwesten zeigen sich vom Höchsten die Urner und Berner Alpen in der Zentralschweiz. In der Mitte das Finsteraarhorn [189], der höchste aus dem Bodenseeraum zu sehende Berg (4274 m).

tig, dass vom Kirchhof in Berg aus das Schreckhorn durch eine der Einsenkungen der Hörnlikette hindurch gesehen wird. Ebenso mag dasselbe von den Schlossthürmen in Hofen und vielleicht auch von den höchsten Punkten um Hofen gesehen werden. Aber die auf der Veitsburg, Waldburg, dem Gehrenberg, Höchsten und selbst auf dem Bussen sichtbaren Prachtpyramiden: Finsteraarhorn, Wetterhörner, Mönch, Jungfrau und Eiger sind am Niveau des See's hinter der sie verdeckenden Hörnlikette hinabgesunken.«

Heutzutage fehlen die Diskussionspartner zur Erörterung von Streitfragen wie der nach der »Sichtbarkeit des vielgerühmten Berner Oberlandes« (siehe dazu Finsteraarhorn [189]). Man schaut und genießt, ohne im Detail nachzufragen, was man genau sieht. Auch in den Alpen gibt es nichts mehr zu erforschen. Für persönliche Entdeckungen und »Eroberungen« ist allerdings unbegrenzt Raum. So kann jeder sich seine private Sammlung von Panoramaplätzen rund um den See oder von aus dem Bodenseeraum sichtbaren Alpengipfeln anlegen. Man wird sie lebenslang erweitern können und dabei kaum Vollständigkeit erzielen.

»Für diesen Blick: von Meersburg übern See ...«

Winterabend auf der Friedrichshöhe über Meersburg.
Über dem See »der Säntis wie ein Felsgewölk«.

Dächer, Reben, See, Berge

Auf die Frage nach dem schönsten Blick über den See gibt es nicht nur eine Antwort. Weil objektivierbare Kriterien fehlen, werden persönliche Vorlieben oder lokalpatriotische Gesichtspunkte den Ausschlag geben: Die Lindauer Seeschau ist geprägt von der Nähe der Alpen und dem grünen Amphitheater der Bregenzer Bucht, die Friedrichshafener Perspektive ist gekennzeichnet von der nahezu meerhaften Weite des Sees und den sich in langer Front präsentierenden Alpen, in Überlingen dominiert das geheimnisvolle Wälderdunkel der Bodanrückhöhen über dem schmalen Seearm. Meersburg kann für seine Seeschau zwei Aspekte ins Feld führen, auf deren Kombination es allein Anspruch erheben darf: Der Blick von erhöhten Punkten nah und steil über dem Ufer, von denen sich der See in ganz anderer Perspektive präsentiert als direkt vom Ufer aus und der pittoreske Vordergrund einer vom Wasser sich hinaufrankenden, alten Stadt. Die meisten der vielen Besucher, die die Stadt bisweilen förmlich überfluten, beschränken ihre Aktivitäten auf den Bummel durch die Gassen der Stadt und das Flanieren auf der Uferpromenade. Ihnen entgeht Wesentliches, denn auf bequeme Art lassen sich mehrere Panoramaplätze in der denkmalgeschützten Altstadt und in ihrer unmittelbaren Nähe auf einem längeren Spaziergang miteinander verbinden. So lernt man aus unterschiedlichen Perspektiven auch die Stadt besser kennen, ihre eigenwillige Positionierung in der Landschaft und ihre einmalige bauliche Struktur.

Den Zauber des Meersburger Panoramas hat Johannes R. Becher 1946 in ein Sonett gegossen, das zu den schönsten Bodenseegedichten gehört. Vielleicht weil es der falsche Mann gedichtet hat, ist es eher unbekannt geblieben. Becher (1891–1958), in jungen Jahren ein ungestümer expressionistischer Dichter – seine Gedichte erschienen unter anderem in Kurt Wolffs legendärer Sammlung »Der Jüngste Tag« – war Kommunist und von 1954 bis 1958 Kulturminister der DDR. Vor 1933 hielt er sich häufig in seiner »Wahlheimat Schwaben« auf und fuhr immer wieder an den Bodensee, den er in seinem Tagebuch als »innerste-innigste Heimat« bezeichnete. Die Zeit der Naziherrschaft verbrachte er im Moskauer Exil. Nach dem Krieg besuchte er mehrere Male Meersburg und erwog sogar, sich hier ein kleines Haus zu kaufen. Bleiben wollen und doch wieder gehen müssen, diesen Konflikt versuchte er zu lösen durch die Bannung des Schönen in einen »ewigen Augen-Blick«. Ein Spender von Lebenskraft vermag dieser Blick auch schauenden Menschen zu sein, die den großen Vorzug genießen, bleiben zu dürfen oder zumindest nach Belieben wiederkommen zu können. Becher hat den See 1949 letztmals gesehen. Ein Jahr vor seinem Tod wollte er ihn nochmals besuchen, doch dem DDR-Minister wurde die gewünschte Einreise vom Landratsamt Überlingen verweigert.

Für diesen Blick

Für diesen Blick: von Meersburg übern See,
ein fließend Blau, von Rebengrün umhangen,
der Säntis wie ein Felsgewölk, von Schnee
zart übersilbert, – welch ein Heimverlangen

in diesem Blick und welch ein Abschiedsweh! –
In diesem Blick ist alles eingefangen,
was heimatlich durchträumte uns seit je, –
in diesem Blick ist alles aufgegangen,

was uns die Zeit erfüllte schwermutbang, –
für diesen Blick bin ich in Leid ergraut
und trug ich einer Fremde Mißgeschick, –

für diesen Blick – von diesem Blick durchschaut –
hielt ich nicht inn im Gang, mein Leben lang,
für dieses Blickes ewigen Augen-Blick.

Mit Steudels Blick durch Meersburg

In den siebziger Jahren des 19. Jahrhunderts beschäftigte sich Albert Steudel intensiv mit der Alpenschau von Meersburg. Ergebnis war das hier in kleinem Auszug abgedruckte Panorama, eines von vielen, die er am Bodensee zeichnete. Herausgegeben wurde es 1878 vom Verschönerungs-Verein Meersburg als Faltpanorama, das aufgeklappt 275 cm lang ist.

Steudel wählte als Standort den **Ödenstein**, einen Aussichtsplatz über dem steilen Weinberg im Westen der Oberstadt, hoch über dem Fährhafen. Von der Kirche erreicht man ihn bequem mit einem Spaziergang von wenigen Minuten. Hier hat man eine früher viel gemalte und heute viel fotografierte klassische Ansicht von Stadt und See mit dem massigen Alten Schloss dekorativ im Vordergrund. Dennoch findet nur ein kleiner Teil der Gäste den Weg hierher und man darf den prächtigen Blick ungestört genießen. Erfreut wird man feststellen, dass sich an Steudels schöner Darstellung der Stadt kaum etwas verändert hat.

Ruhig ist es auch auf der **Friedrichshöhe** nördlich über der Altstadt, obwohl man wenige Meter hinter dem Obertor von der Mesmerstraße über einen kurzen Treppenweg durch die Reben schnell hinauf gelangt. 1897 wurde auf der Geländeschwelle ein Wasserhochbehälter platziert und mit einer für einen technischen Zweckbau überraschend originellen Architektur ummantelt. Hier hat man einen außergewöhnlichen

Blick vom Lerchenberg auf Meersburg. Überm See die Höhen des Bodanrück.

Fassade und Terrasse des Neuen Schlosses in Meersburg.

Blick über das Dächergewirr der Oberstadt hinweg auf den See und die Alpenkette. In kaum einer der vielen Meersburgdarstellungen findet sich diese reizvolle Ansicht.

Am westlichen Ende von Albert Steudels Panorama befindet sich der Hinweis, dass er das Berner Oberland vom **Wetterkreuz** aus aufgenommen hat, weil vom Ödenstein nicht alle Berge zu sehen sind. Das Wetterkreuz steht an einem erhöhten Punkt östlich der Stadt am Höhenweg nach Hagnau, der nahezu auf der gesamten Strecke herrliche Aussichten bietet. Sie sind aus Bechers drei Elementen zusammengesetzt: Fließendes Blau, Rebengrün und Felsgewölk. Meersburg präsentiert in Schrägsicht seine Schaufront und die Unterstadt mit dem Hafen.

Einen alles umfassenden Blick gewährt die sogenannte Ehrenstätte in traumhaft schöner Lage auf dem **Lerchenberg**, einen knappen Kilometer vom Wetterkreuz entfernt in Richtung Hagnau und auf dem herrlichen Höhenweg zu erreichen. Entstanden ist die zweifelhafte Anlage in der Nazizeit, ihre »Botschaft« wurde danach etwas abgemildert. Die Nennung all der Länder, in denen sich deutsche Soldaten während des 1. Weltkriegs aufgehalten haben, mag einem dennoch bedenklich erscheinen. Die durch nichts eingeschränkte Aussicht von hier über die Bodenseelandschaft (mit der Gedenkstätte im Rücken) ist jedoch unvergleichlich.

»Ein fließend Blau, von Rebengrün umhangen.« Frühling in den Meersburger Weinbergen oberhalb der Haltnau. Links der Lerchenberg, über dem See die Bregenzerwaldberge.

Verkleinerter Ausschnitt von Albert Steudels Alpenpanorama von Meersburg, erschienen 1878.

Die Bodenseelandschaft ist stark vom Menschen geprägt, im Guten wie im Schlechten. Von geradezu spektakulärer Schönheit, und ein herausragendes Beispiel für eine untrüglich sichere Hand bei der Einfügung von Menschenwerk in die natürliche Umgebung, ist die barocke Neugestaltung der Meersburger Oberstadt durch die Konstanzer Fürstbischöfe in der ersten Hälfte des 18. Jahrhunderts. Drei riesige Gebäude wurden nebeneinander an die Hangkante gesetzt mit ihren Schauseiten zum See hin. Der am aufwendigsten gestaltete Baukörper, das **Neue Schloss** wurde um einige Meter nach hinten gerückt, um Platz für eine ebene **Terrasse** über dem felsigen Steilabbruch zu schaffen. Eine steinerne Balustrade, von der man nahezu senkrecht auf die Dächer der Unterstadt und den Hafen hinunterschaut, begrenzt die Rasenfläche. In der westlichen Verlängerung, über dem tiefen Graben, wächst die klobige mittelalterliche Burg, das Alte Schloss, aus dem Fels. Draußen glänzt der See. Vom Alpenpanorama fehlt zwar der östliche Teil, doch hier ist diese Einschränkung ohne Bedeutung. Wir stehen an einem Platz, für den es am See und vielleicht im ganzen Land keinen Vergleich gibt. Architektur und Natur verschmelzen zu einer höheren Einheit, die man als vollkommen bezeichnen möchte.

Darum ist die Schlossterrasse der logische und stilvolle Ausgangs- und Endpunkt der kleinen Meersburger Panoramawanderung zum Ödenstein, auf die Friedrichshöhe, hinüber zum Wetterkreuz, hinunter zur Haltnau und zurück in die Stadt.

Der Höchste zwischen Bodensee und Donau

DAS ALPENPANORAMA VOM HÖCHSTEN

Blick vom Höchsten nach Süden über den Gehrenberg (der Aussichtsturm steht links von der Bildmitte) auf die Schweizer Alpen mit dem Säntis.

Bildstock in der Nähe des »Gipfelorts« Rubacker.

Eindeutiger kann ein Bergname nicht sein. Ein wenig Anmaßung klingt schon mit, wenngleich der Name die objektiven Tatsachen korrekt bezeichnet, denn in der weitläufigen Landschaft zwischen Donau und Bodensee ist der Höchsten der höchste Berg. Betrachtet man ihn aus der Ferne, gleich aus welcher Blickrichtung, drängt sich das nicht zwingend auf. Er wirkt einfach nicht so richtig als Berg, zu unbestimmt ist seine Erscheinung, obwohl sich sein höchster Punkt 440 Meter über dem Wasserspiegel des Bodensees befindet. Nähert man sich dem Höchsten aber von Süden, vom See her also, kommt man auf sanft geneigte Hänge zu, die sich weit zurücklehnen. Von einem Berg ist eigentlich nichts zu sehen. Zwischen dem Bergfuß in 500 m Höhe bei Urnau und dem höchsten Punkt liegen mehr als sechs Kilometer. Nennenswerte Höhenunterschiede auf kurze Distanz, richtig steile Abhänge also, weist er nur in seiner westlichen Abdachung ins Tal der Deggenhauser Aach hinunter auf, immerhin 350 Höhenmeter auf etwa zweieinhalb Kilometern. Doch auch von hier gesehen lässt nur der riesige Sendeturm erahnen, wo der Berg oben aufhört. So etwas wie einen Gipfel hat der Höchsten nicht, wenn auch zwangsläufig einen höchsten Punkt. Der ist vermessen mit 837,8 Metern und befindet sich am südlichen Rand der freien Hochfläche bei Glashütten, ohne sich irgendwie in Szene zu setzen.

Aus all dem könnte man den Schluss ziehen, der Höchsten sei ein eher beliebiges, nicht sonderlich interessantes Stück Natur. Wer sich aber nicht auf die klassische Höchsten-Aktion beschränkt, die darin besteht, an einem Nebeltag im Winterhalbjahr mit dem Auto hinaufzufahren, um die Sonne zu genießen und das Alpenpanorama zu betrachten, wird eine Mittelgebirgslandschaft von überraschender Vielfalt und großer Schönheit vorfinden, eine Schönheit allerdings, die sich nicht stürmisch aufdrängt. Wandernd und versehen mit einem Vorrat an Zeit vermag man sich die einzelnen Elemente Schritt um Schritt zu erschließen und zu einem großartigen Gesamtbild zusammenzufügen. Man wird dann auch erkennen, dass der Höchsten nicht überall domestiziert ist, dass die weichen Geländeformen kein durchgängiges Prinzip sind, dass es wilde Tobel und drei Seen gibt, und dass sich von den Höhen unvergleichliche Aussichten auftun. Umgeben ist er von zwei ganz unterschiedlichen Tälern und einer ausgedehnten Riedlandschaft von stiller, fremder Schönheit, dem geschützten Pfrunger Ried. Zusammen mit dem Heiligenberg und dem Gehrenberg bildet der Höchsten die markante Geländeschwelle, die das Oberschwäbische Hügelland vom Bodenseebecken trennt.

Aufgebaut aus dem Abfall der Alpen

Die weichen Formen des Höchsten, seine behäbige Weitläufigkeit und die wilden, tief eingefrästen Tobel an seinen Rändern scheinen auf den ersten Blick im Widerspruch zueinander zu stehen, sie haben letztlich jedoch die selbe Ursache: die weichen Gesteine, aus denen der Höchsten aufgebaut ist. Schuld daran sind wie immer die Alpen. Sie haben mit zweierlei Mitteln ganz unterschiedlicher Art und zeitlich weit auseinander liegend die gesamte Bodenseelandschaft gestaltet: Zunächst mit den Ablagerungen, also den Abbauprodukten während ihrer langen Entstehungsphase und Millionen Jahre später mit den weit ins Vorland herausfließenden Gletschern während der verschiedenen Eiszeiten, deren letzte vor gerade 10 000 Jahren, vor einem Moment also in geologischen Dimensionen gemessen, zu Ende ging.

Wie der gesamte Bergriegel, der über den Heiligenberg nach Hohenbodman hinüber reicht und die bewegte Trennlinie zwischen dem Seebecken und dem höheren und strengeren Oberschwäbischen Hügelland bildet, ist der Höchsten aus weichen Gesteinen der Oberen Süßwassermolasse aufgebaut. Gleichzeitig mit der Entstehung der Alpen, die vor etwa 60 Millionen Jahren begann, setzte auch deren Zerstörung ein. Flüsse transportierten das in einem unentwegt wirkenden Erosionsprozess abgelöste Gestein aus den Alpen heraus. In unserem Raum befanden sich abwechselnd Meere oder große, weitgehend trockene Becken, in denen das Geschiebe über 30 Millionen Jahre hinweg bei wechselnden Bedingungen abgelagert wurde. Die jüngste dieser Epochen, deren Ablagerungsgesteine als Obere Süßwassermolasse bezeichnet werden, begann vor etwa 15 Millionen Jahren und dauerte um die 10 Millionen Jahre.

Den Höchsten gab es damals allerdings noch nicht, genauso wenig wie den großen See. Das heutige Landschaftsbild wurde erst in den letzten zwei Millionen Jahren modelliert, vorwiegend vom fließenden Wasser und dem Eis der in mehreren Phasen aus den Alpen weit ins Vorland hinausfließenden Gletscher. Mit jedem neuen Eisvorstoß wurde das heutige Bodenseebecken ausgehobelt, von Eiszeit zu Eiszeit ein Stück tiefer. Der vorläufig letzte dieser Eisströme, der Rheingletscher, überfuhr unsere Region während der so genannten Würmeiszeit, wobei die Kuppe des Höchsten als triste, flache Insel knapp aus dem Eismeer herausragte. Die Oberfläche bilden verbackene Schotter älterer Eiszeiten, die man mit dem schönen Begriff »Nagelfluh« benennt. Eindrucksvolles Beispiel für diese Formation sind die Rappenfelsen an der westlichen Kante der Hochfläche überm Deggenhausertal, ein langgezogener, versteckter und kaum bekannter Felsriegel. Man könnte meinen, Kieselsteine wären in Beton gegossen worden. Den runden, geschliffenen Formen dieser Kiesel und ihrer Verschiedenartigkeit ist unschwer abzulesen, dass sie aus verschiedenen Regionen der Alpen hierher transportiert wurden. Geologen können sie ihren Heimatregionen zuordnen, irgendwo im riesigen Einzugsbereich des Alpenrheins zwischen Arlberg-, Julier- und Oberalppass.

Die Rappenfelsen an der westlichen Kante des Höchstenplateaus.

Kirche und Pfarrhaus in Limpach in Terrassenlage auf der Südabdachung des Höchsten.

Menschen auf dem Höchsten

Der Höchsten ist ein bewohnter Berg. Ein ganzes Geflecht kleinerer Ortschaften überzieht seine Hänge und selbst das Hochplateau, wo an der höchsten Stelle des Berges die kleine Häuserversammlung Glashütten die oberste Position einnimmt. Dass sich der Mensch den Höchsten als Wohngegend schon früh erschlossen hat, belegen Siedlungsfunde in Illmensee, die auf die Zeit von 8000 vor Christus und damit in die mittlere Steinzeit datiert werden. Bis zum heutigen Tag gering geblieben ist die Besiedlungsdichte, bedingt durch die relative Abgeschiedenheit und die Höhenlage, in der eine intensive landwirtschaftliche Nutzung nur noch eingeschränkt möglich ist. So weist etwa die Gemeinde Deggenhausertal eine Bevölkerungsdichte auf, die gerade ein Fünftel des Bundesdurchschnitts beträgt. Dem Landschaftsbild hat das nicht geschadet.

Das schönste bestehende Gebäudeensemble auf dem Höchsten, 666 m hoch gelegen und weithin sichtbar, ist der Kirchenbezirk in Limpach. Neben der im Kern schon 500 Jahre alten Kirche mit ihrem wehrhaften Staffelgiebelturm bilden das 1846 errichtete, symmetrisch gegliederte Pfarrhaus, die etwa 300 Jahre alte große Pfarrscheuer, das Back- und Waschhaus, der ummauerte Friedhof und die alte Kirchenlinde ein Gesamtbild, wie es im weiten Umkreis kaum irgendwo zu finden ist. Geweiht ist die Kirche dem Drachenbekämpfer St. Georg, von der Bevölkerung durch die Jahrhunderte immer wieder angerufen als Helfer in der Not. Im Jahr 1702 wurde die Georgibruderschaft gegründet und seither wird, mit wenigen Unterbrechungen, jährlich der Georgiritt abgehalten. Am zweiten Sonntag im Mai bewegt sich eine Prozession mit hunderten von festlich gekleideten Reitern mit ihren Pferden, mehreren Musikkapellen und einer großen Zahl von Wallfahrern zu Fuß durch die Umgebung, das geschmückte Dorf und wieder zurück zur Kirche, wo auf der angrenzenden Wiese bei guter Witterung ein feierlicher Festgottesdienst abgehalten wird.

Das große Alpenpanorama

Was den Kirchenbezirk von Limpach über seine bauliche Geschlossenheit und die prächtige Terrassenlage am Südabhang des Höchsten hinaus auszeichnet, ist der Blick nach Süden, der in schier unermessliche Weiten geht. Der weite Raum, dessen Mittelpunkt der Bodensee bildet, wird begrenzt vom Zackengewoge der Alpen. Doch das ist nur einer von unzähligen Aussichtsplätzen, noch weiter wird die Umschau, je näher man den »Gipfelorten« Rubacker und Glashütten kommt. Der Blick auf die Alpen macht die eigentliche Berühmtheit des Höchsten aus. Nirgends ist er umfassender als von dem hölzernen Pavillon, den das Haus Fürstenberg 1854 am Südrand der Hochfläche gleich über dem kleinen Ort Rubacker auf einem gemauerten Unterbau errichten ließ als eine Art Tempel, in dem ein Panorama zelebriert wird, wie es in unserem Land nur wenige gibt. Von der Zugspitze im Osten bis zum weltberühmten Dreigestirn Eiger, Mönch und Jungfrau im Südwesten ist die Alpenkette in einer Ausdehnung von 250 km zu sehen. Gipfel an Gipfel, neben- und hintereinander gestaffelt, ein nur dem Kenner und geduldigen Beobachter entzifferbares Gewirr. In seinen Bann zieht es auch den, der, wenn überhaupt, nur den dominanten Säntis als Mittelpunkt zu identifizieren weiß. Die Faszination entsteht aus der scheinbaren Unvereinbarkeit der einzelnen Bildbestandteile: Die weichen, im Unbestimmten zerfließenden Linien der ausgedehnten Weiten und in denkbar schärfstem Kontrast dazu der schroffe Gebirgswall, der das Land übersteigt. Mitten drin das schmale, mal glänzende, mal mattsilberne Band des Bodensees oder ein unabsehbares Nebelmeer, aus der die flach gewölbte Masse des Gehrenbergs herausragt. Er bietet ein ähnliches Panorama, das nicht ganz so große Räume umfasst wie dieser Standort, dafür den See als dominantes Element und Mitte der Landschaft hat. Man kann sich nicht entscheiden, welchem Platz der Vorzug gebührt. Als Beispiele für die riesigen Entfernungen seien der östliche Eckpfeiler des Panoramas, die Zugspitze (mit 2962 m Höhe Deutschlands höchster Berg) genannt, die 130 km entfernt ist sowie der westliche Schlusspunkt, die Jungfrau im Berner Oberland (4158 m), zu der die Distanz gar 180 km beträgt.

Das abgebildete Panorama, das erste, das vom Höchsten publiziert wird, zeichnete der Friedrichshafener Bergsteiger Helmut Lang, der 2009 im Alter von 95 Jahren starb. Der gelernte Uhrmacher lebte fast 40 Jahre in Wilhelmsdorf in unmittelbarer Nähe des Höchsten. Seine enge Beziehung zu diesem Berg und seine genaue Kenntnis des Alpenpanoramas gehen auf diese Zeit zurück. 1953 zog Helmut Lang mit seiner Frau Erna nach Friedrichshafen, wo er bis kurz vor seinem Tod am Seemoser Horn, direkt am See und mit Blick auf die Alpen, lebte. Er reiste viel und in weite Fernen, beschäftigte sich mit naturkundlichen Themen und war leidenschaftlicher Fotograf. In Lichtbildervorträgen präsentierte er die beachtliche fotografische Ausbeute seiner Unternehmungen. Im Zentrum seiner Aktivitäten standen die Berge. Viele der vom Höchsten zu sehenden Gipfel bestieg er im Laufe seines langen Lebens.

Das Panorama zeichnete er Anfang der Neunzigerjahre auf Pergamentpapier und schenkte es Adalbert Kühnle aus Friedrichshafen-Kluftern, der es (ohne die Zeichnung zu verändern) einscannte und die handgeschriebenen Berg-und Ortsnamen maschinell übertrug. Die Exaktheit der Zeichnung und die korrekte Benennung der Gipfel sind Belege für Langs hohe Sorgfalt in der Ausführung und für seine Kenntnis der Alpen. 2007, im Beisein des 93-jährigen Helmut Lang wurde im historischen Aussichtspavillon auf dem Höchsten ein geschmiedetes Panoramarelief der Öffentlichkeit vorgestellt, es basiert auf Langs Zeichnung.

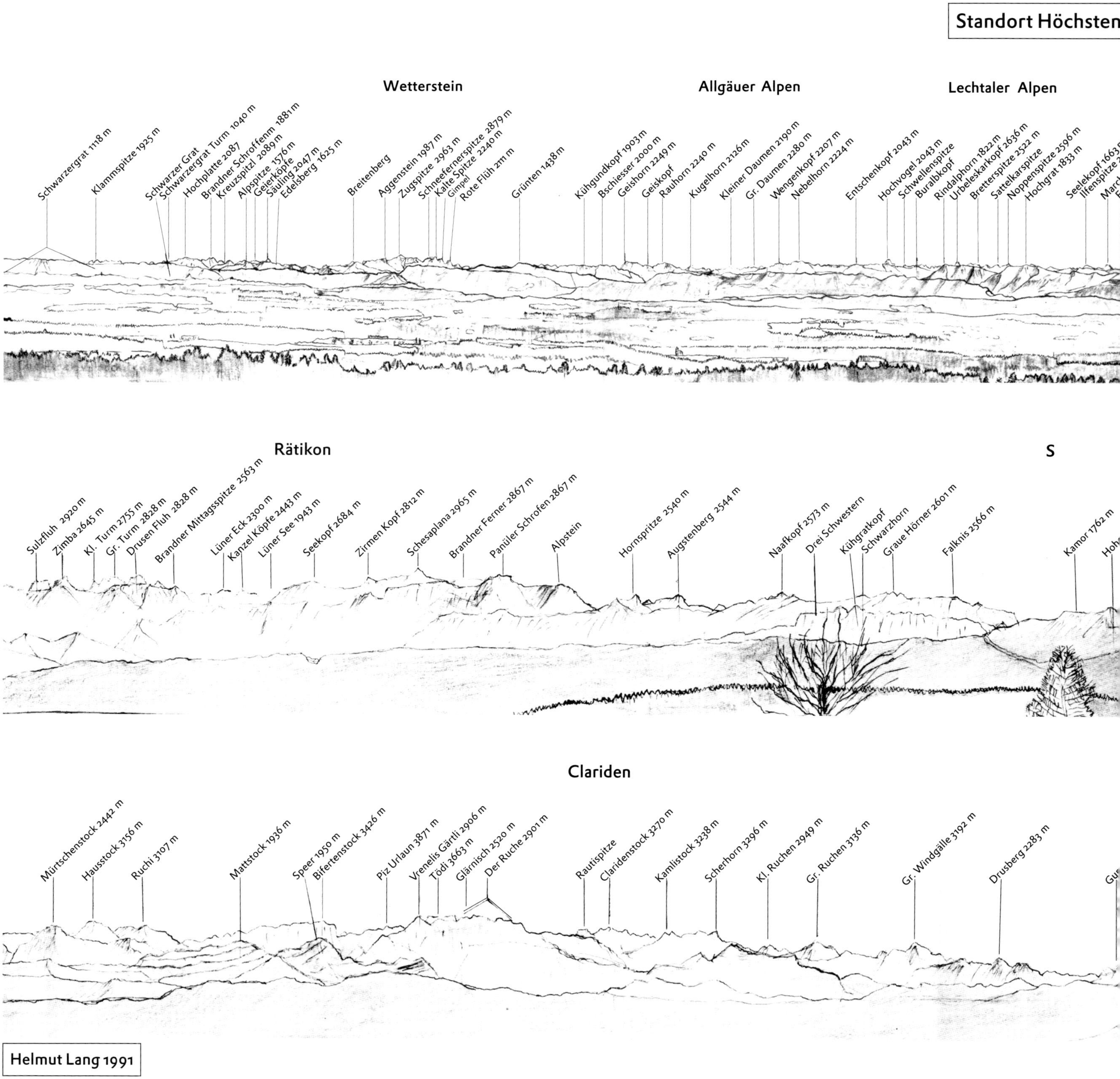
Standort Höchsten
Wetterstein
Allgäuer Alpen
Lechtaler Alpen
Schwarzergrat 1118 m
Klammspitze 1925 m
Schwarzer Grat
Schwarzergrat Turm 1040 m
Hochplatte 2087
Brandner Schroffenm 1881 m
Kreuzspitzl 2089 m
Alpspitze 1576 m
Geierköpfe
Säuling 2047 m
Edelsberg 1625 m
Breitenberg
Aggenstein 1987 m
Zugspitze 2963 m
Schneefernerspitze 2879 m
Kalte Spitze 2240 m
Gimpel
Rote Flüh 2111 m
Grünten 1438 m
Kühgundkopf 1903 m
Bschiesser 2000 m
Geishorn 2249 m
Geiskopf
Rauhorn 2240 m
Kugelhorn 2126 m
Kleiner Daumen 2190 m
Gr. Daumen 2280 m
Wengenkopf 2207 m
Nebelhorn 2224 m
Entschenkopf 2043 m
Hochvogel 2043 m
Schwellenspitze
Buralbkopf
Rindalphorn 1822 m
Urbeleskarkopf 2636 m
Bretterspitze 2522 m
Sattelkarspitze
Noppenspitze 2596 m
Hochgrat 1833 m
Seelekopf 1663 m
Rätikon
S
Sulzfluh 2920 m
Zimba 2645 m
Kl. Turm 2755 m
Gr. Turm 2828 m
Drusen Fluh 2828 m
Brandner Mittagsspitze 2563 m
Lüner Eck 2300 m
Kanzel Köpfe 2443 m
Lüner See 1943 m
Seekopf 2684 m
Zirmen Kopf 2812 m
Schesaplana 2965 m
Brandner Ferner 2867 m
Panüler Schrofen 2867 m
Alpstein
Hornspritze 2540 m
Augstenberg 2544 m
Naafkopf 2573 m
Drei Schwestern
Kühgratkopf
Schwarzhorn
Graue Hörner 2601 m
Falknis 2566 m
Kamor 1762 m
Clariden
Mürtschenstock 2442 m
Hausstock 3156 m
Ruchi 3107 m
Mattstock 1936 m
Speer 1950 m
Bifertenstock 3426 m
Piz Urlaun 3871 m
Vrenelis Gärtli 2906 m
Tödi 3663 m
Glärnisch 2520 m
Der Ruche 2901 m
Rautispitze
Claridenstock 3270 m
Kamlistock 3238 m
Scherhorn 3296 m
Kl. Ruchen 2949 m
Gr. Ruchen 3136 m
Gr. Windgälle 3192 m
Drusberg 2283 m
Helmut Lang 1991

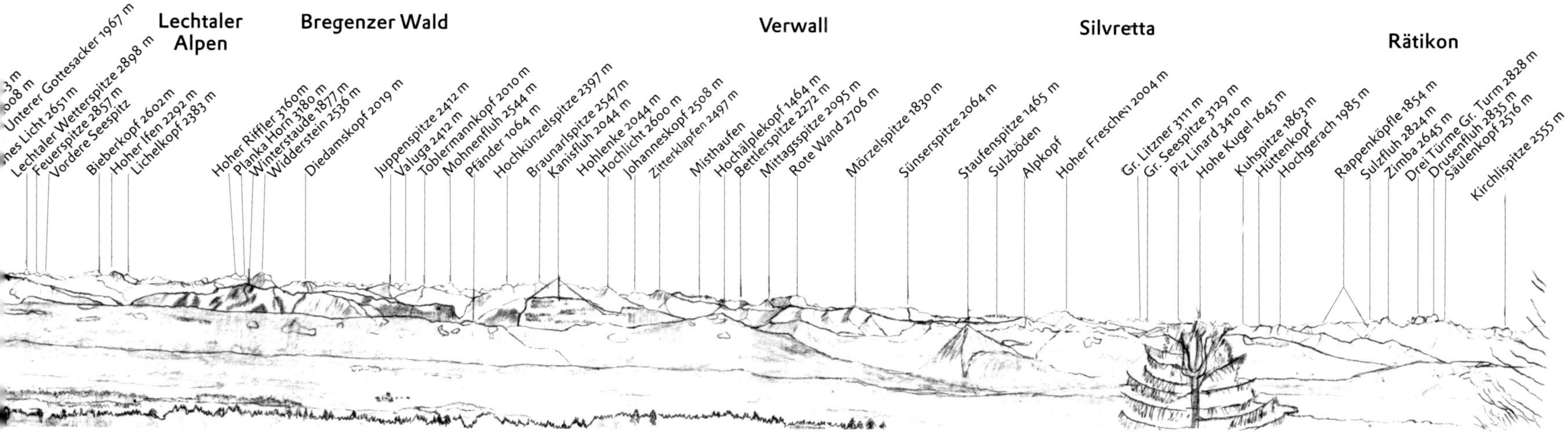
Lechtaler Alpen
Bregenzer Wald
Verwall
Silvretta
Rätikon
Unterer Gottesacker 1967 m
nes Licht 2651 m
Lechtaler Wetterspitze 2898 m
Feuerspitze 2857 m
Vordere Seespitz
Bieberkopf 2602 m
Hoher Ifen 2292 m
Lichelkopf 2383 m
Hoher Riffler 3160 m
Planka Horn 3180 m
Winterstaude 1877 m
Widderstein 2536 m
Diedamskopf 2019 m
Juppenspitze 2412 m
Valuga 2412 m
Toblermannkopf 2010 m
Mohnenfluh 2544 m
Pfänder 1064 m
Hochkünzelspitze 2397 m
Braunarlspitze 2547 m
Kanisfluh 2044 m
Hohlenke 2044 m
Hochlicht 2600 m
Johanneskopf 2508 m
Zitterklapfen 2497 m
Misthaufen
Hochälplekopf 1464 m
Bettlerspitze 2272 m
Mittagsspitze 2095 m
Rote Wand 2706 m
Mörzelspitze 1830 m
Sünserspitze 2064 m
Staufenspitze 1465 m
Sulzböden
Alpkopf
Hoher Freschen 2004 m
Gr. Litzner 3111 m
Gr. Seespitze 3129 m
Piz Linard 3410 m
Hohe Kugel 1645 m
Kuhspitze 1863 m
Hüttenkopf
Hochgerach 1985 m
Rappenköpfle 1854 m
Sulzfluh 2824 m
Zimba 2645 m
Drei Türme Gr. Turm 2828 m
Drusenfluh 2835 m
Säulenkopf 2516 m
Kirchlispitze 2555 m

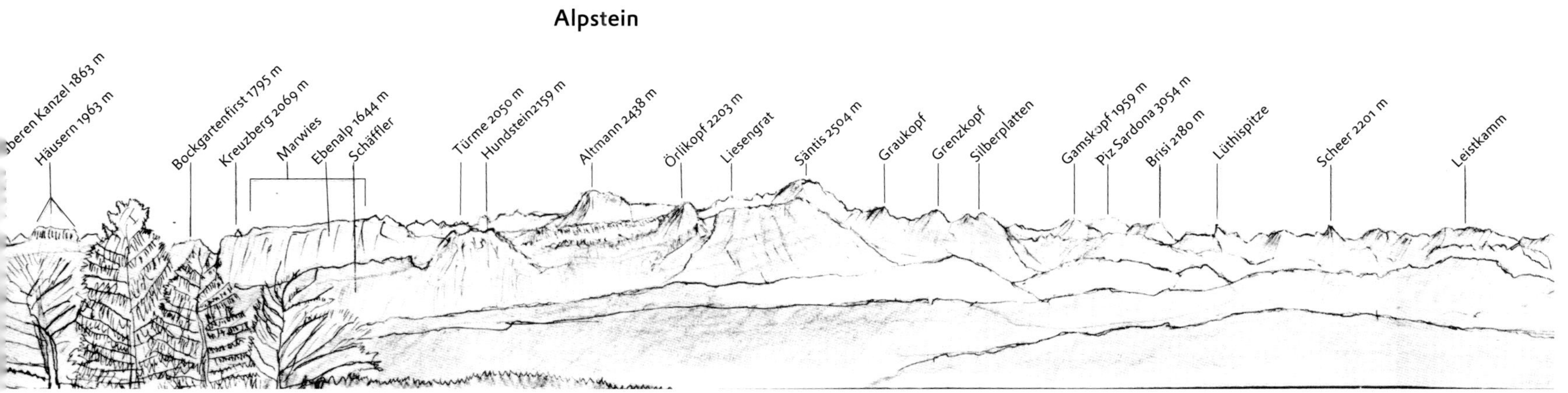
Alpstein
beren Kanzel 1863 m
Häusern 1963 m
Bockgartenfirst 1795 m
Kreuzberg 2069 m
Marwies
Ebenalp 1644 m
Schäffler
Türme 2050 m
Hundstein2159 m
Altmann 2438 m
Örlikopf 2203 m
Liesengrat
Säntis 2504 m
Graukopf
Grenzkopf
Silberplatten
Gamskopf 1959 m
Piz Sardona 3054 m
Brisi 2180 m
Lüthispitze
Scheer 2201 m
Leistkamm

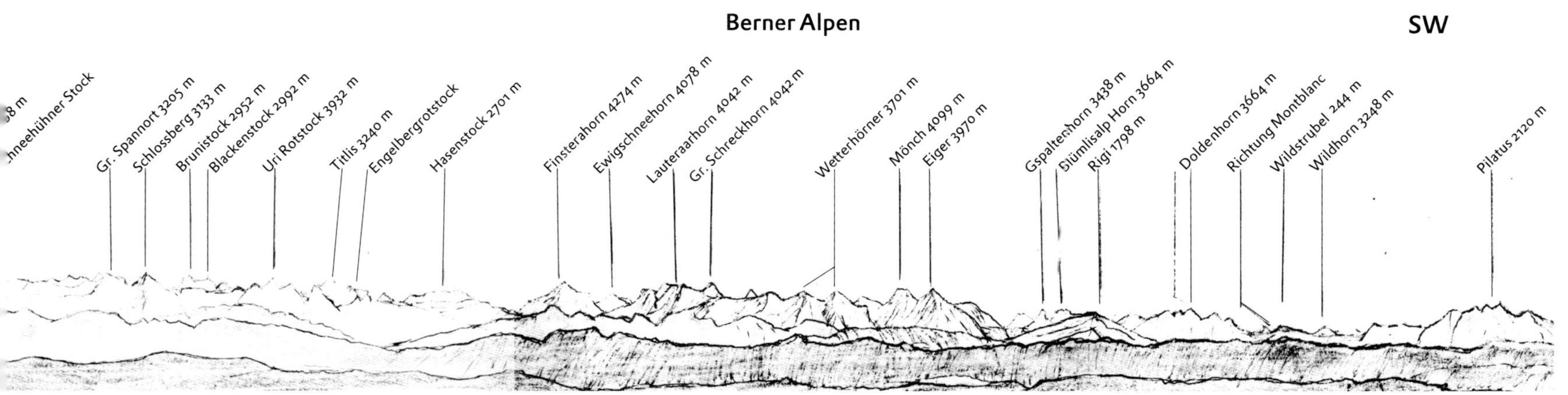
Berner Alpen
SW
hneehühner Stock
Gr. Spannort 3205 m
Schlossberg 3133 m
Brunistock 2952 m
Blackenstock 2992 m
Uri Rotstock 3932 m
Titlis 3240 m
Engelbergrotstock
Hasenstock 2701 m
Finsterahorn 4274 m
Ewigschneehorn 4078 m
Lauteraarhorn 4042 m
Gr. Schreckhorn 4042 m
Wetterhörner 3701 m
Mönch 4099 m
Eiger 3970 m
Gspaltenhorn 3438 m
Blümlisalp Horn 3664 m
Rigi 1798 m
Doldenhorn 3664 m
Richtung Montblanc
Wildstrubel 244 m
Wildhorn 3248 m
Pilatus 2120 m

Der 93-jährige Helmut Lang 2007 bei der Präsentation des nach seiner Vorlage geschmiedeten Panoramas im Pavillon auf dem Höchsten.

Der Berggasthof unterm Pavillon ist Handlungsort in Martin Walsers Novelle »Ein fliehendes Pferd«, einem der bekanntesten Texte der deutschen Nachkriegsliteratur. Die Topografie des Berges bleibt in der Erzählung unbestimmt, Walser lässt kein genaues Bild entstehen. Der Widerspruch zwischen den bescheidenen Dimensionen und dem stolzen Namen löst bei einem Akteur gar ein verächtliches Lachen aus, gipfelnd in der Empfehlung, ihn doch »Allerhöchsten« zu taufen. Kein Loblied auf den Höchsten also, aber immerhin ein literarischer Auftritt.

Hohe Wege auf dem Höchsten

Seine größte Berühmtheit hat der Berg als Fluchtpunkt erlangt, wenn überm See die Herbst- und Winternebel lasten. Man sieht von hier oben endlich wieder die Sonne und den blauen Himmel. Häufig liegt so viel Schnee, dass man mit Langlaufskiern seine Kreise ziehen oder Schlitten fahren kann. Angereist ist man in der Regel mit dem Automobil. In der anderen Jahreshälfte dominieren die Radler die Szene. Die Fahrt auf den Höchsten hat bei den sportlichen Fahrern in der Region Klassikerstatus. Nicht gar so weit schallt sein Ruf als Wanderberg. Noch zu wenig bekannt ist der Bodenseeraum als Wanderland, zu vielfältig sind die Möglichkeiten ringsum, zu groß die Konkurrenz der nahen Alpen. Hier wandern die Einheimischen, eher selten die Touristen. Dabei schenkt der Höchsten Mittelgebirgsfreuden jeder Art und als Dreingabe den spektakulären Blick auf die Alpenkette.

Prächtige Runden lassen sich beliebig zusammenstellen, wobei die handliche Deggenhauser Wanderkarte, auf der alle Wege verzeichnet sind, bereits die Auswahl zu einer vergnüglichen Unternehmung macht. Ich als Bergsteiger habe eine unverbesserliche Gipfelorientierung, und so kulminieren die im Folgenden vorgeschlagenen Routen alle oben beim Pavillon. Und da meine Wanderwurzeln auf der Schwäbischen Alb liegen, wo das Einkehren unumstößlicher Bestandteil jeder Wanderung ist, betrachte ich die Position des Berggasthofs ganz oben als Idealfall.

Eine relativ kurze und abwechslungsreiche Rundwanderung führt von Deggenhausen über die herrliche Lichtung von Katzenmoos, vorbei am Standort einer ehemaligen Burg nach Rubacker hinauf. Dem Engagement des Wirts Hans-Peter Kleemann ist nicht nur der gute Erhaltungszustand des Pavillons zu verdanken, er hat auch das 2007 angebrachte geschmiedete Alpenpanorama beim Künstler Peter Klink in Auftrag gegeben und finanziert. Der »schwäbisch-allemannische Mundartweg« zwischen Gasthof und Pavillon mit seinen originellen Tafeln ist ebenfalls eine Co-Produktion der beiden. Vom Pavillon aus gelangt man auf einem fast ebenen Höhenweg zum

Lehenhof, wo seit 1965 in einer großen Dorfgemeinschaft Menschen mit Behinderungen eine Heimat und vielfältige Arbeitsmöglichkeiten gefunden haben. Bevor man nach Ellenfurt ins Deggenhausertal hinab geht, sollte man ein Stück des Wegs nach Lichtenegg über die archaisch anmutende Lichtung gehen, um einen Blick auf die überraschend wilden Abbrüche der Rappenfelsen zu werfen.

Etwas länger sind die Anstiege, die von Zußdorf und Wilhelmsdorf heraufführen. Wunderschön ist eine Wanderung ab Illmensee, die eine Umrundung des zauberhaften Sees mit einschließt.

Die letzte Empfehlung gilt dem Wander-Lehrpfad Deggenhausertal mit Limpach und Oberhomberg als mögliche Start- und Endpunkte. Speziell ausgeschildert und versehen mit vielen Informationstafeln erschließt er die vielfältige Natur und die Kulturlandschaft am Höchsten-Südabdachung und führt immer wieder an prächtigen Aussichtspunkten vorbei. Ein eher unerwartetes Erlebnis schenkt der wildromantische Kohltobel mit seinen steilen, urwaldartig bewaldeten Hängen und einer verblüffenden Wegführung. Das war der alte, ziemlich mühsame Kirchweg der Leute von Burg nach Limpach, benutzt bis in die Fünfzigerjahre des 20. Jahrhunderts. Der Lehrpfad berührt den höchsten Punkt des Berges nicht, mit einem kurzen Schlenker kann er allerdings angehängt werden. Ohne vom Pavillon aus nach Süden geschaut zu haben, sollte man den Berg nicht verlassen, denn dieser Blick ist das Höchste, was der Höchsten zu bieten hat.

Der Aussichtspavillon von 1854 auf dem Höchsten.

Im Kohltobel am Südabhang des Höchsten.

Seewinter – Panoramazeit

Ein Raureiftag auf dem Gehrenberg.
Blick vom Aussichtsturm auf die Allgäuer Alpen.

Heiligabend 2003 auf dem Gehrenberg. Über dem golden glänzenden See die Rätikonberge von der Schesaplana [94] bis zum Falknis [109]. Ganz rechts der Hohe Kasten [113], der Eckpfeiler des Alpsteins.

Der schlechte Ruf einer besonderen Jahreszeit

Der Bodenseewinter hat einen ausgesprochen schlechten Ruf. Die Behauptung, es handle sich um eine trostlose Folge trister Nebeltage, gilt besonders in seefernen Gegenden als unumstößliche Wahrheit.

Häufig wird man zwar darum beneidet, am See leben zu dürfen, doch gerne wird mitleidvoll und ein wenig genüsslich die Bemerkung angehängt, dass der Winter halt so miserabel und charakterlos sei. Als wäre er eine Strafe, eine Art ausgleichende Gerechtigkeit. Wer aber am See wohnt und über etwas feiner entwickelte Sinne zur Wahrnehmung der jahreszeitlichen Veränderungen verfügt, der weiß, dass sich die Schönheit der Bodenseelandschaft auch während des Winters und oft sogar in Serien glanzvoller Tage offenbart. Größer als im Sommerhalbjahr ist das Spektrum der atmosphärischen Erscheinungen, die Bandbreite der Stimmungen, die Farbpalette des Lichts, die Klarheit der Atmosphäre. Kaum sonst stehen die Alpen so stolz und abgehoben hinterm See und leisten mit ihrer Schroffheit und Andersartigkeit den entscheidenden Beitrag dazu, dass zusammen mit der weit gespannten Wasserfläche und dem weichen Hügelland um die Ufer eines der großartigsten Landschaftsbilder Europas entsteht.

Unermesslich ist die Vielfalt der Register, die der Seewinter zu ziehen vermag, endlos die Varianten: von intensivster Gegenständlichkeit mit harten Kontrasten bis zur Durchsichtigkeit oder zur Verschmelzung der festen Bestandteile – oder gar bis zu deren gänzlichem Verschwinden im dichten Nebel. Sehr verkürzend und ohne Berücksichtigung der unendlichen Nuancen ist deshalb der Versuch, bestimmte Grundtypen zu benennen.

Schwebetage

Von Licht überflutet sind diese Tage, an denen See, Land und Gebirge ihre feste Substanz verlieren, durchsichtig und schwerelos werden wie der Himmel, und mit ihm zu einer Einheit verschmelzen. Auf feinsten Dunstschleiern segelt der Säntis dahin, losgelöst und befreit von seiner Schwere. Glatt gespannt, zur Lufterscheinung geworden, schimmert der See. In unfassbar zarten Pastelltönen ist alles gezeichnet, in feinsten Abstufungen zwischen Weiß und Blau. Es ist so unwirklich, so unfassbar schön, dass es weh tun kann.

Zum Abend hin verändert der Schwebetag sein Wesen. Die zarten Töne werden kräftiger, die Konturen klarer und die Gegenstände bekommen ihr Gewicht zurück. Man wird Zeuge eines Licht- und Farbenschauspiels, das kein Sommergast zu sehen bekommt. Wenn sich die Sonne dem Horizont nähert, entzündet sich der Himmel und setzt den See in Brand. Ein Flammenmeer lodert über der Welt, das mit dem Verschwinden der Sonne vom brennenden Orange in kräftiges Rot übergeht, aus dem ein tiefes Violett wird, das nach und nach erstirbt in blassem Rosa. Während die Schweizer Hochgipfel im Südwesten noch als schwarze Scherenschnitte gegen den farbigen Himmel stehen, breitet sich von Osten ein eisiges Blau aus, in dem alles erstarrt. Es ist die Kälte der Winternacht, die unaufhaltsam nach Westen wandert und Besitz ergreift von der Welt.

Föhntage

Eine völlig andere Wesensart haben die berüchtigten Föhntage. Man bekomme Kopfweh, sagt das Vorurteil, doch in Wirklichkeit sind nur Wenige damit geplagt. Der Föhn ist eine cholerische Erscheinung, ein Kerl mit wildem, aufbrausendem Charakter. Festgefügt und zusammengerückt steht alles, das jenseitige Ufer und die Berge kommen näher heran. Und dennoch sind die Bestandteile der Landschaft scharf voneinander abgesetzt und bis in kleinste Einzelheiten erkennbar, selbst drüben über dem See. Dort ist die Kette der Alpengipfel unter einem schmalen Silber- oder Goldstreifen hingestellt, getaucht in hellstes Licht. Dieses Leuchtband ist mit gerade gezogener Trennlinie vom grauen Wolkenhimmel abgesetzt. Der hängt dunkel über der Welt und lässt den Lichtstreifen im Süden umso glänzender erscheinen. Nie demonstriert das Gebirge seine fremde Wesensart stolzer und deutlicher als unter dieser Gloriole.

Es herrscht Kampf am Himmel. Doch die von Norden oder Westen heran drängenden dunklen Wolken rennen vergeblich gegen die Übermacht der warmen Luftströme an, die als Boten Italiens mit unbändiger Gewalt von Süden herauf blasen und gelegentlich sogar auf dem See Furore machen. Der offenbart dann die meerhaften Ansätze seines Wesens, er wogt, schäumt, brüllt und springt über die Ufermauern.

Ein winterlicher Föhntag auf dem Höchsten. Unter dem Silberstreifen der Rätikon mit der Zimba [88] und dem Schesaplanamassiv [94].

Die Dächerlandschaft von Meersburg, gesehen von der Friedrichshöhe.

Niemand vermag zu sagen, wie lange dieses seltsame Gleichgewicht hält, ganz unvermittelt verschwindet die Silberbahn im Süden und es beginnt zu regnen.

Silbertage

Wenig Aufmerksamkeit vermögen die Tage auf sich zu ziehen, die auf den ersten schnellen Blick eintönig und grau daherkommen. Wer aber genau hinschaut, wird überraschende Entdeckungen machen: Mit dem Begriff Grau sind diese Tage nur unzureichend charakterisiert, zumindest nicht in dessen landläufiger Bedeutung von trist und einförmig. Grau ist tatsächlich alles, wird man zunächst feststellen, um dann nach und nach zu erfassen und sich darüber zu wundern, wie viele Abstufungen Grau aufzuweisen hat, was alles in diese Farbe hineinpasst. In schwerem, dunklem Bleigrau liegt der See, zu den Ufern hin in immer hellere Töne hinüber spielend. Manchmal schießt eine Lichtbahn hinein, die einen Fleck auf dem See silbern aufblitzen lässt. Die verschneiten Berge sind die hellsten Bestandteile des Bildes, ohne es zu einem reinen Weiß zu schaffen. Der Himmel liegt schwer über allem, und in schleppendem Tempo schieben sich die Wolken über die Welt, ohne an deren verharrendem Zustand etwas zu ändern.

Die Grundstimmung ist melancholisch, doch man wird nach langem Schauen ein sanftes Glänzen wahrnehmen, ein Glänzen eher hinter den Dingen, das nur leise nach außen dringt. Mit Geduld wird man die versteckte Schönheit solcher Tage entschlüsseln. Da wandere man über die still gewordenen Hügel am See oder über die Höhenzüge dahinter. Niemand wird das Schauen und die silbern leicht gewordenen Gedanken stören.

Nebel von der Donau bis tief in die Bergtäler hinein. Blick vom Gräsakopf im Bregenzerwald zur Staufen »klippe« [70]. Die Spuren im Schnee vergegenständlichen das Lustempfinden der alpinen Skispaziergänger.

Nebeltage

Sie also sind verantwortlich für den schlechten Ruf des Seewinters. Zugegebenermaßen muss man sich etwas Mühe geben, ihnen Positives abzugewinnen, und es würde einem schwerlich gelingen, hätten sie zahlenmäßig die Übermacht. Doch die haben sie nicht, entgegen aller Behauptungen! Der Nebel ist nur einer von vielen Bestandteilen der Zeit zwischen Allerheiligen und Aschermittwoch, und subtile Reize wollen wir selbst ihm zuerkennen. Er packt die Welt in ein undurchdringliches Grau, trennt den Boden vom Himmel und schluckt die Weite. So kann es dann auch im Kopf zugehen, wenn sich über mehrere Tage keine Änderung einstellt.

Doch was für ein wunderbares Ereignis ist es, wenn sich im Tagesverlauf die Nebel lichten, es ganz langsam heller wird, das Grau einen Blauton annimmt und schließlich die Sonne durchdringt, um in kurzer Zeit den Widerstand zu brechen und alles mit Glanz zu übergießen. Selbst wenn tagelang eine bleierne Decke über dem Seeland lastet und alles zu verschlucken droht, ist das nur der Beweis dafür, dass Traumwetter herrscht – darüber halt. Doch dieses Darüber ist ganz nahe, je nach Obergrenze des Nebels durchstoßen die Höhen um den See das graue Meer und ragen als Inseln in die blauklare Unendlichkeit hinein. Dort hinauf muss man, um die unfassbare Trennung zur Menschenwelt trotz der direkten räumlichen Nähe zu ihr zu erleben. Außer ein paar isolierten Atollen und dem Wall der hohen Alpengipfel ist alles in einem unabsehbaren Wattemeer versunken. Es gibt keinen See mehr, keine Menschen, nur noch die kalten Berge und den Himmel. Das Herausgehobensein und das Erleben der Grenzenlosigkeit werden zum inneren Zustand. Leicht wird alles und unten bleibt, was dorthin gehört. So liefern selbst noch die Nebeltage Argumente für die eingangs aufgestellte Behauptung, dass der Bodenseewinter weitaus besser ist als sein Ruf.

Literaturhinweise

Zum Thema Alpenpanorama allgemein:

Alpenpanoramen. Großformatiger Band von Eugen E. Hüsler, erschienen im Bruckmann Verlag, München 2006. Mit vielen historischen Panoramadarstellungen und Informationen zur Geschichte dieser Kunstgattung.

Augenreisen. Das Panorama in der Schweiz, herausgegeben vom Schweizerischen Alpinen Museum und vom Schweizer Alpenclub SAC, Bern 2001. Eine umfassende, großzügig illustrierte Darstellung der Geschichte der Alpenpanoramen in der Schweiz.

Rundum Berge. Faltpanoramen oder der Versuch, alles sehen zu können. Herausgegeben vom Alpenverein-Museum Innsbruck als Begleitheft zur gleichnamigen Ausstellung 2001. Eine gefaltete Broschüre mit einem Panorama des Silvretta-Passes auf der Rückseite.

Aktuell im Buchhandel erhältliche Alpenpanoramen aus dem Bodenseeraum:

Alpenpanorama von Friedrichshafen, gezeichnet von Albert Steudel (erstmals erschienen vermutlich 1860) als Beilage des Friedrichshafener Wanderbuchs von Rainer Barth, erschienen im Verlag Robert Gessler, Friedrichshafen 2003.

Bodensee-Alpenpanorama vom Gehrenberg. Fotografiert und herausgegeben von Gerhard Kolb, Blaustein 2010.

Panorama vom Aussichtsturm auf dem Gehrenberg bei Markdorf, gezeichnet von Edwin Knoblauch 1995, als Beilage zum Wanderbuch »Jubiläumsweg Bodenseekreis« von Rainer Barth, erschienen im Verlag Robert Gessler, Friedrichshafen 2005.

Alpenpanorama gesehen aus dem westlichen Bodenseeraum (vom Turm der Konstanzer Jugendherberge) gemeinsam erarbeitet durch Bernhard Burger und Edwin Knoblauch, Konstanz 1993 (im lokalen Buchhandel erhältlich).

Panorama des Alpengebirges vom Schloss Waldburg in Schwaben nebst erklärendem Texte von Albert Steudel, erschienen 1860. Als Faximile herausgegeben 1999 vom Landratsamt Ravensburg und dort beim Kreisarchiv zu beziehen, Ravensburg 1999.

Werke von Albert Steudel in regionalen Bibliotheken und Archiven (unvollständige Aufstellung):

Im Kreisarchiv des Bodenseekreises (Landratsamt) im Schloss Salem befindet sich die erste Auflage von Steudels Buch »Alpenschau«, das Alpenpanorama von Meersburg, das von ihm revidierte Alpenpanorama von Heiligenberg und sein Alpenpanorama von Überlingen.

Die Bodenseebibliothek Friedrichshafen besitzt ebenfalls das Buch »Alpenschau« (1. Auflage) sowie Steudels um 1860 erschienenes Alpenpanorama von Friedrichshafen.

Ein weiteres Exemplar des Gebirgspanoramas von Überlingen, aufgenommen 1875 von Albert Steudel, dessen Standpunkte »der Thurm im Badgarten und der Obere Galler« sind, befindet sich im Stadtarchiv Überlingen.

Belletristik, Landeskunde, alpine Geschichte

Der Alpstein, Natur und Kultur im Säntisgebiet. Diese großzügig illustrierte Monografie ist ein unvergleichliches Buch, in dem »das schönste Gebirge der Welt« unter vielerlei Aspekten vorgestellt wird. Herausgeber ist Hans Büchler, erschienen ist es im Appenzeller Verlag, Herisau 2000. Das Standardwerk für Alpsteinfreunde!

Bräker, Ulrich (1737–1798). *Der arme Mann im Tockenburg* (siehe Kapitel »200 Berge« Stichwort Tweralpspitz. Die 1789 erstmals erschienene, faszinierende Autobiografie des Toggenburger Bauern gibt es unter anderem als Bändchen der Reclam Universal-Bibliothek, das in jedem Rucksack Platz findet.

Felder, Franz Michael (1839–1869). Die Werke des großen Dichters des Bregenzerwalds (siehe Kapitel »200 Berge« Stichwort Üntschenspitze) werden vom Felder Verein herausgegeben. Ein großartiges und bewegendes Dokument ist Felders Autobiografie *Aus meinem Leben*. Lesenswert ist auch sein sozialkritischer Roman *Reich und Arm*. Beide Bücher sind beim Libelle Verlag in schönen Ausgaben neu erschienen. *Ich will der Wahrheitsgeiger sein* ist der Titel einer beim Residenz Verlag erschienenen Biografie in Briefen – die beste Möglichkeit, Felder näher kennenzulernen.

Schneider, Robert. Haupthandlungsort des bedeutenden, auch verfilmten Romans *Schlafes Bruder* ist Meschach unter der Hohen Kugel (siehe Kapitel »200 Berge«). Die beiden Namen sind nur leicht verfremdet zu Eschberg und Kugelberg und damit leicht identifizierbar, Reclam Verlag, 1. Auflage 1992.

Seelig, Carl. Zwanzig Jahre lang besuchte Seelig den erst nach seinem Tod berühmt gewordenen Dichter Robert Walser (1878–1956) in der psychiatrischen Anstalt in Herisau und unternahm mit ihm lange Märsche zwischen Bodensee und Säntis. In seinem Buch *Wanderungen mit Robert Walser* berichtet er darüber. Weil Seelig darin die jeweils zurückgelegten riesigen Strecken beschreibt, kann man die Wege auch nachgehen, Suhrkamp Verlag, 7. Auflage 1993.

Spescha, Placidus (1752–1833). Zwei der Schriften dieses außergewöhnlichen Paters, Forschers und Bergsteigers (siehe Kapitel »200 Berge« die Stichworte Piz Urlaun und Tödi) wurden neu herausgegeben: *Die Beschreibung der Alpen, vorzüglich der höchsten* und *Die Entdeckungsreisen am Rhein*, worin er auch von seinen Bergbesteigungen berichtet. Es sind einmalige Dokumente aus der Frühzeit des Alpinismus. Chronos Verlag 2002 und 2005. Die Biografie von Iso Müller (Desertina Verlag) ist nur noch antiquarisch erhältlich.

Führer für Wanderer und Bergsteiger

Es existiert eine Flut von Führerliteratur für den Bereich der Seeberge. Nachfolgend nur ein paar Hinweise.
Eine Reihe von Bänden der roten Wanderführer des Bergverlags Rother deckt das gesamte Gebiet ab. Vergleichbare Auswahlführer gibt es auch von anderen Verlagen.

Fundiertere Informationen mit einem Anspruch auf Vollständigkeit (alle gebräuchlichen Anstiege auf sämtliche Berge) bieten die Clubführer des Schweizer Alpenclubs, neuerdings auch Alpinführer genannt, aus dem gleichnamigen Verlag und die Alpenvereinsführer aus dem Bergverlag Rother, jeweils für einzelne Gebirgsgruppen. Wer regelmäßig in die Berge geht, hat die seit Jahrzehnten bewährten Bände, die immer wieder aktualisiert werden, im Bücherregal stehen.

Obwohl nur noch antiquarisch erhältlich, müssen die Alpenvereinsführer Bregenzerwaldgebirge, Lechquellengebirge, Rätikon und Silvretta von Walther Flaig sowie seine Skitourenführer für diese Gebiete Erwähnung finden. Flaigs Devise war: »Ein richtiger Bergsteiger will alles wissen«, eine längst nicht mehr gültige Maxime. Seine Führer sind unerschöpfliche Informationsquellen in Sachen Geologie, Botanik, Kultur, Geschichte, Namenskunde, Erstbesteigungen, Gipfelaussichten (zwei Seiten lang beschreibt er beispielsweise das Panorama vom Hohen Freschen), alles Dinge, von denen die aktuellen Führer weitgehend »bereinigt« sind.

Für Skitourengeher gibt es ein ähnlich reichhaltiges Angebot. Gute Auswahlführer sind die blauen Büchlein des Rother Verlags für sämtliche Bereiche der Seeberge. Für die Schweizer Berge informieren umfassend die Skitourenführer »Zentralschweizer Voralpen und Alpen« sowie »Glarus-St. Gallen-Appenzell« des Schweizer Alpenclubs und für Vorarlberg der Führer »Die schönsten Skitouren in Vorarlberg« von Rudolf Mayerhofer.

Karten

Die Landeskarte der Schweiz 1:200 000, Blatt 2, deckt nahezu das gesamte Panoramaspektrum ab und ist zur Übersicht optimal geeignet, mit plastischer, gut lesbarer Geländedarstellung. Die meisten der auf den Panoramen in diesem Buch zu sehenden Gipfel sind auf der Karte enthalten und bezeichnet.

Bei Bergunternehmungen in der Schweiz leisten die Landeskarten der Schweiz 1:50 000 und 1:25 000 vorzügliche Dienste. Sie genießen den Ruf, weltweit die besten topografischen Karten zu sein. Mit ihnen zu planen und unterwegs zu sein ist ein Genuss. Die beste Karte der Allgäuer Alpen ist die des Bayerischen Landesvermessungsamts 1:50 000, für den zentralen Teil sind die beiden Blätter der Alpenvereinskarte 1:25 000 unverzichtbar. Für Vorarlberg fällt es schwer eine Empfehlung auszusprechen. Die österreichische Landestopografie kann mit der schweizerischen nicht konkurrieren, man wird sich eher für die verschiedenen Blätter von Kompass, Mayr oder Freytag & Berndt entscheiden. Der österreichische Teil des Rätikons ist nahezu vollständig von den Blättern der Schweizer Landeskarte abgedeckt.

Berge, Orte und Namen

Die im Kapitel 200 Berge im Panorama vom Moleturm Friedrichshafen beschriebenen Berge sind durch Fettdruck hervorgehoben.

Aggenstein [1] **34**
Alp Sigel [120] **99**
Alpkopf [74] **76**
Alpwegkopf [83] **79**
Altenalp 113
Altenalptürm [131] **106**
Altmann [130] **105**
Amalienhöhe, Heiligenberg 155
Amatschonjoch 89
Argenbachtal 66
Äscher, Berggasthaus 104, 113
Augstenberg [106] **91**
Bäumenheimer Weg 40
Baumgartenalpe 52
Becher, Johannes R. 168, 170
Bernina 86, 127
Biberacher Hütte 61
Bickel, Sebastian 55
Bifertenstock [155] **124**
Blodig, Karl 62, 82
Blüemberg [175] **138**
Bockkarkopf [29] **46**
Bockmattli [170] **135**
Bocksberg [72] **75**
Bödele 60
Bodensee-Rundwanderweg 153
Bogartenfirst [121] **101**
Bollenwees, Berggasthaus 99
Bös Fulen [162] **131**
Bräker, Ulrich 144
Brandner Gletscher 87, 89
Brandner Mittagspitze [90] **83**
Braunarlspitze [55] **64**
Breitenberg 34
Brisi [140] **117**
Brüggelekopf [39] **52**
Brüggler 136
Brünnelistock [167] **134**
Brunnen 141
Brünnensweiler Höhe 154
Brunnistock [185] **142**
Buchhorn 12, 16, 18
Bullerschkopf [34] **51**
Buralpkopf [9] **38**
Burkhardt, Jakob 120
Bürstegg 57
Butzensee 61
Castelli, Ignaz Franz 50
Cavelljoch 84
Chaiserstock [176] **138**
Chammlijoch 131
Chlosterspitz 117
Chöpfenberg [171] **136**
Chrüzegg [192] **145**
Churfirsten [147] **120**
Clariden 131
Dahn, Felix 16
Dammastock [179] **139**
Damülser Mittagspitze [63] **68**
Deggenhausertal 175, 176
Denneberg 36
Diedamskopf [40] **53**
Diesner Geschröf 68
Dornbirner First [67] **68, 70, 74**
Douglasshütte 84
Drei Schwestern [108] **92**
Drei Türme/Drusenfluh [89] **82**
Dreischwesternsteig 93
Druesberg [173] **137**
Druesberghütte 137
Drusenfluh/Drei Türme [89] **82**
Dunant, Henry 96
Dünser Horn 80
Ebenalp 104
Eckhaldekopf 36
Eggli, Berggasthaus 97
Eineguntkopf [16] **41**
Enderlinhütte 94
Engelberger Rotstock [190] **144**
Escher von der Linth, Hans Conrad 162
Fälenschafberg [127] **103**
Fälensee 98
Fälentürm [129] **105**
Falken [17] **41**
Falknis [109] **94**
Fänerenspitz [114] **97**
Fanggekarspitze [48] **59**
Felder, Franz Michael 56, 58
Finsteraarhorn [189] **143**
Finsteraarhornhütte 144
Flaig, Walther 82, 189
Fleckistock [177] **139**
Fluebrig [174] **137**
Freiheit [125] **103**
Freiheittürm [126] **103**
Freschenhaus 77
Fridolinshütte 124
Friedrich I., König von Württemberg 18
Friedrichshafen 8, 15 ff, 31
Fronalpstock [156] **125**
Fundelkopf [96] **88**
Furgglenfirst 99
Furkajoch 75
Fürstensteig 93
Gäbris [115] **98**
Galinakopf [103] **90**
Gamschopf [141] **117**
Garschinahütte 81
Gauertal 83
Gebhardsberg 50
Gehrenberg 151, 154 ff
Geißkopf [49] **60**
Geißspitze, Rätikon 83
Gemstobel 81
Girenspitz [135] **114**
Glärnisch/Vrenelisgärtli [159] **128**
Glärnischhütte 129
Golmer Höhenweg 83
Gopfberg 63
Göppinger Hütte 66
Grauchopf [136] **114**
Grenzchopf [137] **116**
Groß Aubrig [182] **139**
Groß Schärhorn [163] **131**
Groß Spannort [183] **140**
Großer Krottenkopf [23] **42**
Großer Valkastiel [85] **80**
Grünhorn [138] **116**
Grünhornhütte 128
Grünten [2] **35**
Gündleskopf [10] **38**
Guntenhänge 68
Guntenkopf [62] **68**
Güntlespitze 56
Gurtisspitze [100] **89**
Haas, Heinrich und Lena 111
Habrütispitz [193] **145**
Haldenbergkapelle, Ailingen 152
Hängeten [132] **106**
Hangspitze [60] **67**
Hauptwil 133
Hausstock [151] **122**
Hehlekopf [37] **52**
Heiden 94 f
Heilbronner Weg 44
Heiligenberg 152, 154
Heim, Albert 109, 160, 162, 164
Heinrich-Hueter-Hütte 82
Hermann-von-Barth-Hütte 42 f
Himmeleck 36
Hirschberg [42] **55**
Hoch Petersalp [146] **120**
Hochalp [154] **122**
Hochälpelekopf [56] **64**
Hochberg/Pfänder [19] **41**
Hochblanken [64] **70**
Hochfrottspitze [28] **46**
Hochgerach [82] **79**
Hochgrat [12] **39**
Hochhädrich [18] **41**
Hochhus [119] **99**
Hochkünzelspitze [53] **61**
Hochlichtspitze [57] **66**
Hochrohkopf [73] **75**
Hochtannbergpass 54, 57, 64
Hochvogel [14] **40**
Hohe Köpfe [102] **90**
Hohe Kugel [78] **77**
Hohenbodman 155
Hohenbregenz 50
Hohenfluhalpkopf [15] **40**
Hoher Freschen [77] **77**
Hoher Ifen [33] **50**
Hoher Kasten [113] **96**
Hohes Licht [31] **47**
Holenke, Kanisfluh 63
Hornbachkette 42
Höchsten 172 ff
Hölderlin, Friedrich 133
Hörnli [199] **147**
Hornspitz [104] **90**
Hugisattel 144
Hulftegg 146
Hundstein [124] **103**
Hundsteinhütte 103
Hundwiler Höhi [145] **118**
Hüser [117] **99**
Hüttenkopf [81] **79**
Illmensee 181
Immenstädter Horn [4] **35**
Juppenspitze [51] **60**
Kaien [111] **95**
Kamor [112] **96**
Kanisfluh [54] **62**
Karhorn [45] **57**
Kauffmann, Angelika 65
Keller, Heinrich 162
Kemptener Naturfreundehaus 36
Kirchli [118] **99**
Kirchlispitzen [91] **84**
Klausenpass 131, 133
Klipperen [58] **66**
Klöntaler See 128 f
Kloster Fischingen 147

Kohltobel, Höchsten 181
Kopes [84] **80**
Kratzer [24] **44**
Kraus, Karl **126**
Kreuzberge [122] **101**
Kreuzeck 42
Kronberg [142] **117**
Krönten [178] **139**
Kröntenhütte 139
Kuhspitz [80] **79**
Lang, Helmut 177 ff
Laternsertal 79
Lauchwissattel 117
Lauteraarhorn 143
Leibersteig 89
Leistchamm [150] 121
Leuenkopf [65] 70
Liechtensteiner Höhenweg 90
Limpach 176
Lindauer Hütte 81, 83
Lisengrat 111
Lorenapass 53
Lünersee 84
Lütispitz [144] 118
Mädelegabel [26] 44
Mannheimer Hütte 85 ff
Marchspitze [21] 42
Marwees [123] 102
Mayer, Josef 9
Meersburg 166 ff
Meglisalp 111
Mittagsfluh [46] 57
Mohnenfluh [52] 61
Moleturm **12 f, 18, 31 ff**
Mörzelspitze/Dornbirner First [67] 71
Mürtschenstock [153] 122
Mutschen 102
Mutteristock [166] 133
Muttkopf 80
Naafkopf [107] 92
Nägeliberg [149] 121
Neyer, Anton 81
Niedere [38] 52
Nollen [200] 147
Oberalpstock 125
Obere Gottesackerwände [27] 45
Obere Sattelalpe 76
Oberes Mädelejoch 43
Oberhomberg 181
Oberzalim 88
Ödenstein, Meersburg 169
Öfnerspitze [22] **42**
Öhrli [133] **106**
Öhrligrueb 106
Panüeler Kopf [98] **89**
Pappus, David 86
Pfälzer Hütte 90
Pfänder [32] **47**
Pfannenstock [164] **132**
Piz Urlaun [157] **125**
Planurahütte 131
Plattenberg [168] **134**
Plattenbödeli, Berggasthaus 100
Portlafürkele 75
Portlahorn 75
Prodelkamm [5] **36**
Puntegliashütte 125
Quinten 122
Ragazer Blanken [68] **72**
Rappenfelsen, Höchsten 181
Rappenlochschlucht 74
Rappenseehütte 46
Rappenspitze [43] **56**
Rapperswil 147
Rauheck [20] **42**
Rautialp 131
Rautispitz [161] **131**
Regelsberg [198] **146**
Regelstein 130
Rheinwaldhorn 125
Rickenpass 127
Rindalphorn [11] **39**
Rohnehöhe 41
Rohrmoostal 45
Rorschacherberg [110] **94**
Roslenfirst 102
Rossegg [194] **145**
Rote Wand [66] **70**
Roten [197] **146**
Rotsteinpass 111
Rubacker 177
Rüfispitze [50] **60**
Rugghubelhütte 143
Salaruelkopf [99] **89**
Salmaser Höhe [3] **35**
Salzbödenkopf [71] **74**
Säntis [134] **106 ff**
Sarotlahütte 81
Saulakopf 82
Saxer Lücke 96, 99
Schadonapass 61
Schafberg [101] **90**
Schafköpfe [97] **89**
Schäfler [128] **103**
Schäfler, Berggasthaus 104
Schafwisspitz [143] **117**
Schären [148] **121**
Scheffel, Viktor von 104
Schesaplana [94] **85**
Schetteregg 51 f
Schiberg 134
Schiller, Friedrich 143
Schindelegg [195] **146**
Schleinsee 152, 154
Schlossberg [184] **142**
Schnebelhorn [196] **146**
Schneider, Robert 78
Schnepfegg 63
Schoch, Marlies 118
Schöner Mann [76] **76**
Schreckhorn 143, 165
Schwab, Gustav 16, 162
Schwabenweg 147
Schwägalp 106, 111
Schwarzenberg [75] **76**
Schwarzhorn, Rätikon 81
Schweizertor 84
Sedererstuiben [8] **37**
Seekopf [92] **84**
Seelig, Carl 119
Seelekopf [13] **39**
Selbsanft 124
Sellamatt 117
Selun/ Churfirsten [147] **120**
Sererhard, Nicolaus 86
Sihlsee 137
Silberen 133
Silberplatten [139] **116**
Sipplinger Berg 155
Sohm, Viktor 64
Spannorthütte 141
Speer [160] **130**
Spescha, Placidus 125
Spicher 123
Spitzli 120
Sporatobel 83
Stauberen, Berggasthaus 98
Stauberenchanzlen [116] **98**
Staufen [70] **73**
Staufenalpe 74
Staufner Haus 39
Steineberg [6] **36**
Steudel, Albert 156 ff
Stockberg [152] **122**
Stoß, Kanisfluh 63
Straußsteig 89
Stucklistock [180] **139**
Stuiben [7] **37**
Stuttgarter Hütte 59
Sulzfluh [87] **81**
Sünsalpe 73
Sünser Blanken [69] **72**
Surselva 125
Sustenhorn [181] **139**
Sustenpass 139
Tälispitz [79] **79**
Tannenberg [165] **133**
Tannheimer Berge 34
Tierberg [169] **135**
Tierberglihütte 139
Tierwis, Berggasthaus 111
Tilisunahütte 81
Titlis [186] **142**
Tödi [158] **125**
Trettachspitze [25] **44**
Trettachtal 43
Tristenkopf [36] **52**
Trogen 98
Tschingel [105] **90**
Tweralpspitz [191] **144**
Uhland, Ludwig 159
Üntschenspitze [44] **56**
Uri-Rostsock [187] **143**
Urnau 174
Urner See 138
Valorsalpe 78
Valüragrat 78
Vandanser Steinwand 80
Vorderglärnisch 131
Vorderhörnle 78
Vrenelisgärtli/ Glärnisch [159] **128**
Wägital 133
Wägitaler See 133
Walensee 136
Walgau 79
Walliser Alpen 127
Walser, Martin 180
Walser, Robert 119
Walsertal 54, 68, 73, 79
Walserkamm 79
Westlicher Johanneskopf [61] **68**
Widderalpstöck 103
Widderstein [41] **54**
Wildberg [95] **88**
Wilder Mann [30] **47**
Wildkirchli 104
Wilhelmsdorf 177
Wilkethöchi [172] **136**
Winterstaude [35] **51**
Wissigsock [188] **143**
Wölfersguntenalpe 55
Wösterspitzen [47] **58**
Zahme Gocht 100
Zimba [88] **81**
Zimbajoch 82
Zirmenkopf [93] **85**
Zitterklapfen [59] **66**
Zwölferkopf [86] **81**

Danksagung: Die Herausgabe des Buches war nur dank der großzügigen Förderung der Sponsoren möglich.
Persönlich bedanken möchte ich mich bei Herrn Bürgermeister Peter Hauswald, Herrn Thomas Goldschmidt und ganz besonders bei Herrn Dr. Tillmann Stottele von der Stadt Friedrichshafen, beim Landrat des Bodenseekreises Herrn Lothar Wölfle, beim Bürgermeister der Gemeinde Deggenhausertal Herrn Knut Simon und beim Vorstand der Volksbank Friedrichshafen, speziell bei Frau Renate Köster, die den Weg frei gemacht hat. Frau Marianne Steudel, Stuttgart, Witwe des Ur-Ur-Enkels von Albert Steudel, danke ich für die vielfältigen Informationen, ohne die das Kapitel über Albert Steudel nicht entstanden wäre. Herrn Adalbert Kühnle, Friedrichshafen-Kluftern danke ich für die Bereitstellung des Höchsten-Panoramas. Zuletzt bedanke ich mich bei meiner lieben Andrea, die meine Beschäftigung mit diesem Buch begleitet – und ausgehalten hat.

Bibliografische Information der Deutschen Nationalbibliothek
Die Deutsche Nationalbibliothek verzeichnet diese Publikation in der Deutschen Nationalbibliografie; detaillierte bibliografische Daten sind im Internet über http://dnb.d-nb.de abrufbar.

Umschlaggestaltung: Stefan Schmid, Stuttgart, unter Verwendung einer Abbildung von Rainer Barth

2. Auflage 2012

Projektleitung: Rüdiger Müller, Theiss Verlag
Herstellerische Betreuung: Julia Kamenik, Theiss Verlag
Lektorat: Ulrike Burgi, Köln
Kartografie: Astrid Fischer-Leitl, München
Gestaltung und Satz: DOPPELPUNKT, Stuttgart
Druck und Bindung: Offizin Andersen Nexö Leipzig GmbH, Zwenkau

ISBN 978-3-8062-2505-1

Besuchen Sie uns im Internet: www.theiss.de

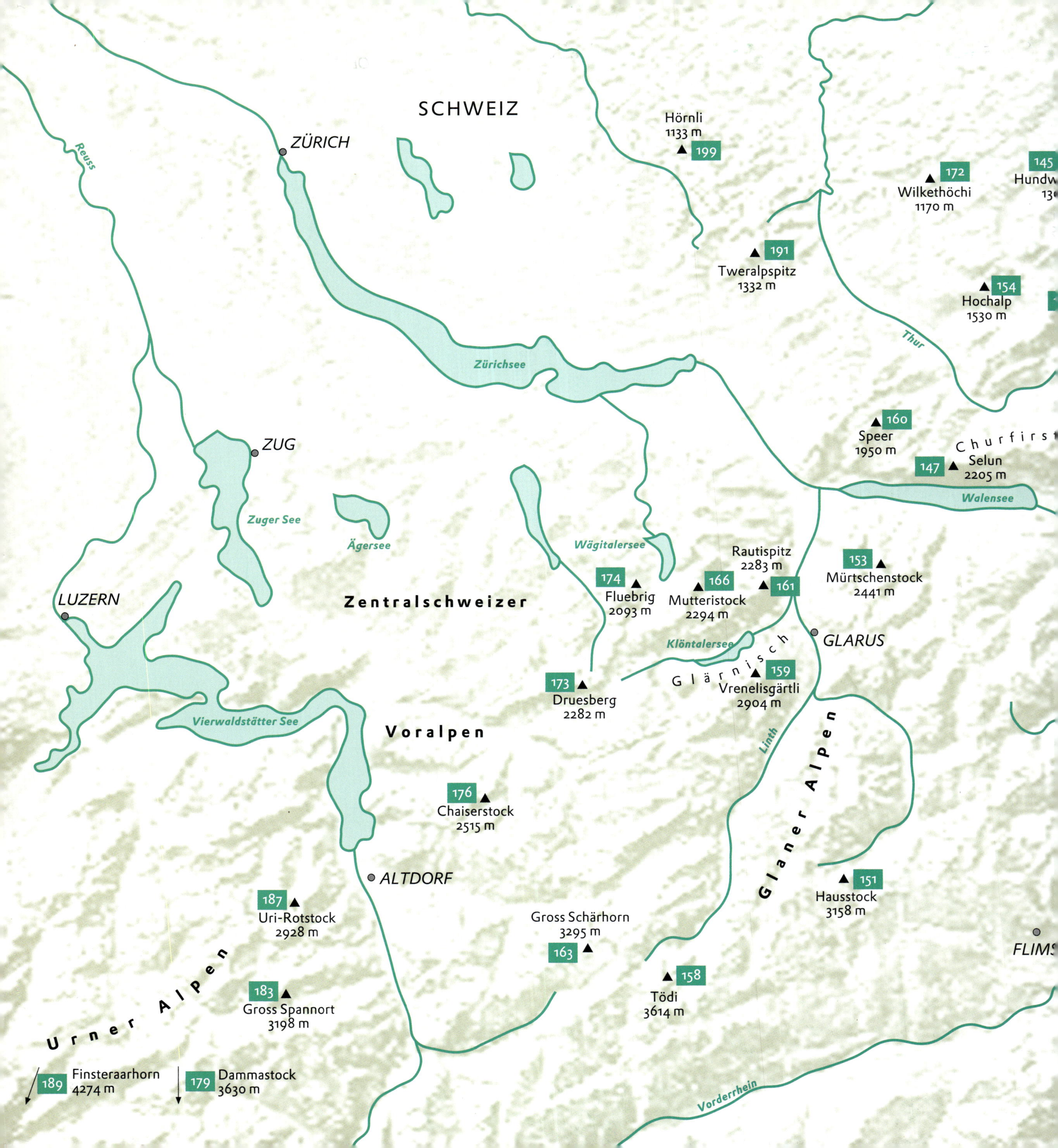
SCHWEIZ
ZÜRICH
Reuss
Hörnli
1133 m
199
172
Wilkethöchi
1170 m
145
Hundw
191
Tweralpspitz
1332 m
154
Hochalp
1530 m
Thur
Zürichsee
ZUG
Zuger See
Ägersee
Wägitalersee
160
Speer
1950 m
Churfirst
147
Selun
2205 m
Walensee
Rautispitz
2283 m
153
Mürtschenstock
2441 m
174
Fluebrig
2093 m
166
Mutteristock
2294 m
161
LUZERN
Zentralschweizer
Klöntalersee
GLARUS
Glärnisch
159
Vrenelisgärtli
2904 m
173
Druesberg
2282 m
Vierwaldstätter See
Voralpen
Linth
Glaner Alpen
176
Chaiserstock
2515 m
ALTDORF
151
Hausstock
3158 m
187
Uri-Rotstock
2928 m
Gross Schärhorn
3295 m
163
FLIMS
158
Tödi
3614 m
183
Gross Spannort
3198 m
Urner Alpen
189
Finsteraarhorn
4274 m
179
Dammastock
3630 m
Vorderrhein